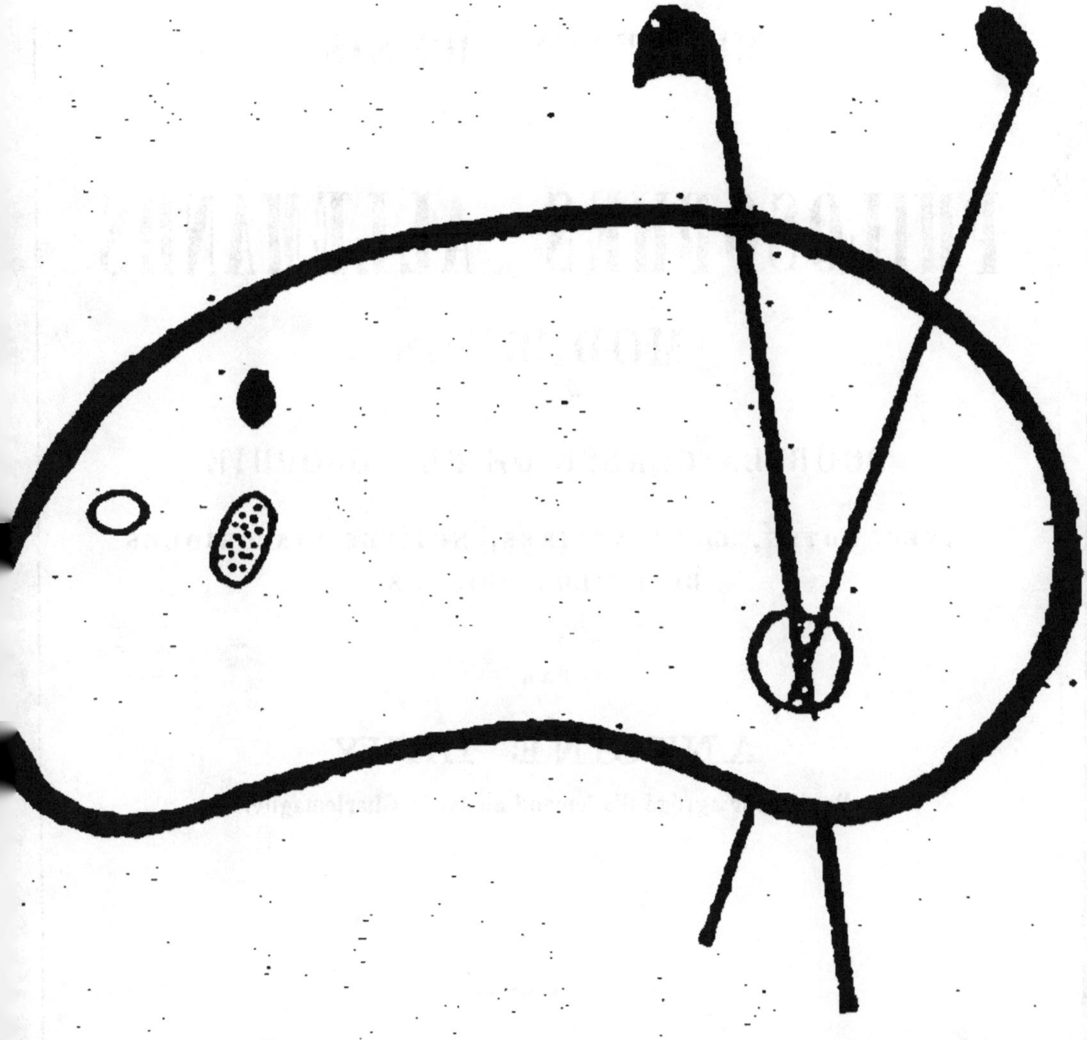

DEBUT D'UNE SERIE DE DOCUMENTS EN COULEUR

BIBLIOTHÈQUE CLASSIQUE D'OUVRAGES PHILOSOPHIQUES

MORCEAUX CHOISIS

DES

PHILOSOPHES ALLEMANDS

MODERNES

POUR LA CLASSE DE PHILOSOPHIE

AVEC NOTES, COMMENTAIRES, NOTICES HISTORIQUES
ET PHILOSOPHIQUES

PAR

ANTOINE LÉVY

Professeur agrégé d'allemand au lycée Charlemagne.

PARIS

LIBRAIRIE GERMER-BAILLIÈRE ET Cie
108, BOULEVARD SAINT-GERMAIN, 108

LIBRAIRIE GERMER BAILLIÈRE ET Cⁱᵉ

BIBLIOTHÈQUE CLASSIQUE D'OUVRAGES PHILOSOPHIQUES

AUTEURS
Devant être expliqués dans les classes de philosophie.

Auteurs français.

Descartes. — *Discours sur la Méthode; première Méditation*, avec notes, introduction et commentaires par M. V. BROCHARD, professeur de philosophie au lycée Fontanes. — 1 vol. in-18. . . . . . . 2 fr.

Leibniz. — *Monadologie*, avec notes, introduction et commentaires, par M. D. NOLEN, professeur de philosophie à la Faculté des lettres de Montpellier. — 1 vol. in-18. *(Sous presse.)*

Auteurs latins.

Cicéron. — *De legibus*, livre I, avec notes, introduction et commentaires, par M. G. COMPAYRÉ, professeur de philosophie à la Faculté des lettres de Toulouse. — 1 vol. in-18. . . . . 1 fr.

Sénèque. — *De vita beata*, avec notes, introduction et commentaires, par M. L. DAURIAC, maître de conférences de philosophie à la Faculté des lettres de Lyon. — 1 vol. in-18. . . . . 1 fr.

Auteurs grecs.

Platon. — *République*, livre VIII, avec introduction, notes et commentaires, par M. A. ESPINAS, professeur de philosophie à la Faculté des lettres de Bordeaux. — 1 vol. in-18. *(Sous presse.)*

Aristote. — *Morale à Nicomaque*, livre VIII, avec introduction, notes et commentaires, par M. L. CARRAU, professeur de philosophie à la Faculté des lettres de Besançon. — 1 vol. in-18. . . . . 1 fr. 50

Allemands.

Morceaux choisis des philosophes allemands modernes, avec notes, commentaires, notices historiques et philosophiques par M. ANTOINE LÉVY, agrégé de l'Université, professeur d'allemand au lycée Charlemagne. — 1 vol. in-18. . . . . 2 fr. 50

Stanley Jevon. — *Economie politique*, 1 vol. in-32 de 190 p. 60 c.
J. Paulhan. — *La physiologie de l'esprit*, 1 vol. in-32 de 190 p. 60 c.

OUVRAGES SCIENTIFIQUES POUR LA CLASSE DE PHILOSOPHIE.

Riche. — *Cours de Chimie*, 1 vol. in-12 cartonné. . . . . 3 fr.
Le Noir. — *Histoire naturelle élémentaire* (zoologie, botanique, géologie), 1 vol. in-12 broché, avec 251 figures dans le texte . . . . . 5 fr.
Porchon. — *Cours d'arithmétique*, 1 vol. in-12 cart. . . . . 2 fr.
Dufet. — *Cours de physique*, cours de troisième, 1 vol. in-12, 3 fr. — Cours de seconde, 1 vol. in-12, 2 fr. 50. — Les cours de rhétorique et de philosophie, sous presse, paraîtront avant le 1ᵉʳ avril 1881.

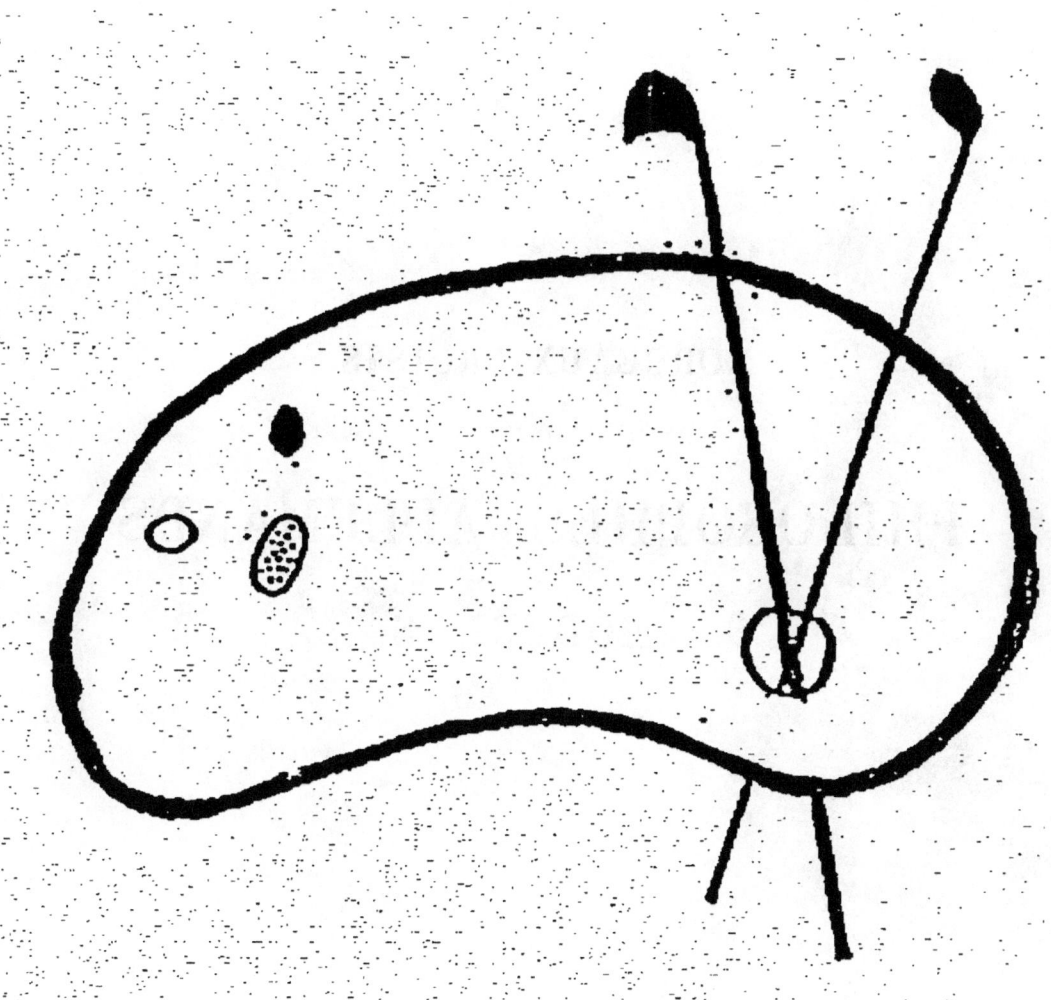

FIN D'UNE SERIE DE DOCUMENTS EN COULEUR

MORCEAUX CHOISIS

DES

PHILOSOPHES ALLEMANDS

MODERNES

LIBRAIRIE GERMER-BAILLIÈRE et Cⁱᵉ

BIBLIOTHÈQUE CLASSIQUE D'OUVRAGES PHILOSOPHIQUES

AUTEURS

Devant être expliqués dans les classes de philosophie, conformément aux programmes de l'enseignement secondaire classique prescrits par arrêté du 2 août 1880.

Auteurs français.

Descartes. — *Discours sur la Méthode; première Méditation*, avec notes, introduction et commentaires par M. V. BROCHARD, professeur de philosophie au lycée Fontanes. — 1 vol. in-18. . . . . 2 fr.

Leibniz. — *Monadologie*, avec notes, introduction et commentaires, par M. D. NOLEN, professeur de philosophie à la Faculté des lettres de Montpellier. — 1 vol. in-18 (*Sous Presse*).

Auteurs latins.

Cicéron. — *De legibus*, livre I, avec notes, introduction et commentaires par M. G. COMPAYRÉ, professeur de philosophie à la Faculté des lettres de Toulouse. — 1 vol. in-18. . . . . 1 fr.

Sénèque. — *De vita beata*, avec notes, introduction et commentaires, par M. L. DAURIAC, maître de conférences de philosophie à la Faculté des lettres de Lyon. — 1 vol. in-18 . . . . 1 fr.

Auteurs grecs.

Platon. — *République*, livre VIII, avec introduction, notes et commentaires, par M. A. ESPINAS, professeur de philosophie à la Faculté des lettres de Bordeaux. 1 vol. in-18 (*Sous presse*).

Aristote. — *Morale à Nicomaque*, livre VIII, avec introduction, notes et commentaires, par M. L. CARRAU, professeur de philosophie à la Faculté des lettres de Besançon. — 1 vol. in-18. . . . . . . 1 fr. 50

Allemands.

Morceaux choisis des philosophes allemands modernes, avec notes, commentaires, notices historiques et philosophiques par M. ANTOINE LÉVY, agrégé de l'Université, professeur d'allemand au lycée Charlemagne. — 1 vol. in-18. . . . . 2 fr. 50

PARIS. — IMPRIMERIE ÉMILE MARTINET, RUE MIGNON, 2

BIBLIOTHÈQUE CLASSIQUE D'OUVRAGES PHILOSOPHIQUES

MORCEAUX CHOISIS

DES

PHILOSOPHES ALLEMANDS

MODERNES

POUR LA CLASSE DE PHILOSOPHIE

AVEC NOTES, COMMENTAIRES, NOTICES HISTORIQUES
ET PHILOSOPHIQUES

Conformément aux programmes du 2 août 1880.

PAR

ANTOINE LÉVY

Professeur agrégé d'allemand au lycée Charlemagne.

PARIS
LIBRAIRIE GERMER-BAILLIÈRE ET Cie
108, BOULEVARD SAINT-GERMAIN, 108

Tous droits réservés.

INTRODUCTION

APERÇU GÉNÉRAL DE LA PHILOSOPHIE MODERNE

I

La philosophie moderne commence le jour où, secouant le joug de la théologie, que la scholastique lui avait imposé, la philosophie préluda à son entière indépendance en se retrempant dans l'étude de l'antiquité classique. L'Italie, même dans ses temps les plus troublés, n'avait jamais entièrement renoncé au culte des lettres latines et grecques. Longtemps avant la prise de Constantinople (1453), les Italiens y étaient allés étudier la littérature ancienne. Quand les Grecs abordèrent en Italie, *Dante* (1265-1321) et *Pétrarque* (1304-74) avaient écrit depuis un siècle ou deux leurs œuvres admirables. Mais les Grecs apportaient avec eux les écrits de Platon, d'Aristote et ceux des néoplatoniciens. Ces précieux parchemins étaient comme les chartes d'affranchissement de la pensée du moyen âge. Dans presque toutes les écoles, Platon détrôna Aristote, l'Aristote de la scholastique, mal compris et étroitement interprété ; et là où Aristote continuait à régner, il fut rajeuni et transformé par la substitution des commentateurs grecs, notamment celui d'Alexandre d'Aphrodisias, à celui d'Averroès, que l'École avait seul connu jusqu'alors. A la tête de la propagande platonicienne se trouvait Georges-Gémistos *Pléthon*, de Constantinople (1355-1452). Grâce à lui, la cour de *Cosme de Médicis* (1389-1464), où il vécut pendant quelque temps, devint bientôt le centre de ce mouvement, par la création de l'Académie platonicienne de Florence, dont le mystique Marsilius *Ficin* (1433-1499), le traducteur élégant de Platon et de Porphyre et l'auteur de la *Theologica platonica*, fut le professeur le plus distingué. Les doctrines de Platon furent encore défendues avec zèle par *Bessarion* (1389-1472), patriarche de Constantinople, par Pic *de la Mirandole* (1463-1494), Jean *Reuchlin* (1455-1522), qui alliaient tous deux au néoplatonisme les doctrines mystiques de la Cabale, et par Pierre *de la Ramée*, né en 1515 et assassiné dans la nuit de la St.-Barthélemy (1572) à l'instigation de son adversaire littéraire Charpentier.

Mais les systèmes de Platon, d'Aristote et des néoplatoniciens ne furent pas les seuls à être renouvelés : Justus *Lipsius* (1547-1606) ressuscita le stoïcisme, et Pierre *Gassendi* (1592-1655), l'épicurisme. Gassendi enseignait que Dieu est la cause primordiale de l'univers, qu'il a créé, dès le principe, une quantité déterminée d'atomes qui, sans nécessiter une nouvelle intervention du Créateur, deviennent, en se développant, les *semences* de toutes choses.

Le scepticisme fut renouvelé par Michel de *Montaigne* (1532-1592), Pierre *Charron* (1541-1603), François *Sanchez* (1562-1632), François de la Motte le *Vayer* (1586-1672) et ses élèves Samuel *Sorbière* (1615-1670), traducteur de Sextus Empiricus, et Simon *Foucher* (1644-1696), chanoine de Dijon, qui soumit la *Recherche de la Vérité* de Malebranche à une critique sévère. Tout en portant leur doute jusque sur le terrain de la foi, ces sceptiques n'en revenaient pas moins, finalement, au dogme de la révélation, devenue nécessaire, selon eux, par l'insuffisance même de la raison.

La religion se ressentit d'ailleurs elle-même de cette

renaissance générale, aussi bien que la philosophie. De même que celle-ci avait été retrempée aux sources de l'antiquité profane, de même *Luther* (1483-1546) retrempa la foi aux sources de l'antiquité sacrée. Indigné des abus qui s'étaient glissés dans l'Eglise, il en appela du papisme à la Bible. La scholastique avait été l'humble servante de l'Église, Luther l'enveloppa dans sa haine contre celle-ci, et, comme il ne voyait Aristote qu'à travers la scholastique, il l'appela *le rempart impie du papisme*. Mais Mélanchton (1496-1560) comprit que l'étude d'Aristote pouvait seule fournir les moyens de donner une forme systématique à la Réforme, et créa *l'aristotélisme protestant*, plus simple, plus libre et plus exempt de subtilités que l'aristotélisme scholastique.

Cependant, par suite de l'élan imprimé par la Renaissance à la raison humaine, celle-ci, poussée par une curiosité aussi naïve qu'insatiable, ne tarda pas à franchir les limites au-delà desquelles la science cesse de mériter ce nom et où l'imagination mystique se donne libre cours. On vit toute une pléiade d'esprits sincères et distingués mêler la *théosophie* à la philosophie naturaliste et aux données scientifiques de leur temps. Nicolas de *Cuse* (1401-1464), qui, en astronomie, a préparé la voie à Copernic, admettait que l'homme peut arriver à la connaissance de Dieu par une intuition immédiate échappant au contrôle de la raison (visio sine comprehensione, comprehensio incomprehensibilis). Comme Pythagore, il croit que l'univers est fondé sur une harmonie des nombres, dans laquelle Dieu est l'unité pure. — Le surnaturel tient moins de place dans le système de Giordano *Bruno* (1548-1600), martyr de la libre-pensée. D'après lui, les corps célestes ne sont pas mis en mouvement par un moteur premier, mais par une âme immanente. Il n'admet pas le dualisme de la force et de la matière, qui ne forment, dans son système, qu'un seul tout. Les éléments des corps, les *monades*, forment les corps en se développant conformément à des lois qui leur sont inhérentes. L'âme est une monade, qui est immortelle aussi bien que la substance du corps ; Dieu est la monade des monades. Il n'y a pas de mal absolu, le mal n'est que relatif. — Thomas *Campanella* (1568-1639) admet aussi un autre moyen de connaissance que celui de l'expérience et de la raison. Nous arrivons, dit-il, au divin par une intuition immédiate, qu'il appelle *tactus intrinsecus*, et qui est le moyen de connaissance par excellence. Il y a, dit-il encore, deux révélations : celle de la Bible et celle de la nature. La nature est un miroir vivant dans lequel se réfléchit la face de Dieu, la nature ne doit pas être étudiée dans des livres, dans Aristote, car les livres humains ne sont que des copies muettes de la vie, des copies pleines d'erreurs et de faussetés. — Le mysticisme tient également une place considérable dans le naturalisme de Lucilio *Vanini* (1585-1619), martyr, lui aussi, de la liberté de penser. — Mais le représentant le plus important de ce mélange de mysticisme et de théosophie est, sans contredit, un cordonnier de Görlitz, Jacob *Bœhme* (1575-1674). Il admet en Dieu un principe négatif ; il est ainsi en quelque sorte le précurseur de Schelling, dont le système repose sur un principe analogue. Dieu le Père, dit-il, est la volonté du néant qui a soif de quelque chose ; et cette soif de la volonté, c'est Dieu le Fils. En toute chose il y a du mal et du bien ; sans le mal il n'y aurait ni vie, ni mouvement, ni vertu, ni couleur, tout serait néant. Le mal produit le bien, c'est-à-dire la volonté de retourner vers Dieu ; le bien devient sensible et actif dans le mal. Toutes les choses, qu'elles soient divines, diaboliques ou terrestres, consistent en *oui* et en *non*. *Oui* est la force, la vie, la vérité, Dieu lui-même. *Non*, c'est le contraire. — Ces données philosophiques sont mêlées dans les livres de Bœhme à des formules astrologiques, cabalistiques, alchimiques, le plus souvent incomprises et presque toujours détournées de leur sens et appliquées à la théosophie.

La philosophie du droit eut aussi sa rénovation et se développa en abandonnant l'ornière tracée par Aristote, pour suivre une voie tout-à-fait originale. Nicolo *Machiavelli* (1469-1527) prit juste le contrepied du principe de l'Église qui sacrifie l'État au développement moral et religieux de l'homme. Il n'avait qu'un but, celui d'assurer la prospérité de l'État, et il subordonnait tout le reste à ce but suprême; tous les moyens qui y conduisent lui sont bons, dussent-ils être réprouvés par la morale. — Thomas *Morus* (1480-1535) rêvait, à la manière de Platon, un État idéal avec des lois pleines de douceur et d'indulgence. — Jean *Bodin* (1530-1596) se fit l'apôtre de la tolérance religieuse; et Hugo *Grotius* (1583-1645) créa la théorie du droit des gens.

II

L'impulsion donnée à l'esprit humain par la Renaissance avait poussé la philosophie au-delà des bornes assignées à la science, et l'avait fortement imprégnée de doctrines mystiques, cabalistiques et théosophiques. François *Bacon*, (1561-1626), baron de Vérulam, lord-chancelier d'Angleterre, détourna la philosophie de ces spéculations malsaines et la ramena à l'étude des faits, aux données de l'expérience; il est le chef de l'école empirique moderne. Son but est d'assurer par la science la puissance de l'homme : *tantum possumus quantum scimus*. Dans l'ensemble de ses œuvres, auxquelles il donne le nom d'*Instauratio magna*, il se propose de renouveler la science. Dans la première partie, appelée : *De dignitate et augmentis scientiarum*, il fait l'inventaire des sciences humaines, les classe et les délimite. Les sciences historiques ont leur fondement dans la mémoire, la poésie dans l'imagination, et la philosophie ou la science proprement dite, dans la raison. Dans la deuxième partie, à laquelle il donne le nom de *Novum Organum*, il décrit le nouvel *organe* qu'il donne à la philosophie, la nouvelle méthode philosophique. Cette méthode consiste avant tout dans l'étude et dans l'interprétation exacte de la nature, au moyen d'observations et d'expériences renouvelées. Mais, pour y parvenir, il faut que l'homme s'affranchisse préalablement des *idoles*, des idées préconçues et fausses, dont son esprit est rempli. S'il faut débuter par l'expérience, il ne faut cependant pas s'y arrêter; de même que l'abeille transforme le pollen qu'elle a recueilli et le dépose dans les cellules, il faut que la raison travaille sur les faits recueillis, et les classe; il faut qu'elle s'élève, par l'*induction*, de la connaissance des faits à celle des lois qui y président, non par sauts, mais par une progression lente, en passant par les lois intermédiaires, qui sont justement les plus fécondes. Des lois générales, des axiomes Bacon veut qu'on redescende aux faits pour arriver à de nouvelles découvertes, à de nouvelles inventions; et, dans divers fragments de ses œuvres, il a voulu prêcher d'exemple, mais sans arriver à des résultats de quelque importance.

Comme Bacon, son ami et compatriote Thomas *Hobbes* (1588-1679) veut que la philosophie ait un but pratique, et ce but il le trouve dans la constitution politique de l'État. Hobbes est sensualiste et matérialiste; il n'admet pas qu'il puisse y avoir d'autres substances que les corps. Beaucoup d'hommes pieux, dit-il, ont regardé Dieu comme une substance corporelle. Les sens sont affectés par des mouvements produits par les corps, qui se propagent jusqu'au cerveau, et du cerveau jusqu'au cœur. Il explique mécaniquement toutes nos fonctions intellectuelles. L'état de nature de l'homme est, d'après Hobbes, la guerre de tous contre tous, à laquelle les pousse l'égoïsme qui domine en nous. Pour sortir de cet état de guerre, les hommes se sont soumis à l'autorité absolue d'un seul, à condition qu'il leur accorde aide et protection. En dehors de l'État il n'y a que guerre, crainte, ignorance, barbarie, pauvreté; dans l'État, il y a sûreté, richesse, sociabilité, science, bienveillance. Ce que l'État absolu sanctionne est bon, vertueux; ce qu'il rejette, mauvais et vicieux; la loi est la conscience du citoyen. La religion, ce sont les puissances invisibles que l'État révère; toute conviction religieuse personnelle, distincte de celle de l'État, est une rébellion.

Mais ces doctrines sensualistes et matérialistes trouvèrent un adversaire redoutable dans la personne de René *Descartes* (1596-1650), le plus grand penseur de son siècle, à la fois philosophe, mathématicien, physicien et physiologiste distingué. Descartes est le chef de l'école dogmatique moderne. Ayant remarqué que le degré de certitude des vérités philosophiques était bien inférieur à celui des vérités mathématiques, il résolut de faire dans son esprit table rase de toutes les vérités philosophiques qui avaient cours, et de n'admettre que celles dont, après un examen minutieux, il serait absolument certain. Mais, quelque hardi que fût ce doute méthodique, il ne pouvait faire douter Descartes de son doute même et de sa pensée en général. Or, on ne peut penser que si l'on existe : *cogito ergo sum*; Descartes est donc sûr de son existence. Mais il trouve dans sa pensée l'idée de Dieu. Cette idée, il ne peut l'avoir reçue de lui-même, car elle est d'une réalité plus compréhensive que la sienne propre ; elle ne peut lui avoir été donnée que par Dieu lui-même, qui en a comme pétri notre âme. Mais l'idée de Dieu entraîne avec elle l'existence de Dieu, car on ne peut concevoir l'Être divin sans une existence nécessaire. Descartes est donc sûr aussi de l'existence de Dieu. Or, ce qu'il reconnaît comme certain doit l'être, il ne peut être le jouet d'un Dieu trompeur, car la véracité est inséparable de l'idée de Dieu. Outre la substance divine, il y a la substance pensante, l'âme, dont les fonctions peuvent se passer de l'étendue, et la substance étendue, c'est-à-dire les corps, dont nos sens nous révèlent l'existence et dont l'observation constate la figure, la grandeur, le mouvement, qui sont les modes de l'étendue. L'âme est mise en rapport direct et immédiat avec le corps par le point central du cerveau, la glande pinéale. Quoique entièrement distincts, l'âme et le corps agissent en ce point réciproquement l'un sur l'autre, par l'effet de l'intervention divine. Cette partie de la philosophie cartésienne fut développée par Arnould *Geulinx* (1625-1669), sous le nom de causes occasionelles. Geulinx prétend que, chaque fois que l'âme veut agir sur le corps, Dieu produit dans le corps la modification correspondante, et réciproquement.

Ce problème et ceux qui s'y rattachent furent résolus dans un tout autre sens par Nicole *Malebranche* (1638-1715). D'après lui, l'objet immédiat de l'activité de notre âme, ce sont les idées, qui ont à leur tour pour objet l'infini. Or, comme l'infini est Dieu, Dieu est le premier élément de notre connaissance, et nous voyons tout en Dieu. Nous avons conscience de nous-mêmes, comme étant une partie de l'Etre divin. Dieu est le lieu des esprits, comme l'espace le lieu des corps. Mais comme Dieu est aussi le réceptacle des idées, à l'image desquelles les corps sont créés, notre esprit, qui est uni avec Dieu, voit en lui ces mêmes idées et prend connaissance de ce monde corporel.

Les doctrines de Malebranche sont entachées de mysticisme; mais ce mysticisme est bien plus prononcé dans Blaise *Pascal* (1623-62). La nature, dit-il, confond les pyrrhoniens, et la raison confond les dogmatistes. Ailleurs, il va jusqu'à dire : Le cœur a ses raisons que la raison ne connaît pas.

Comme Pascal, le sceptique Pierre *Bayle* (1647-1705) fait le procès à la raison humaine; il prétend qu'elle est forte quand il s'agit de combattre l'erreur, mais faible quand il s'agit d'affirmer des vérités positives. Les vérités religieuses, dit-il, sont contraires à la raison, et c'est en ce sens qu'il y a un vrai mérite à y ajouter foi.

Le système philosophique de Baruch de *Spinoza* (1632-77) se distingue de celui de Malebranche en ce que (c'est Malebranche lui-même qui le dit), selon ce dernier, l'univers est en Dieu, tandis que d'après Spinoza Dieu est dans l'univers. Le principe sur lequel repose le panthéisme de Spinoza, c'est qu'il n'y a qu'une seule substance ; cette substance, infinie sous tous les rapports, c'est Dieu, et Dieu est adéquat à la nature. De tous les attributs innombrables de la substance, il ne nous est possible de connaître que deux seulement, qui sont la pensée et l'étendue. A chacun des moments ou modes du développement de la pensée correspond un moment ou un mode du développement de l'étendue ; et l'existence individuelle est l'un de ces modes. Cette existence individuelle, on ne peut l'accorder à Dieu, car toute détermination est incompatible avec l'absolu. Dieu est la cause immanente de l'univers, conformément aux lois nécessaires de son être, et c'est cette nécessité qui constitue sa liberté. Tout fait découle avec une précision mathématique d'une suite de causes et d'effets nécessaires ; tout mode de la pensée agit sur le mode correspondant de l'étendue. Il n'y a donc pas de place pour la liberté humaine. Quant à la pensée humaine, elle se compose d'une suite graduelle de notions, depuis les plus vagues, auxquelles se rattachent le désir, la joie et la tristesse, jusqu'aux plus claires, jusqu'à la connaissance adéquate qui voit les choses sous la forme de l'éternité, les rapporte à Dieu, et engendre ainsi l'amour divin, lequel constitue notre liberté, notre vertu et notre bonheur.

La méthode et la démonstration de Spinoza sont la méthode et la démonstration mathématiques.

En même temps que Spinoza, partant d'un principe faux, en déduisait le panthéisme avec une logique remarquable, John *Locke* (1632-1704) publiait son livre *Essay concerning human understanding*, dans lequel il donne pour origine à la connaissance humaine, d'un côté la *sensation*, au moyen de laquelle nous percevons les objets extérieurs, leur étendue, leur figure, leur mouvement ; de l'autre côté la réflexion, au moyen de laquelle le sens interne prend connaissance des faits psychologiques se rapportant à la pensée et à la volonté. Avant la sensation et la réflexion, l'esprit est une table rase, il n'y a pas d'idées innées : *nihil est in intellectu, quid non fuerit in sensu.* Les idées de force et d'unité nous sont fournies par une combinaison de la sensation et de la réflexion. Avec les idées simples combinées, l'esprit forme les idées complexes. Plusieurs idées toujours groupées ensemble constituent un individu. Les idées sont conformes à la raison quand nous pouvons les découvrir au moyen de la réflexion et de la sensation, comme l'existence de Dieu ; elles dépassent la raison quand la sensation et la réflexion ne peuvent y arriver par leur propre force, comme la résurrection. Elles sont contraires à la raison, quand elles contredisent les données de la sensation et de la réflexion, comme l'existence de plusieurs dieux. Le principe de la morale est la félicité de l'homme.

Tout en développant la partie théorique du système de Locke, l'idéaliste Georges *Berkeley* (1685-1753) enseigne que rien de ce que nous voyons ou sentons n'existe réellement ; les choses ne sont que nos propres représentations. Les esprits seuls avec leurs idées et leurs volontés ont une existence réelle. Il est impossible d'admettre, dit-il, que des objets extérieurs réels aient donné naissance à nos idées, car la matière ne peut agir sur l'esprit ; le même seul peut agir sur le même. Aussi n'est-ce qu'un esprit qui ait pu faire naître nos idées, et cet esprit infiniment puissant, infiniment bon et infiniment sage, c'est Dieu.

Locke, en niant les idées innées, niait implicitement que le principe de moralité fût inné à l'homme. Cette doctrine fut combattue avec succès par Anthony, comte de *Shaftesbury* (1761-1713), le premier en date des philosophes moralistes anglais. Il divise les penchants de l'homme en penchants égoïstes, penchants sociaux et en rationnels ou réfléchis. De même que la beauté physique se dégage de l'harmonie existant entre des éléments matériels, hétérogènes, de même la beauté morale, la vertu, résulte de l'harmonie, d'une juste proportion entre ces différents penchants. Les principaux disciples de Shaftesbury sont : *Hutcheson* (1694-1747), Samuel *Clarke* (1675-1729) et Adam *Ferguson* (1724-1816), qui modifièrent quelque peu sa doctrine, principalement dans la définition de la vertu.

Shaftesbury a exercé une grande influence sur Herder, Schiller et, par ses doctrines optimistes, même sur *Leibniz* (1646-1716), le véritable chef de l'école philosophique allemande, et qui, par son système des monades, prend place entre le dualisme de Descartes et le monisme de Spinoza (v. Leibniz, p. 1).

A Leibniz se rattachent *Wolff* (1679-1754, v. page 15), *Baumgarten* (1714-1762) et les philosophes *populaires* : Moïse *Mendelssohn* (1726-1785, v. p. 41), *Nicolaï* (1733-1811), *Eberhard* (1738-1809, v. p. 49), *Abbt* (1738-1766), *Garve* (1742-1798, v. p. 52), *Engel* (1741-1802) et *Lessing* (1729-1781, v. p. 25). Baumgarten, que Gœthe estimait beaucoup, a été le fondateur de l'esthétique, qui lui doit son nom. Le beau, selon lui, est l'impression vague que la perfection fait sur nos *sens*, de là le nom d'esthétique. Quant à Nicolaï, Abbt et Engel, ils ont beaucoup contribué à détruire les préjugés et les superstitions dans l'esprit de leurs compatriotes allemands.

Détruire les préjugés et les superstitions sur le terrain philosophique, religieux, social et politique, tel fut surtout le rôle de l'école des philosophes français du xviiie siècle, dont le chef était *Voltaire* (Arouet, 1694-1778). En philosophie, Voltaire s'est surtout nourri des doctrines de Locke, dont la psychologie est, dit-il, à celle de Descartes et de Malebranche ce que l'histoire est au roman. Voltaire est plus affirmatif que Locke dans la question de savoir si la matière peut penser, et n'admet pas plus que lui les idées innées. Il soutient cependant que certaines idées, surtout les idées morales, bien qu'elles ne nous soient pas innées, découlent de la nature humaine en vertu de lois nécessaires et ont plus qu'une valeur conventionnelle. Si Dieu n'existait pas, dit-il, il faudrait l'inventer, mais toute la nature crie qu'il existe. Il cherche à ridiculiser l'optimisme de Leibniz et regarde comme insoluble le problème de savoir comment le mal a été introduit dans le monde. Il croit que l'homme doit plutôt chercher sa satisfaction dans l'action que dans la spéculation. Il aime mieux douter de la puissance que de la bonté de Dieu.

Jean-Jacques *Rousseau* (1712-1778) ne trouve d'autre remède aux maux d'une civilisation corrompue que le retour à un état de nature chimérique. Il oppose aux doctrines sensualistes et matérialistes la croyance en Dieu, à l'immortalité de l'âme et à une rémunération future de la vertu.

Jullien Offroy *de la Mettrie* (1709-1751) ramène toutes les fonctions psychologiques à l'organisation du corps. L'âme dit-il, croit avec le corps et décroit avec lui. Un État composé seulement d'athéistes serait, d'après lui, le plus heureux de tous. Il oppose la jouissance des sens à la morale de l'abstinence. Une action est bonne quand l'intérêt général l'y emporte sur l'intérêt privé.

Etienne Bonnot de *Condillac* (1715-1780) a donné une théorie complète du sensualisme. La sensation est, d'après lui, la source unique de nos connaissances, et toutes les fonctions attribuées à l'âme ne sont que des sensations transformées ; la mémoire, par exemple, n'est qu'une impression faite sur le cerveau et qui persiste même après que l'objet qui l'a causée a disparu. Le moi de chaque homme, dit-il, n'est que la collection des sensations qu'il éprouve et de celles que la mémoire lui rappelle. Mais Condillac n'est que sensualiste, il n'est pas matérialiste ; il n'admet pas que la matière puisse sentir ou penser ; car le sentiment et la pensée supposent l'unité du sujet. Il croit donc à une âme immatérielle, à l'aide de laquelle les sens sont capables de perception.

Jean d'*Alembert* (1713-1784) est sceptique ; il est tenté

de croire que rien en dehors de nous ne répond à ce que nous croyons voir. Nous ne connaissons exactement ni la matière ni l'esprit.

Denis *Diderot* (1717-1784) a varié dans ses opinions philosophiques. Parti du théisme et de la croyance en une révélation positive, il aboutit au panthéisme. La matière, d'après lui, est capable de sentir ; elle est composée d'atomes sensibles, qui, en communiquant l'un avec l'autre par un contact continuel, rendent possible l'unité de conscience. En morale, il ne fait presque que répéter Shaftesbury.

Claude-Adrien *Helvétius* (1715-1771) trouve dans l'amour de nous-mêmes, qui nous fait rechercher ce qui nous plaît et repousser ce qui nous déplaît, la seule règle pratique que l'homme puisse suivre. Il est persuadé qu'une bonne éducation et une bonne législation peuvent faire concorder l'amour de soi-même avec le bien général. Les passions ne doivent pas être détruites, elles fécondent l'esprit si elles sont réglées. L'homme de bien est celui qui cherche son intérêt sans nuire à celui d'autrui. L'État représente le désintéressement, la bienveillance ; l'individu, l'intérêt, l'égoïsme.

Paul-Henri-Dietrich *d'Holbach* (1723-1789) professait l'athéisme. D'après lui, l'idée de Dieu est non seulement inutile, mais encore nuisible ; elle n'explique rien, ne console personne et ne fait qu'inspirer l'effroi. Sa morale repose, comme celle d'Helvétius, sur l'amour de soi-même, sur l'intérêt bien entendu ; il accorde cependant une place plus importante à l'intérêt général. Il n'y a que des atomes régis par les lois de l'inertie, de la répulsion et de l'attraction, qui s'appellent en morale amour-propre, haine et amour.

Pendant que le sensualisme, le matérialisme, l'athéisme étaient hautement professés par l'école philosophique française, David *Hume* (1711-1766) renouvelait en Angleterre la théorie du scepticisme. Hume s'attaque surtout au principe de causalité ; il n'y voit que l'habitude que nous prenons de faire dépendre l'un de l'autre deux faits, qui ordinairement se produisent l'un *après* l'autre, mais qui ne sont nullement produits l'un *par* l'autre. En niant la légitimité de l'idée de cause, Hume nie en même temps, comme conséquence de cette doctrine, la légitimité de l'induction, qui, dépassant le domaine de l'expérience, aboutit à l'existence de Dieu et à l'immortalité de l'âme. La morale de Hume repose sur le sentiment sympathique qu'éveille en nous le bonheur ou la misère de l'homme. Une action est morale ou immorale selon qu'elle éveille l'approbation ou la désapprobation. L'action qui tend au bien commun est dans le premier cas ; celle qui n'a en vue que l'intérêt particulier, dans le second.

L'économiste Adam *Smith* (1723-1790) est, en morale, un disciple de Hume.

Parmi les adversaires de Hume se trouvent surtout les philosophes de l'école écossaise, dont le principal représentant fut Thomas *Reid* (1710-1796). Berkeley et Hume, dit-il, n'ont fait que tirer du système de Locke les conséquences qui en résultent naturellement ; mais, puisqu'ils sont arrivés à des conclusions absurdes, il faut que leur point de départ, la doctrine de Locke, ait été faux. Il est faux, en effet, que l'âme soit, à la naissance de l'homme, une table rase ; toutes les données du *sens commun* y sont, au contraire, déposées dès le principe. Ces vérités du sens commun se trouvent tout aussi bien dans l'âme du premier venu que dans celle du plus grand penseur. L'objet de la philosophie est de rechercher et d'analyser ces notions du sens commun, et de les distinguer des vérités contingentes.

Parmi les principaux disciples de Reid il faut citer Dugald *Stewart* (1753-1823) et William *Hamilton* (1788-1856).

Le scepticisme de Hume a préparé le criticisme de Kant.

III

Kant (1724-1804, v. p. 57) soumit à une critique minutieuse la légitimité même de la raison humaine. Sa doctrine trouva un certain nombre d'adversaires, dont le plus marquant était Gottlieb-Ernest *Schulze* (1761-1813), qui dans son *Aenésidème*, où il défend le scepticisme, combattit Kant et un de ses plus zélés disciples, Charles-Léonard *Reinhold* (1758-1823). A Kant se rattachent encore : Frédéric *Schiller* (1756-1805, v. p. 80) ; Frédéric-Henri *Jacobi* (1743-1819, v. p. 87) ; Jean-Georges *Hamann* (1730-88, v. p. 94) ; Jean *Herder* (1744-1803, v. p. 102), qui, tout en approuvant certains principes de Kant, en rejettent un certain nombre ; Jacob *Fries* (1773-1843), qui chercha à concilier Kant et Jacobi en admettant que ce qui frappe nos sens est l'objet de la science, et ce qui échappe à nos sens l'objet d'une foi rationnelle, mais que la manifestation de ce qui échappe à nos sens, dans ce qui est de leur domaine, est l'objet du pressentiment ; et Salomon *Maimon* (1764-1800), qui rejette la doctrine des choses transcendentales de Kant et veut voir réhabilité le plaisir (Genuss), que Kant exclut comme immoral.

L'idéalisme de Kant admettait l'existence de l'objet en soi ; Jean-Gottlieb *Fichte* (1662-1814, v. p. 110) combattit ce dualisme en soutenant que la matière aussi bien que la forme ne sont que le produit du moi (v. p. 111). Parmi les disciples de Fichte il faut citer Charles *Forberg* (1770-1848) et Emmanuel *Niethammer* (1766-1848).

Frédéric-Guillaume-Joseph *Schelling* (1775-1854, v. p. 131) rejette également le dualisme kantien ; il diffère de Fichte en ce qu'il enseigne l'identité du moi et du non-moi dans l'absolu. Les plus marquants parmi les disciples de Schelling sont : le théosophe François *Baader* (1765-1841), qui enseigne que l'homme ne pense, ni ne veut, ni n'agit par lui-même, mais ne fait que coopérer à la pensée, à la volonté et à l'action divines; et Frédéric *Krause* (1781-1832), d'après lequel toutes choses, le moi et le non-moi, la nature et l'esprit sont identiques et n'existent que dans Dieu.

A Schelling se rattachent encore : Frédéric-Ernest-David *Schleiermacher* (1768-1834, v. p. 151), qui essaie de faire une juste part au réel et à l'idéal, à la nature et à l'esprit, et surtout Frédéric *Hegel* (1770-1831), qui fait de la raison absolue la source unique, la substance de toutes choses v. p. 140).

Kant avait enseigné que nous ne pouvons connaître l'objet *en soi* qu'au moyen des formes de notre pensée; Arthur *Schopenhauer* (1788-1860, v. p. 166) soutient que nous le connaissons au moyen d'une perception interne, appelée *volonté*.

Jean-Frédéric *Herbart* (1776-1841, v. p. 180) va plus loin encore; il enseigne que non seulement nous connaissons les objets qui sont hors de nous, mais qu'ils existent encore en toute réalité avec les formes, dont Kant fait à tort le produit de notre pensée.

Frédéric-Edouard *Beneke* (1798-1854, v. p. 195) s'arrête à un terme moyen entre l'idéalisme et le réalisme : nous ne connaissons, dit-il, les objets externes que par analogie avec ce qui se passe dans notre âme, où des faits positifs répondent à notre perception interne.

Tous ces philosophes, Hegel surtout, ont eu de nombreux disciples, même en Italie, en France et dans presque toutes les parties de l'Europe. L'hégélianisme eut sa *droite*, qui inclinait vers l'orthodoxie religieuse, et dont *Gabler* (1786-1853) et *Göschel* (1781-1861) furent les principaux représentants, et sa gauche (le parti des jeunes hégéliens), qui aboutissait au panthéisme et avait pour principaux chefs : Louis *Feuerbach* (1804-1872) et David-Frédéric *Strauss* (1808), l'auteur de la *Vie de Jésus*, qui tous deux finirent par abandonner l'hégélianisme pour le naturalisme et le matérialisme. Hegel eut aussi de nombreux adversaires, tels que : Emmanuel-Hermann *Fichte* (1797-1879), l'esthéticien *Ulrici* (1806), qui cherchait à concilier la théologie avec la spéculation philosophique, l'aristotélicien *Trendelenburg* (1802-1872, v. p. 204), qui combattit également Herbart, et Antoine *Günther* (1785-1864), qui opposa le théisme aux doctrines panthéistes de Schelling et de Hegel.

A Schelling se rattachent : Guillaume *Rosenkranz* (1821-1874), qui essaie également de concilier la théologie avec la philosophie, et Edouard *Hartmann* (v. p. 222) qui enseigne ce qu'il appelle le réalisme transcendental. Une autre espèce de réalisme est professée par J.-H. *Kirchmann*.

Les disciples les plus marquants de Herbart furent : *Hartenstein* (1808), *Drobisch* (1802), Robert *Zimmermann* (1824) et *Lazarus* (v. p. 217), qui développent surtout la partie physiologique de la doctrine de Herbart. Hermann *Lotze* (1817) mêle aux doctrines de Herbart celles de Leibniz et de Spinoza.

De Schleiermacher relèvent : les historiens de la philosophie, Auguste *Brandis* (1790-1867) et Henri *Ritter* (1791-1879). Schopenhauer a eu pour disciple Jules *Frauenstädt* (1813-1878), qui répandit en Allemagne les œuvres de son maître. Le système de Beneke fut défendu par l'historien de la philosophie, Frédéric *Ueberweg* (1826-1871), qui chercha lui aussi à concilier le réalisme et l'idéalisme.

Le criticisme de Kant fut renouvelé par F. Albert *Lange* (1828-1875). C'est de Kant et de Spinoza à la fois que procède Gustave-Théodore *Fechner* (1801), qui prétend que l'univers et chacune des étoiles ont une âme.

Mais le progrès des sciences naturelles provoqua une réaction matérialiste. Le matérialisme trouva des défenseurs passionnés dans la personne du naturaliste Charles *Vogt* (1817, v. p. 212), de *Moleschott* (1822) et de Louis *Büchner* (1824, v. p. 211). Comme eux Henri *Czolbe* (1819-1873) nie l'immortalité de l'âme, mais croit à l'éternité de l'univers.

En France le sensualisme de Condillac fut développé par

Cabanis (1757-1808) au point de vue psychologique et par Destutt de *Tracy* (1754-1836) au point de vue idéologique. Cabanis soutenait que l'âme n'est pas une substance, mais une faculté, et que la pensée n'est qu'une sécrétion du cerveau. Vers la fin de sa vie, il inclinait vers le panthéisme. Destutt de Tracy soutient que le lien entre le moi et le non-moi est, d'un côté, l'action voulue en nous et, d'autre part, la résistance rencontrée hors de nous. La même force ne pourrait pas vouloir et se servir à elle-même de résistance.

Ces opinions furent combattues au point de vue théologique par *De Bonald* (1754-1840), de *Lamennais* et Joseph de *Maistre* (1753-1821). De Bonald regarde la révélation comme le principe de la connaissance et nie les idées innées. De Lamennais professe un scepticisme théologique. Après avoir essayé de montrer que la raison humaine est impuissante à connaître la vérité, il nous donne « le consentement universel » comme seule base certaine de toute croyance ; et c'est sur cette base que repose la véracité de la révélation et de la loi chrétienne. — Joseph de *Maistre* est le fondateur de l'ultramontanisme. Partant de la croyance au péché originel, il regarde le mal comme une expiation ; aussi justifie-t-il les condamnations à mort, la guerre, l'Inquisition.

Mais le sensualisme et le matérialisme trouvèrent dans ce que M. Paul Janet appelle l'école psychologique des adversaires bien plus sérieux que dans l'école théologique. Le chef de l'école psychologique est *Royer-Collard* (1763-1845), qui a introduit en France la philosophie écossaise. Il s'est surtout attaché à analyser les principes de causalité et d'induction et la notion de la durée. — Maine de *Biran* (1765-1824), que Cousin appelait le plus grand métaphysicien du dix-neuvième siècle, combat avec beaucoup d'art le système sensualiste, dont il était d'abord partisan. Le premier fait de notre conscience est, dit-il, l'effort produit par un acte de notre volonté ; cet effort nous révèle notr volonté et la résistance qu'elle rencontre. Par cette résistance, le moi se sent limité, et cette limite lui révèle le non-moi. Vers la fin de sa vie Maine de Biran professait des doctrines mystiques et admettait que la personnalité humaine, qu'il regardait autrefois comme le plus haut degré de la vie de l'homme, doit s'élever à un degré supérieur, où elle se perd et s'anéantit au sein de la Divinité. — Victor *Cousin* (1792-1867), élève de Royer-Collard et de Maine de Biran, est le fondateur de l'école éclectique. Or, l'éclectisme était impossible sans une étude approfondie de l'histoire de la philosophie : aussi Cousin s'y appliqua-t-il constamment. Son éclectisme ne l'empêcha pas de chercher sa propre voie. Entre Hume et ses disciples, d'un côté, qui niaient toute métaphysique, et les Allemands, de l'autre côté, qui fondaient une métaphysique *a priori* sur l'idée de l'absolu, il choisit le moyen terme d'une métaphysique fondée sur la psychologie. Jusqu'en 1828, Cousin inclinait vers l'idéalisme de Schelling et surtout de Hegel, qu'il connaissait personnellement ; mais à partir de cette époque il revint à la méthode psychologique de Descartes et à la doctrine du sens commun des philosophes écossais. — Théodore *Jouffroy* (1796-1842), élève de Cousin, s'est surtout appliqué à délimiter le domaine de la psychologie et à appliquer la méthode psychologique à l'esthétique et à la morale.

L'école psychologique rencontra un adversaire convaincu dans la personne d'Auguste *Comte* (1798-1857), le chef de l'école positiviste. Auguste Comte regarde les études métaphysiques comme impossibles. Nous ne connaissons pas, dit-il, les extrémités des choses ; leur milieu seul est accessible à notre intelligence. Il ne veut ni du panthéisme, ni de l'athéisme, car c'est encore là de la théologie. L'esprit humain passe : 1° par la période théologique, dans laquelle l'homme explique l'origine des choses par le surnaturel ; 2° par la période métaphysique, dans laquelle il donne pour origine à l'univers une cause abstraite et *a priori* ; 3° par la période positive, dans laquelle la science explique par l'observation et par des expériences les relations entre les phénomènes naturels. La science a pour base les mathématiques, puis elle aborde successivement l'astronomie, la physique, la chimie, la biologie et la science sociale.

Mentionnons enfin les philosophes qui sont, dans une certaine mesure, les disciples d'Auguste Comte. : Stuart *Mill* (1806-1873), *Lewes* (1817) et *Spencer* (1820), l'auteur du système de la philosophie des évolutions.

PHILOSOPHES MODERNES
DE L'ALLEMAGNE

I

LEIBNIZ

Godefroy-Guillaume Leibniz est né à Leipzig le 1ᵉʳ juillet 1646. Ayant perdu en bas âge son père, qui était professeur de droit à Leipzig, il fit ses études à l'Université de cette ville, et s'y attacha particulièrement au philosophe Jacob Thomasius, père du célèbre jurisconsulte de ce nom. Il dit lui-même : « Je n'avais pas encore quinze ans que je me promenais des journées entières dans un bois pour prendre parti entre Aristote et Démocrite. » A dix-sept ans, il soutint la thèse : *De principio individui*, dans laquelle il se prononça pour le nominalisme. Dans la même année il alla étudier à Iéna les mathématiques et le droit; l'année suivante il publia différents travaux sur le droit et obtint à Altdorf le titre de docteur en droit, qu'on lui avait refusé à Leipzig, parce qu'il était trop jeune. Aussi quitta-t-il alors sa ville natale pour ne plus y revenir. Dans les dissertations philosophiques qui parurent vers ce temps : *Dissertatio de arte combinatoria* (1664), *Confessio naturæ contra atheistas* (1668), *Epistola ad Jacob Thomasium*, *Dissertatio de stilo philosophico* (1670), il se rangea à l'opinion de Bacon, de Hobbes, de Gassendi et de Descartes, qui soutiennent contre les scholastiques que les corps ont bien une grandeur, une figure, un mouvement, mais rien qui ne puisse s'expliquer mécaniquement ; il n'en conçoit pas moins la possibilité de concilier la philosophie d'Aristote et celle des modernes. Ce fut alors (1667) qu'il se lia avec le baron de Boyneburg, ministre du prince électoral de Mayence, pour lequel il écrivit plusieurs dissertations politiques. De Boyneburg qui avait quitté le protestantisme pour le catholicisme, gagna Leibniz, qui était protestant, à la cause qu'il défendait depuis quelques années, celle d'amener un compromis, une réunion entre l'Église catholique et l'Église protestante, et ce fût lui qui engagea Leibniz à écrire, en 1669, la *Defensio trinitatis*. L'année suivante il fut nommé conseiller à la haute Cour de justice de Mayence. En 1672 il alla à Paris, puis à Londres, d'où il revint pour se fixer à Paris en qualité de précepteur des enfants de Boyneburg. Il y resta jusqu'en 1676, époque à laquelle le prince de Brunswick et du Hanovre le nomma bibliothécaire de Hanovre. Il avait parmi ses attributions celle d'écrire l'histoire des princes du Hanovre et de Brunswick ; il parcourut l'Allemagne et l'Italie pour réunir les documents nécessaires à cet effet, et publia plusieurs travaux importants sur ce sujet. En 1693 il fit paraître son *Codex juris gentium diplomaticus*. A la cour de Hanovre il éleva la princesse Charlotte qui, conseillée par lui, engagea son époux Frédéric de Brandebourg, devenu en 1701 roi de Prusse sous le nom de Frédéric 1er, à fonder la *Société scientifique de Berlin*, dont Leibniz fut le premier président et que Frédéric II convertit en *Académie des sciences*, en 1744.

Pendant son séjour à l'étranger il avait fait la connaissance de Newton, d'Arnauld (de Port-Royal), de Huyghens et de Spinoza, avec lequel il était en correspondance depuis 1671. A Paris il avait soumis à Louis XIV, pour le détourner de ses projets de conquête sur l'Allemagne, un plan d'après lequel celui-ci pouvait s'emparer de l'Égypte. Dès l'année 1671 il avait déjà adressé au roi une brochure à ce sujet, intitulée : *Consilium ægypticum*. Il revint à la charge dans une seconde brochure, *De expeditione Egyptiaca regi Franciæ proponenda justa dissertatio*, qui fut elle-même suivie d'une troisième. Quelques années plus tard, en 1677, s'ouvrit entre Newton et Leibniz, à propos de l'Arithmétique des fluxions du premier et du Calcul des différences du second, une polémique, pour établir à qui appartenait la priorité de la découverte de cette méthode. Les deux mathématiciens se soumirent à l'arbitrage de la *Société royale des sciences* de Londres, qui décida en 1713, avec peu d'impartialité, dit-on, en faveur de Newton. En tout cas la méthode de Leibniz est plus parfaite que celle de Newton.

Mais cette polémique était loin d'absorber l'activité de Leibniz; en 1686 il écrivit son *Systema theologicum*, qui témoigne d'un grand esprit de conciliation, mais le rendit suspect aux protestants. Il écrivit aussi à ce sujet à Pellisson, qui était rentré dans le giron de l'Église catholique (1691 et 1692) et à Bossuet, qui se refusa à toute espèce de compromis. Les négociations se rouvrirent de 1697 à 1706 entre Hanovre et Berlin; Leibniz y prit une part active et ne fut pas plus heureux dans ces tentatives que dans les précédentes. En 1684 il publia, dans les *Acta eruditorum*, ses *Meditationes de cognitione veritatis et ideis*, où il modifie les notions cartésiennes sur la connaissance. La connaissance, dit-il, est confuse ou distincte; celle-ci, non adéquate ou adéquate; celle-ci, symbolique ou intuitive, et cette dernière seule est parfaite.

Dans une lettre adressée à Bayle et insérée dans les *Nouvelles de la République des Lettres*, rédigées par ce dernier (1687), Leibniz expose pour la première fois la *loi de continuité*, et semble pressentir la parenté des espèces. « Tout, dit-il, va par degrés dans la nature et rien par saut. » Par cette doctrine qu'il a exposée aussi dans les *Considérations sur la doctrine d'un esprit universel* (1702), dans les *Nouveaux essais* et dans la *Monadologie*, il prend place entre le monisme de Spinoza et le dualisme de Descartes, et n'admet qu'une hiérarchie infinie de substances qui toutes sont des monades.

Leibniz a exposé son système des monades et de 'harmonie préétablie dans des lettres adressées à Arnauld en 1686 et 1690, dans le *Journal des Savants* et les *Acta eruditorum*, dans le *Système nouveau de la nature* (1695), dans les *Principes de la Nature et de la Grâce fondés en raison* (1714), dans les *Nouveaux Essais sur l'Entendement humain* (1704), et dans les *éclaircissements sur le nouveau Système de la communication des substances*. Les monades, dit-il, sont des substances simples, sans étendue ; la substance est ce qui est capable d'action. Les monades sont les véritables atomes ; mais, différents de ceux de Démocrite, ce sont des atomes métaphysiques capables d'action et distincts les uns des autres par leurs qualités. Toutes les monades ont des perceptions, mais avec des degrés différents de clarté. Dieu est la monade primitive, les autres n'en sont que des fulgurations ; l'âme est la monade centrale d'une infinité d'autres monades inférieures qui constituent le corps. Les animaux et les plantes sont constitués également par des monades qui sommeillent. Entre les perceptions des monades et le mouvement de l'univers il y a une harmonie préétablie par Dieu : ce qui rend l'existence de Dieu nécessaire. Dieu est partout comme centre ; mais sa circonférence n'est nulle part. L'âme et le corps de l'homme concordent comme deux montres réglées et marchant exactement l'une comme l'autre. Le monde physique est en constante harmonie avec le monde moral ou le monde des esprits, réglé par la grâce divine. La prescience divine n'altère en rien la liberté humaine, parce que Dieu voit les actions futures des hommes comme les libres manifestations de créatures intelligentes. C'est sur ce principe de l'harmonie préétablie que repose la *Théodicée* publiée par Leibniz en 1710 et qu'il fit précéder du préambule : *Discours de la conformité de la foi avec la raison*, en réponse aux doutes émis par

Bayle, dans son *Dictionnaire*, concernant Dieu et la religion.

Leibniz y établit que le monde est, sinon absolument parfait, du moins le meilleur des mondes possibles; car s'il y en avait eu un meilleur possible, la bonté divine l'aurait voulu et sa toute-puissance l'aurait créé. Le mal métaphysique est la condition du monde, qui ne peut avoir la perfection de son Créateur. Le mal moral est la conséquence du libre arbitre de l'homme. Quant au mal physique il sert de châtiment ou de moyen d'éducation.

Locke avait dit dans son *Essay concerning human understanding*: « Nihil est in intellectu, quod non fuerit in sensu, » proposition qui conduisait au scepticisme ou au matérialisme. Leibniz réfuta cette doctrine dans les *Nouveaux Essais sur l'entendement humain* (1704), corrigea la proposition de Locke en y ajoutant: *Nisi ipse intellectus*, et démontra l'existence des vérités nécessaires et des idées innées. Quant à nos raisonnements, ils sont fondés sur deux principes, celui de l'identité ou de la contradiction, au moyen duquel on démontre les vérités mathématiques, et celui de la raison suffisante par lequel on résout les problèmes métaphysiques. Les vérités que nous devons aux sens sont contingentes, changeantes; les vérités nécessaires et éternelles sont innées à notre esprit, où elles ont besoin d'être développées par la réflexion.

En 1711, 1712 et 1716, Leibniz vit Pierre le Grand, qui le nomma conseiller intime et le consulta sur la création d'une Académie des sciences à Saint-Pétersbourg. Il vécut à Vienne de 1712 à 1714; il y fut nommé conseiller de cour et anobli. Puis il retourna à Hanovre où il ne trouva plus son protecteur, le prince Georges, qui venait de monter sur le trône d'Angleterre. Il y mourut en 1716, après être tombé en disgrâce à la cour de Hanovre. On lui a élevé, depuis, plusieurs monuments, tant à Hanovre qu'à Leipzig.

Leibniz n'a guère écrit en allemand que quelques opuscules et d'assez nombreuses lettres sur des sujets philosophiques. Ses œuvres importantes sont écrites en français ou en latin; aussi est-il plutôt un philosophe français qu'un philosophe allemand, autant par la clarté de son esprit et de son exposition que par la langue dont il se sert de préférence. Ses œuvres allemandes ont été réunies et publiées par Guhrauer (1838-40).

---

1. — Schreiben an Gabriel Wagner [1].

Ich bekenne an meinem wenigen Ort [2], daß ich in meiner Jugend geneigt gewesen, viel zu verwerfen, so [3] in der gelehrten Welt eingeführt [4]. Aber bei anwachsenden Jahren und näherer Insicht [5], habe [6] den Nutzen mancher Dinge befunden, die ich zuvor gering geachtet, mithin nunmehr gelernt, nicht leicht etwas zu verachten, welche Regel ich für besser und sicherer halte als die so einige stoische Liebhaber der Weisheit und aus ihnen Horatius gelehret: Nichts zu bewundern [7]. Wie ich denn in Frankreich und sonsten [8] den sogenannten Cartesianern solches zu verstehen geben [9] und sie gewarnt, daß sie durch Anzapfung [10] der Schulen weder für sich noch für die Studien

---

[1] Contemporain de Leibniz, qui avait publié un livre dans lequel il avait voulu prouver que l'étude de la logique et de la métaphysique était oiseuse, et constituait une perte de temps regrettable.
[2] Pour ma modeste part.
[3] Forme vieillie du pronom relatif; mot invariable.
[4] Sous-entendu : war.
[5] Ancienne forme de Einsicht.
[6] Sous-entendu : ich.
[7] *Nil admirari* (*Épit.* 1-6, à Numicius).
[8] Sonst.
[9] Gegeben habe.
[10] En entamant les écoles (philosophiques).

wohlthun, und nur gelehrte Leute gegen neue auch sonst gute Gedanken verbittern würden. So auch zum Theil erfolgt, wie des hochgeehrten Herrn Bischofs von Avranches, Huetii, nicht ganz unverdiente Censur ausweiset¹; und habe ich an dem Herrn Pater Malebranche², so sonst mein guter Freund, nicht billigen können, daß er bald die Critik und Untersuchung des römischen und griechischen Alterthums, bald die Lesung der rabbinischen und arabischen Bücher, bald den Fleiß der Sternseher, bald sonst etwas durchziehen will, da doch alle diese Dinge ihren Nutzen haben, und gut³, daß Leute seien, so ihr Werk davon machen, welche man durch Lob bei ihrer Mühe anfrischen und nicht durch Verachtung von der vor⁴ das gemeine Wesen oft ohne Belohnung unternommenen, großen Arbeit abschrecken muß. Zweifle auch nicht, daß mein geehrter Herr hierin mit mir guten Theils einig sein werde, inmaßen⁵ er sich wegen der orientalischen Sprachen, der Sternkunst und anderen ganz wohl erklärt⁶.

¹ Huet, évêque d'Avranches, précepteur du grand dauphin, fils de Louis XIV (1630-1721), fut d'abord grand partisan des doctrines de Descartes, mais il ne tarda pas à revenir de sa première opinion et dans son ouvrage : *Censura philosophiæ cartesianæ*, 1689-1694, il attaqua avec une grande véhémence Descartes et sa philosophie. « Censur » qui est dans le texte est ici en même temps le nom de l'ouvrage.

² Malebranche, oratorien et philosophe célèbre, né à Paris en 1638, est surtout connu par son ouvrage : *De la recherche de la Vérité* (1674), où il enseigne que nous voyons tout en Dieu, aussi bien les choses de l'esprit que les choses étendues. Il sert ainsi de transition entre Descartes et Spinoza, bien qu'il ait appelé le système de ce dernier une abominable chimère.

³ Es gut ist.
⁴ Für.
⁵ In dem Maße als.
⁶ Erklärt hat, l'a déclaré.

2. — Schreiben an Gabriel Wagner.
(Suite.)

Weilen[1] aber gleichwohl mein geehrter Herr hauptsächlich, wie ich sehe, dahin zu gehen[2] scheint, daß die Vernunftkunst oder Logik sammt ihrer nahen Anverwandtin[3], der gemeinen Wissenschaft oder Metaphysik, gänzlich zu verwerfen und gleichsam zu verbannen[4], und[5] mich selbst, den er zwar eines allzugroßen Lobes würdigt, unter die Verächter der Logik ausdrücklich zählet, hat mich solches um so viel mehr bewogen, meine Erklärung darüber an ihn zu thun. Und zweifle ich[6] zwar zuvorderst nicht, daß mein geehrter Herr, aus wohlmeinendem Eifer zu Aufnahme der wahren und nützlichen Wissenschaften, ein solches geschrieben, damit die Menschen mit vergebenem Grübeln zu Verlust der edeln Zeit nicht aufgehalten würden, und mir darin eine Ehre gethan, daß er mich gleichsam zum Zeugen einer so wohlgemeinten Erinnerung[7] gerufen. Weilen aber gleichwohl ich von der Sache selbst auf gewisse Maße eine andere Meinung führe, so habe[8] versuchen wollen, ob wir uns darüber in etwas verstehen und vergleichen könnten; ich glaube auch, daß mein geehrter Herr wie er's im Sinn hat, Recht habe, nur daß seine Ausdrückung weiter geht als seine Befindung[9].

[1] Ancienne forme de weil.
[2] Tendre.
[3] A vieilli, on dit aujourd'hui : Anverwandte.
[4] Sous-entendu : sei.
[5] Weil er.
[6] Inversion autrefois fréquente; on ne l'emploie plus guère aujourd'hui que dans les lettres d'affaires.
[7] Ici : exhortation.
[8] Sous-entendu : ich.
[9] Ausdrückung et Befindung ont vieilli; on dit Ausdruck et

Unter der Logik oder Denkkunst verstehe ich die Kunst den Verstand zu gebrauchen; also nicht allein was fürgestellt[1] zu beurtheilen, sondern auch was verborgen ist zu erfinden. Wenn nun eine solche Kunst möglich, das ist, wenn treffliche Vortheile in solchen Wirkungen darzugeben[2], so folgt daß diese Kunst auf alle Weise zu suchen und hochzuschätzen, ja aller Künste und Wissenschaften Schlüssel zu achten[3]. Nun scheint daß mein geehrter Herr zugebe, daß im Nachdenken und Erforschen sich schöne Vortheile finden; wenn er derohalben[4] nicht zugeben wollte, daß man deren Begriff eine Logik nennen soll, so würde der Streit vom Worte sein; weil[5] ihm aber dergleichen nicht zutraue, so sehe nicht wie seinen Gedanken anders zu nehmen, als daß er zwar nicht die wahre Logik, wohl aber dasjenige verwerfe, was wir bisher unter deren Namen verehren.

3. — Schreiben an Gabriel Wagner.
(Suite.)

Wenn er nun diese Meinung hat, so muß ich zwar bekennen, daß alle unsere bisherigen Logiken kaum ein Schatten dessen seien, so ich wünsche und so ich gleichsam von ferne sehe, muß aber gleichwohl der Wahrheit zu Steuer bekennen, daß ich auch in der bisherigen Logik viel Gutes und Nützliches finde, dazu mich denn auch die Dank-

B finden; encore ce dernier mot ne s'emploie-t-il guère dans le sens d'opinion qu'il a ici.
[1] Vorgestellt.
[2] Sous-entendu : sind.
[3] Sous-entendu : ist.
[4] Deßhalb.
[5] Sous-entendu : ich).

1.

barkeit verbindet, weilen ich mit Wahrheit sagen zu können vermeine, daß mir die Logik, auch wie man sie in Schulen gelehrt, ein großes gefruchtet....... Mein geehrter Herr wird sagen, daß die wackersten Köpfe sich solcher Vortheile wenig bedienen, sondern mit ihrem natürlichen Verstande genug zu recht kommen, und daß schlechte Tröpfe mit allen Vortheilen es ihnen nicht gleich thun. Es ist nicht ohne[1]; es ist aber auch wahr, daß wenig sein, so die Vortheile wissen oder brauchen, und daß es gleichsam ein Verhängniß für das menschliche Geschlecht, daß es die von Gott erzeigte Gnade und Schätze der gütigen Natur so wenig sich zu Nutzen macht; wie ich dann[2] der Meinung bin, daß die Menschen bereits jetzo unglaubliche Dinge leisten könnten, wenn sie recht dazu thun wollten; aber ihre Augen werden annoch[3] gehalten und alles muß Zeit haben um reif zu werden. Demnach stehe ich in den Gedanken[4], daß ein schlechter Kopf mit den Hülfsvortheilen und deren Uebung es dem Besten bevorthun könnte, gleichwie ein Kind mit dem Lineal bessere Linien ziehen kann, als der größte Meister aus freier Hand. Die herrlichen Ingenia aber würden unglaublich weiter gehen können, wenn die Vortheile dazu kämen.

4. — Schreiben an Gabriel Wagner.

(Fin.)

Es ist nicht ohne, daß man einen großen Theil der Künste mit der blosen natürlichen Logik erfunden habe und auch

---

[1] Dans cette expression on sous-entend : Grund.
[2] Denn.
[3] Noch.
[4] J'ai l'idée, je suis d'opinion.

lehren könne; aber es kann auch ein vernünftiger Mensch, der weder Schrift noch Ziffern versteht, mit einer natürlichen Arithmetik die Nothdurft ausrechnen: sollte deswegen die Rechenkunst nicht sein? Ich bin selbst der Meinung, man thäte wohl daß man die Arithmetik, Historie und anderes vor der ausführlichen Logik lernte; denn wie will der die Gedanken wohl ordnen, der noch wenig bedacht? Wenn man aber mit einem Vorrath guter Gedanken versehen, dann kann man sie mustern und abmessen, und mit Hülfe der darin sich zeigenden Ordnung, desto besser auf etwas Neues kommen. Es ist hierin wie mit der Sprachkunst; da bin ich auch der Meinung, man soll sich bei Erlernung einer Sprache mehr an die Uebung als Grammatik halten; wenn man aber schon ziemlich in der Sprache erfahren, dann dient die Grammatik darin höher zu steigen[1]..... Die Menschen sind vernünftig auch ohne beschriebene Vernunftkunst, gleich wie sie singen können auch ohne die Kunst der Musik; wenn man aber so viel Fleiß angewendet hätte die rechte Vernunftkunst in Uebung zu bringen, als man auf die Singkunst verwendet, würden die Menschen Wunderdinge geleistet haben. Allein das ist unterblieben, weil man wenig auf die Dinge geachtet, so nicht sofort mit den äußerlichen Sinnen zu bemerken[2]. Cicero sagt wohl, es sei nichts schöner als die Tugend, aber wenige sehen's.

Ich habe in einer halb mathematischen Streitigkeit einsmals[3] mit einem gelehrten Mann einen Versuch gethan: wir beide suchten die Wahrheit und wechselten Briefe mit einander, zwar mit Höflichkeit, doch nicht ohne Klage des einen gegen den andern als ob einer dem andern seine

---

[1] Tout ce passage est plein d'actualité, on le dirait écrit pour le besoin du moment.
[2] Sous-entendu : sind.
[3] Einmal.

Meinung und Reden, wiewohl unschuldig, verkehrt¹. Da schlug ich die syllogistische Form für², so³ mein Gegenpart beliebte; wir trieben es über den zwölften **Prosyllogismum⁴**. Von Stund an da wirs angefangen, hörte das Klagen auf und einer verstund⁵ den andern, nicht ohne fernern Nutzen zu beiden Seiten.

5. — Von der Glückseligkeit.

Weisheit ist nichts anderes als die Wissenschaft der Glückseligkeit, so uns nämlich zur Glückseligkeit zu gelangen lehrt. Die Glückseligkeit ist der Stand einer beständigen Freude. Wer glückselig ist, empfindet zwar seine Freude nicht alle Augenblicke; denn er ruht bisweilen vom Nachdenken, wendet auch gemeiniglich seine Gedanken auf anständige Geschäfte. Es ist aber genug, daß er im Stande sei, die Freude zu empfinden, so oft er daran denken will, und daß inzwischen daraus eine Freudigkeit in seinem Thun und Wesen besteht. Die gegenwärtige Freude macht nicht glücklich, wenn kein Bestand dabei⁶, und ist⁷ vielmehr derjenige unglücklich, der, um kurzer Freude willen, in lange Traurigkeit verfällt. Die Lust ist die Empfindung einer Vollkommenheit oder Vortrefflichkeit, es sei an uns oder an etwas

¹ Sous-entendu : hätte.
² Vor.
³ Pronom relatif.
⁴ Le prosyllogisme est un syllogisme dont la conclusion sert de prémisse à un nouveau syllogisme. L'auteur veut donc dire qu'il y avait jusqu'à douze prosyllogismes pour préparer le syllogisme final dont la conclusion faisait l'objet de la lettre.
⁵ V. f. pour verstand.
⁶ Sous-entendu : ist.
⁷ Inversion peu usitée aujourd'hui.

anderm; denn die Vollkommenheit auch fremder Dinge ist
angenehm, als Verstand, Tapferkeit und sonderlich Schön=
heit eines andern Menschen oder wohl eines Thieres, ja
gar eines leblosen Geschöpfes, Gemäldes oder Kunstwerkes;
denn das Bild solcher fremden Vollkommenheit in uns ein=
gedrückt, macht daß auch etwas davon in uns selbst gepflan=
zet und erweckt wird, wie denn kein Zweifel, daß wer viel
mit trefflichen Leuten und Sachen umgeht, auch davon vor=
trefflich werde....

Man merkt nicht allezeit worin die Vollkommenheit der
angenehmen Dinge beruhe oder zu was für einer Vollkom=
menheit sie in uns dienen; unterdessen wird es doch von
unserm Gemüthe, obschon nicht von unserm Verstande, em=
pfunden. Man sagt insgemein: es ist **ich weiß nicht was**,
so mir an der Sache gefällt. Das nennt man Sympathie;
aber die der Dinge Ursachen forschen, finden den Grund
zum öftern und begreifen, daß etwas darunter stecke, so uns
zwar unvermerkt, doch wahrhaftig zu Statten kommt.

---

6. — Von der Glückseligkeit.
(Suite et fin.)

Die Musik gibt dessen ein schönes Beispiel. Alles was
klingt hat eine Bebung oder hin und her gehende Bewegung
in sich, wie man an den Saiten sieht, und also was klingt,
das thut unsichtbare Schläge. Wenn solche nun nicht ver=
wirrt, sondern ordentlich gehen, und mit gewissem Wechsel
zusammentreffen, sind sie angenehm, wie man auch sonst
einen gewissen Wechsel der langen und kurzen Sylben und
Zusammentreffen der Reime bei den Versen beobachtet,
welche gleichsam eine stille Musik in sich halten. Die Schläge

auf der Trommel, der Takt und die Cadenz im Danzen¹ und sonst dergleichen Bewegungen nach Maß und Regel haben ihre Angenehmlichkeit² von der Ordnung; denn alle Ordnung kommt dem Gemüthe zu Statten, und eine gleichmäßige obschon unsichtbare Ordnung findet sich auch in den nach Kunst verursachten Schlägen oder Bewegungen der zitternden oder bebenden Saiten, Pfeifen oder Glocken, ja selbst der Luft, so dadurch in gleichmäßige Regung gebracht wird, die dann auch ferner in uns vermittelst des Gehörs einen mitstimmigen Wiederhall macht, nach welchem sich auch unsere Lebensgeister regen. Daher die Musik so bequem ist die Gemüther zu bewegen, obgleich insgemein solcher Hauptzweck nicht genügsam beobachtet, noch gesucht wird. Und ist nicht zu zweifeln, daß auch im Fühlen, Schmecken und Riechen die Süßigkeit in einer gewissen obschon unsichtbaren Ordnung und Vollkommenheit oder auch Bequemlichkeit bestehe, so die Natur darein gelegt, uns und die Thiere zu dem, so sonst nöthig ist, zu reizen, und daß also aller angenehmen Dinge rechter Gebrauch uns wirklich zu Statten komme, obschon durch Mißbrauch und Unmäßigkeit anderwärts ein weit größerer Schade daraus zum öftern entstehen kann.

¹ Ancienne forme de Tanzen.
² Ancienne forme pour Annehmlichkeit.

II

WOLFF

Chrétien Wolff, qu'il ne faut pas confondre avec le célèbre critique Frédéric-Auguste Wolff qui vécut quelques années après lui, est né à Breslau en 1679. Son père, un ouvrier, lui fit faire ses études dans un gymnase de Berlin. A vingt ans, Wolff alla étudier la théologie à Iéna; mais il s'y occupa principalement de mathématiques et de philosophie. Il ne tarda pas à entrer en relation avec Leibniz. En 1703 il se fit recevoir à Leipzig professeur de mathématiques et de philosophie. Il s'était déjà fait connaître même à l'étranger, par ses travaux mathématiques, lorsqu'il quitta Leipzig en 1706, fuyant devant les armées de Charles XII, qui venait d'envahir la Saxe. Grâce aux bons offices de Leibniz, il fut nommé professeur de mathématiques à l'Université de Halle. Mais il ne tarda pas à se consacrer de préférence à ses études de prédilection, à la philosophie. Son système rationaliste et le succès de son enseignement excitèrent la colère de ses collègues piétistes Franke et Lange, qui arrachèrent à Frédéric-Guillaume Ier l'ordre, donné à Wolff, d'avoir à quitter, dans les vingt-quatre heures, Halle et, dans deux jours, les États prussiens, sous peine du hart. Mais à l'avènement de Frédéric II, il fut rappelé de Marbourg, où il avait trouvé une chaire, à Halle, d'où ses doctrines philosophiques se répandirent dans toute l'Allemagne. Il y mourut vice-chancelier de l'Université, en 1754, après avoir été anobli par l'électeur de Bavière.

Le principal mérite de Wolff est d'avoir introduit dans la philosophie l'ordre et la clarté de la méthode des mathématiques; il a aussi bien mérité de la langue allemande en écrivant un grand nombre de ses travaux philosophiques en un allemand clair et intelligible, quoique un peu prolixe, et en créant ainsi en grande partie la terminologie philosophique de cette langue. Il a en outre présenté sous une forme populaire les pensées éparses de Leibniz, en les coordonnant en un système rigoureux qu'on a appelé le rationalisme dogmatique. Il n'admet point, toutefois, sans réserve toutes les opinions philosophiques de Leibniz; il regarde, par exemple, comme une hypothèse fort douteuse celle de l'harmonie préétablie, et il modifie le système des monades. Il divise la métaphysique en ontologie, psychologie rationelle et théologie, et la philosophie pratique, en esthétique, économique et politique. Le monde est contingent, dit-il; le contingent a sa source dans le nécessaire; il faut donc un être nécessaire qui est Dieu. L'esthétique est fondée, non sur le plaisir empirique, mais sur la raison qui seule doit régler nos actions. Ces actions ainsi réglées sont indépendantes de l'existence de Dieu; elles seraient bonnes même s'il n'y avait pas de Dieu. Chacun a le devoir de se perfectionner et ne peut faire que ce qui contribue à son perfectionnement et à celui des autres; donc le droit repose sur le devoir.

Les idées de Wolff sont exposées dans une double série d'ouvrages; la première série comprend les œuvres écrites en latin et renferme le développement complet de ses opinions; la seconde série, qui se compose des ouvrages écrits en allemand, contient l'exposé résumé de ses opinions; ses ouvrages allemands sont bien plus estimés que les premiers. Ses principaux ouvrages allemands sont :

Vernünftige Gedanken von den Kräften des menschlichen Verstandes und ihrem richtigen Gebrauch in der Erkenntniß der Wahrheit (1712). — Vernünftige Gedanken von Gott, der Welt und der Seele des Menschen, auch allen Dingen überhaupt (1719). — Vernünftige Gedanken von der Menschen Thun und Lassen zur Beförderung ihrer Glückseligkeit (1720). — Vernünftige Gedanken von dem gesellschaftlichen Leben der Menschen, ꝛc. (1721). — Vernünftige Gedanken von den Wirkungen der Natur (1723). — Vernünftige Gedanken von den Absichten der natürlichen Dinge (1723).

7. — Vernünftige Gedanken von Gott, der Welt und der Seele der Menschen, auch allen Dingen überhaupt.

Was die Seele im Schlafe thut.

Weil eine Kraft in einer steten Bemühung ist, und aus dieser fortgeführten Bemühung das Thun erwachset, die Seele aber eine Kraft hat, sich die Welt vorzustellen nach den in den Gliedmaßen der Sinnen sich ereignenden Veränderungen, so muß die Seele auch im Schlafe ihre Kraft äußern. Allein da zu derselben Zeit die Gliedmaße der Sinnen von äußerlichen Dingen wenig oder gar nicht gerührt werden, so stellt sich auch die Seele nichts klar und deutlich vor. Und demnach ist der Schlaf, in Ansehung der Seele, ein Zustand dunkler und undeutlicher Empfindungen. Derowegen[1] da die Dunkelheit der Empfindungen das Bewußtsein aufhebt, so kann die Seele im Schlafe sich nichts[2] bewußt sein. Und daher denkt sie, eigentlich zu reden, nicht, ob sie gleich empfindet. Ich weiß wohl daß einige sagen, die Seele denke auch im Schlafe. Allein sie verstehen alsdann, durch den Gedanken, nur eine bloße Empfindung ohne Bewußtsein, und also sind sie von uns nur in Worten unterschieden. Weil aber insgemein alle zu den Gedanken das Bewußtsein erfordern, so bin ich auch lieber, um den Irrthum zu vermeiden, der aus unrechtem Verstande[3] der Worte erwachsen könnte,

---

[1] Deswegen.
[2] Génitif.
[3] Pour Verständniß.

bei der gewöhnlichen Bedeutung des Wortes geblieben, zumal da man heut zu Tage auch in der Weltweisheit sie durchgehends eingeführt. Unterdessen bleiben wir doch von den Cartesianern und dem gemeinen Mann hierinnen unterschieden, daß, wenn wir sagen, die Seele denke im Schlafe nicht, wir doch deßwegen dunkle und undeutliche Empfindungen zulassen, dergleichen von jenen nicht geschieht[1].

---

8. — Was die Seele im Schlafe thut.
(*Suite et fin.*)

Es kann aber auch die Seele im Schlafe sich nichts einbilden, das ist, nichts von körperlichen Dingen sich vorstellen, die nicht zugegen sind. Denn keine Einbildung enstehet als aus einer vorhergehenden Empfindung der Einbildung, damit[2] sie etwas gemein hat. Da nun im Schlafe keine Klarheit und Deutlichkeit in der Empfindung ist, so lasset[3] sich auch von dem was wir empfinden nichts unterscheiden, und daher kann vermittelst dessen, was die gegenwärtige Empfindung mit einer andern, die wir vorher gehabt, gemein hat, die andere nicht hervorgebracht werden.

Da wir uns im Traume vieles vorstellen was nicht zugegen ist, und daher die Träume von der Einbildungskraft herrühren, so muß die Ursache des Traumes in einer Empfindung zu suchen sein, die mit derjenigen Einbildung, wovon sich der Traum anfängt, etwas gemein hat....... Ja,

---

[1] Ce que les autres n'admettent pas.
[2] Dans le sens relatif on n'emploie plus aujourd'hui que wo avec une préposition : womit, wovon. Da s'emploie seulement dans le démonstratif, ex.: daraus, dadurch.
[3] Lasset, et plus haut erwachset anciennes formes pour läßt, erwächst.

der Fortgang des Traumes muß sich nach der Regel der Einbildung erklären lassen¹; wiewohl möglich ist, daß auch einige neue Empfindungen mit dazu kommen können. Und in diesem Falle ist der Traum als ein zusammengesetzter Traum anzusehen, da der erstere hingegen ein einfacher zu nennen ist. Aus diesem Grunde rührt aller Unterschied der Träume her..... Da wir im Traume zwar klare und deutliche aber nicht ordentliche² Empfindungen haben, so ist der Traum in Ansehung der Seele ein Zustand klarer und deutlicher aber unordentlicher Gedanken. Hingegen da im Wachen unsere Empfindungen ordentlich sind, so ist das Wachen in Ansehung der Seele ein Zustand klarer und ordentlicher Gedanken. Weil nun der Schlaf ein Zustand dunkler Empfindungen oder Vorstellungen ist, so ist der Traum zwischen Wachen und Schlafen ein mittlerer Zustand der Seele, das ist, er hat etwas von beiden, ist aber keiner von beiden völlig. Nehmlich der Traum kommt mit dem Wachen darin überein, daß beiderseits die Seele in einem Zustande klarer und deutlicher Gedanken ist; hingegen ist er darin von ihm unterschieden, daß im Wachen die Gedanken ordentlich, im Traume hingegen unordentlich sind.

9. — Anmerkungen über die Vernünftigen Gedanken von Gott, der Welt, ꝛc.

Von der Seele der Thiere.

Daß die Thiere Seelen haben ist, von der alten Philosophie, als eine ungezweifelte Sache, angenommen worden.

---

¹ Voici cette règle : Wenn unsere Sinnen uns etwas vorstellen, das etwas gemein hat mit einer Empfindung, welche wir zu anderer Zeit gehabt, so kommt uns dieselbe auch wieder vor.

² Ordonnées, coordonnées.

Als Cartesius den Unterschied zwischen Leib und Seele zeigte, und wahrnahm daß die Bewegungen der Thiere, wozu sie durch den Eindruck in die äußerlichen Sinne verleitet werden, sich aus der mechanischen Struktur des Leibes erklären ließen, auch[1] ohnedem, nach seinem Systemate die Seele keine Bewegung im Leibe hervorbringen, noch die spiritus animales in die gehörigen Muskeln zu fließen determiniren kann, so ward er zweifelhaft ob man den Thieren eine Seele zuschreiben könne, weil er nicht sah zu was für Ende sie im Leibe sein sollte, da alles in ihnen ohne die Seele geschehen könnte, was[2] geschieht. Es blieb ihm freilich nicht verborgen, daß dieses noch keine Demonstration war, wodurch eine Ueberführung entsteht, indem unter die rationes ad veritatem oder die Wahrheitsgründe auch mit[3] die Unwissenheit kommt; wir aber das nicht leugnen können, was uns zu sehen nicht möglich fallet[4]. Er hielt es also nur für etwas Wahrscheinliches, und unterließ die Entscheidung zu weiterer Untersuchung ausgesetzet. Wer seine Briefe gelesen, dem wird nicht unbekannt sein, daß er zugegeben, es könne wohl sein, daß die Thiere auch Seelen hätten. Seine Anhänger wurden verwegner als er, und behaupteten daß die Thiere keine Seelen und folgends auch keine Empfindungen hätten, nehmlich in dem Verstande wie sie der Seele beigelegt werden, da es[5] Vorstellungen sind, wodurch sich dieselbe der körperlichen Dinge außer ihr, und der durch sie verursachten Veränderungen im Leibe bewußt ist. So ungereimt als es denen vorkam, welche die Sachen nur obenhin anzusehen gewohnt sind, so wenig konnten sie wider

---

[1] Sous-entendu avant auch : und da.
[2] Construisez : Da alles, was geschieht…
[3] Mitkommt.
[4] V. f. pour fällt.
[5] Es c'est-à-dire die Empfindungen.

die Cartesianer gewinnen, wenn es auf das Disputiren ankam; denn man leugnete entweder was wahr war, nehmlich daß die Veränderungen im Leibe alle geschehen könnten ohne daß eine Seele dazu nöthig wäre, oder man imputirte ihnen[1] eine Meinung, der sie nicht zugethan waren, als wenn nehmlich nicht die Veränderung im Leibe der Thiere, die durch den Eindruck der Sinnen erregt wird, ebenso wie im Leibe des Menschen geschähe. Mit einem Worte man spielte mit ihnen die alte Comödie, die man noch heute zu spielen pflegt, wo man vermeint es bringe einer etwas vor[2] was anders lautet als man es vor diesem gelehrt hat.

10. — Von der Seele der Thiere
(Suite et fin.)

Unterdessen ist freilich wahr, daß, da wir in die Thiere nicht hinein sehen können, ob sie Seelen haben, noch sie es uns zu sagen vermögen, ob sie sich dasjenige vorstellen, was in ihre Sinnen einen Eindruck thut, und desselben bewußt sind, was sie sich vorstellen, wie wir Menschen es einander zu verstehen geben, so bleiben wir blos bei der Wahrscheinlichkeit, wenn wir es behaupten, und können es auf keine demonstrativische Art ausmachen.

Indessen ist die Wahrscheinlichkeit sehr groß; denn es ist der Beweis nicht allein in der Analogia oder Aehnlichkeit der Creaturen gegründet, welche Art des Beweises jederzeit sehr wichtig erfunden worden, sondern ich habe auch schon zum Voraus die Möglichkeit erwiesen, daß dergleichen See-

---

[1] Aux cartésiens.
[2] Produire, avancer, enseigner.

len in den Thieren sein können. Derowegen da die Analogia oder Aehnlichkeit der Natur der Dinge zu der Möglichkeit kommt¹, so wird Niemand, der die Sachen auf gehörige Weise zu beurtheilen weiß, in Abrede stellen können, daß diese Meinung von der größten Wahrscheinlichkeit sei, die einen zuverlässigen Beifall wecken kann, absonderlich bei denen, welche in andern Fällen befunden, wie weit eine solche Wahrscheinlichkeit gegangen, wenn die Sache endlich dahin gediehen, daß man sie demonstrativisch erkannt². Die Frage, ob die Thiere Seelen haben oder nicht, ist von keinem sonderlichen Nutzen, und daher wäre es eine große Thorheit wenn man darüber Streit anfangen wollte. Mir zu Gefallen³ mag es einer behaupten oder nicht, ich werde einen jeden bei seinem Gedanken lassen, und mich auch nicht daran kehren, wenn er mich deßwegen schilt, als wenn ich eine alte verlegene Meinung wieder auf die Bahn brächte⁴.

11. — Verbesserung des Systematis Causarum occasionalium.

Ich habe schon beiläufig erinnert, daß man das Systema des Cartesii um ein großes verbessern kann, wenn man der Seele eine Kraft zueignet, dadurch⁵ alles dasjenige was in ihr natürlicher Weise zugeht, bewerkstelligt wird; gleichwie, in der That, schon Cartesius dem Leibe seine Kraft zueignet, wodurch die Bewegungen im Leibe bewerkstelligt werden,

---

¹ S'ajoute.
² C'est-à-dire : qui, dans d'autres cas probables, où la démonstration a pu se faire après coup, ont pu se convaincre combien la probabilité s'était approchée de la vérité.
³ Quant à moi, pour ce qui me concerne.
⁴ Remettre en circulation, remettre en honneur.
⁵ Par wodurch.

indem er annimmt, daß die spiritus animales im Gehirn, durch deren Einfluß¹ in die Muskeln die Bewegung geschieht, schon in Bewegung sind, und dieselbe nicht erst von Gott hervorgebracht wird. Gleichwie er aber nun annimmt, daß die spiritus animales und also die Kraft des Körpers nur von Gott determinirt werden in die gehörigen Muskeln zu fließen, damit die Bewegung erfolgt, wodurch der Rathschluß der Seele ausgeführt wird: so darf man auch nur setzen, daß Gott die Kraft der Seele determinirt eben diese und keine andere Empfindung² hervorzubringen, nehmlich diejenige dadurch³ die Dinge außer ihr vorgestellt werden, welche in den Gliedmaßen der Sinnen Veränderungen hervorbringen. Und auf solche Weise wirkt nach diesem die Seele für sich weiter fort, wie in dem Systemate inflexus physici, und determinirt selbst ihren Appetit dem zu Gefallen⁴, nach diesem, Gott die Direktion der spirituum animalium im Gehirn determinirt, damit die gehörige Bewegung im Leibe erfolget. Alsdann streitet Cartesii Systema nicht mehr mit der Natur der Seele und des Leibes; es ist auch nicht der Natur zuwider, und hat man ein großes gewonnen.

---

12. — Verbesserung des Systematis Causarum occasionalium.

(Suite et fin.)

Ich glaube daß diejenigen welche das Systema harmoniæ præstabilitæ⁵ mit dem Cartesianischen⁶ vor⁷ einerlei ge=

---

¹ Est pris ici dans son sens propre.
² Impression ou plutôt image intellectuelle, c'est-à-dire idée.
³ Garde ici son sens étymologique.
⁴ Pour la satisfaction duquel.
⁵ De Leibniz.
⁶ Celui des causes occasionnelles.
⁷ Für.

halten, die Sachen ihnen¹ so vorgestellt, wie ich sie hier
erklärt. Und in der That kann auch kein Cartesianer, wo=
ferne er nicht verwerfen will, was wir von der Seele und
dem Körper, ja den Substanzen überhaupt erkennen, die
Sache sich anders vorstellen, wenn er seine Ueberlegung weit
genug treibet und nicht durch einen Sprung auf den Willen
Gottes kommt, indem² man noch natürliche Ursachen an=
trifft, davon³ dasjenige unmittelbar herrührt, was man dem
Willen Gottes zuschreibt. Es fällt aber solchergestalt auch der
Vorwurf weg, daß Gott und die Natur nicht mehr genug
von einander unterschieden werden. Nur bleibt noch der
Zweifel übrig, daß die Kraft der Seele und des Leibes nicht
natürlicher Weise determinirt werden...... Ich meine aber
genug gethan zu haben, daß ich dieses Systema von den
größten Schwierigkeiten befreit, die es am meisten anstößig
gemacht, nehmlich daß es: 1° nicht mehr dem Wesen und
Natur des Leibes und der Seele zuwider ist; 2° nicht die
Wirkungen Gottes und der Natur mit einander vermengt;
3° nicht mehr der Freiheit so sehr entgegen zu sehen scheint
als sich viele vorher überredet; 4° größtentheils die
Gemeinschaft zwischen Seele und Leib nunmehr verständlich
erklärt, zumal wenn man die Determinationen der Seele
und des Leibes, die man annehmen muß, mit ad concursum
Dei ordinarium, oder zu demjenigen rechnet, was Gott
ordentlicher Weise zur Erhaltung der Creatur mit beiträgt.

¹ Sich. Ihnen serait une faute aujourd'hui.
² Alors que.
³ Wovon.

III

LESSING

Gotthold-Ephraïm Lessing naquit en 1729, à Camenz, dans la haute Lusace. Son père, un pasteur instruit et d'une piété éclairée, le fit entrer à l'âge de douze ans à l'école primaire de Misnie, où il fit d'excellentes études, et où il étudia, pendant ses heures de loisir, les auteurs anciens qu'on n'expliquait pas en classe. Cela fit dire au directeur : « C'est un cheval auquel il faut double ration ». En 1746 son père l'envoya à Leipzig pour lui faire étudier la théologie ; mais il y suivit avec plus d'assiduité les cours du philologue distingué Ernesti. Le théâtre acheva de le détourner de la théologie. A Leipzig se trouvait alors la célèbre actrice Neuber. Lessing traduisit pour elle des pièces françaises, et elle joua la première œuvre dramatique de Lessing : *Der junge Gelehrte*. C'est à cette époque aussi qu'il se lia avec Kästner, Zachariæ, J. A. Schlegel et surtout avec son compatriote, le publiciste Mylius, qui ne manquait pas de talent, et avec lequel il collabora plus tard à une Revue, quand il se vit à bout de ressources. Il se trouva souvent dans ce cas, malgré son travail assidu et sa célébrité. Quand le père de Lessing apprit de quelle façon celui-ci faisait à Leipzig ses études de théologie, il l'attira dans la maison paternelle, sous le faux prétexte que sa mère était dangereusement malade. Mais le pasteur ne tarda pas à se convaincre que son fils n'était pas né pour être théologien ; aussi lui permit-il d'aller étudier la médecine à Leipzig.

Lessing y vécut plus que jamais dans l'intimité de la troupe de la Neuber. Mais s'étant porté garant pour quelques acteurs insolvables, il fut poursuivi pour dettes et dut quitter Leipzig. De Wittenberg où il était allé continuer ses études, il se rendit en 1748 à Berlin, où il vécut de traductions et où il écrivit pour la *Gazette de Voss*, qui se publie encore aujourd'hui, des feuilletons et le supplément : *Das Neueste aus dem Reiche des Witzes*. Il y attaqua Rousseau, Voltaire, Diderot et surtout Gottsched, qu'il appelait « le grand Duns », tout en critiquant les adversaires de ce dernier, de l'École suisse. Après avoir repris ses études philologiques à Wittenberg, il revint en 1751 à Berlin, où il publia plusieurs ouvrages de critique et quelques drames d'importance secondaire. *Miss Sara Sampson* (1755) est son premier drame de la vie bourgeoise ; il y quitte la voie du drame français pour suivre celle des auteurs dramatiques anglais. Il se lia alors, pour la vie, avec Moïse Mendelssohn ; ils écrivirent en commun l'opuscule *Pope, un métaphysicien* (1755). Quatre ans plus tard il publia, en collaboration avec Nicolai et Mendelssohn, les *Litteraturbriefe*, la revue critique la plus importante du dix-huitième siècle. Puis parurent les *Fables*, et le drame *Philotas*.

A Breslau où il avait suivi, en qualité de secrétaire, le général de Tauenzien, nommé gouverneur de cette ville, il étudia Spinoza et écrivit ses deux œuvres les plus importantes : *Minna von Barnhelm* et le *Laocoon*. En 1767 il fut appelé à Hambourg, pour y faire la critique des pièces jouées au nouveau Théâtre national ; ses critiques forment l'excellent recueil *Hamburgische Dramaturgie*. Il publia en même temps ses *Antiquarische Briefe* et la dissertation *Wie die Alten den Tod gebildet*. L'insuccès du Théâtre national le força d'accepter en 1770, pour subvenir à son existence, la place peu rémunératrice de bibliothécaire à Wolfenbüttel. Il y trouva un manuscrit inédit d'une des œuvres de Bérenger de Tours et y publia *Émilie Galotti*. Il fit alors un voyage en Italie et à Vienne, où Marie-Thérèse lui fit un excellent accueil. En 1776 il put enfin célébrer son mariage avec Eva König, si longtemps différé par des contretemps de toute sorte ; mais elle mourut deux ans après. Lessing avait publié en 1774, sous le nom de *Duldung der Deisten, Fragment eines Ungenannten*, des fragments d'une œuvre du rationaliste Reimarus. Il se vit violemment attaqué, pour cette raison, par le pasteur de Hambourg, Melchior Götze, auquel Lessing répondit en 1778 par une série d'écrits, entre autres l'*Anti-Götze*, qui sont un modèle de polémique fine et mordante. Un an après il publia *Nathan der Weise*. En même temps parurent *Die Erziehung des Menschengeschlechtes* et *Gespräche für Freimaurer*. Il mourut à Brunswick en 1781.

Lessing appartient à la nombreuse école des philosophes qui se proposaient la culture de l'esprit en général (Aufklärungsphilosophen), et s'efforçaient de rendre la philosophie accessible à la partie lettrée du peuple. Aussi a-t-on donné à leur philosophie le nom de *Popularphilosophie*. Lessing a émis dans ses œuvres critiques et philosophiques, particulièrement dans le *Laocoon*, dans la *Dramaturgie* et dans l'écrit intitulé *Éducation du genre humain*, des idées aussi judicieuses que fécondes sur l'esthétique, la philosophie religieuse et la philosophie de l'histoire. Contrairement à l'opinion de saint Augustin, il préfère la faculté d'acquérir la vérité à la possession même de la vérité. Sa philosophie est, en somme, celle de Leibniz et de Wolff. Malgré l'assertion de Jacobi, il n'a emprunté à Spinoza, comme le prouve Mendelssohn, que quelques principes théologiques. Il n'admet pas, comme Leibniz, que Dieu ait eu à choisir entre plusieurs mondes possibles : en Dieu la pensée, la volonté et la création sont identiques. Dieu est le ἓν καὶ πᾶν. Lessing explique, au point de vue du rationalisme, les différents mystères de la religion catholique. L'Ancien Testament est, d'après lui, destiné à l'instruction élémentaire de l'humanité ; le Nouveau Testament à son instruction secondaire, qui sera suivie d'une instruction supérieure.

L'homme parcourt les mêmes degrés de culture intellectuelle et morale que le genre humain tout entier, qui va se perfectionnant sans cesse. Mais l'homme, auquel une seule vie n'a pas suffi pour arriver au plus haut degré de perfection dont il est capable, recommence après sa mort une ou plusieurs vies nouvelles sur cette terre, jusqu'à ce qu'il ait atteint ce degré.

Dans tous ses écrits Lessing proclame l'autorité la plus absolue de la raison opposée à la foi, et se fait l'apôtre passionné et courageux de la tolérance religieuse. Ses vues sur l'esthétique témoignent d'une connaissance rare de l'antiquité et d'un profond sentiment des beaux-arts; il a porté la lumière sur des points où Winckelmann tâtonnait encore, en marquant magistralement les limites des beaux-arts, des arts plastiques, de la poésie et de la peinture; le *Laocoon* a porté un coup mortel à la poésie descriptive.

13. — Die Erziehung des Menschengeschlechts.

> Hæc omnia inde esse in quibusdam vera, unde in quibusdam falsa sunt.
> AUGUSTINUS.

Es ist nicht wahr, daß Spekulationen über Religion jemals Unheil gestiftet und der bürgerlichen Gesellschaft nachtheilig geworden. Nicht den Spekulationen, dem Unsinn[1], der Tyrannei, diesen Spekulationen zu steuern, Menschen, die ihre eigenen hatten, nicht ihre eigenen zu gönnen, ist dieser Vorwurf zu machen. Vielmehr sind dergleichen Spekulationen — mögen sie im Einzeln doch ausfallen wie sie wollen — unstreitig die schicklichsten Uebungen des menschlichen Verstandes überhaupt, so lange das menschliche Herz überhaupt höchstens nur vermögend ist, die Tugend wegen

---

[1] Sondern dem Unsinn.

ihrer glückseligen Folgen zu lieben. Denn bei dieser Eigennützigkeit des menschlichen Herzens, auch den Verstand nur allein an dem üben zu wollen, was unsere bürgerlichen Bedürfnisse betrifft, würde ihn mehr stumpfen als wetzen heißen. Er will schlechterdings an geistigen Gegenständen geübt sein, wenn er zu seiner völligen Aufklärung gelangen, und diejenige Reinigkeit des Herzens hervorbringen soll, die uns, die Tugend um ihrer selbst Willen zu lieben, fähig macht. Oder soll das menschliche Geschlecht auf diese höchste Stufe der Aufklärung und Reinigkeit nie kommen? Nie! — Laß mich diese Lästerung nicht denken, Allmächtiger! — Die Erziehung hat ihr Ziel, bei dem Geschlechte nicht weniger als bei dem Einzeln. Was erzogen wird, wird zu etwas erzogen. Die schmeichelnden Aussichten, die man dem Jünglinge eröffnet, die Ehre, der Wohlstand, die man ihm vorspiegelt, was sind sie mehr, als Mittel ihn zum Manne zu erziehen, der auch dann, wenn diese Aussichten der Ehre und des Wohlstandes wegfallen, seine Pflicht zu thun vermögend sei. Darauf zwecke die menschliche Erziehung ab, und die göttliche reichte[1] dahin nicht? Was der Kunst mit dem Einzeln gelingt, sollte der Natur nicht auch mit dem Ganzen gelingen? Lästerung! Lästerung! Nein; sie wird kommen, sie wird gewiß kommen die Zeit der Vollendung, da der Mensch, je überzeugter sein Verstand einer immer besseren Zukunft sich fühlet, von dieser Zukunft gleichwohl Bewegungsgründe zu seinen Handlungen zu erborgen nicht nöthig haben wird; da er das Gute thun wird, weil es das Gute ist, nicht weil willkührliche Belohnungen darauf gesetzt sind, die seinen flatterhaften Blick ehedem bloß heften und stärken sollten, die innern bessern Belohnungen desselben zu erkennen.

[1] Imparfait du subjonctif avec le sens du conditionnel.

2.

14. — Die Erziehung des Menschengeschlechts.
(Suite et fin.)

. . . .

Sie wird gewiß kommen, die Zeit eines neuen ewigen Evangeliums, die uns selbst in den Elementarbüchern des Neuen Bundes versprochen wird[1]. Vielleicht daß selbst gewisse Schwärmer des dreizehnten und vierzehnten Jahrhunderts einen Strahl dieses neuen ewigen Evangeliums aufgefangen hatten, und nur darin irrten, daß sie den Ausbruch desselben so nahe verkündigten..... Und eben das machte sie zu Schwärmern. Der Schwärmer thut oft sehr richtige Blicke in die Zukunft; aber er kann diese Zukunft nur nicht erwarten. Er wünscht diese Zukunft beschleuniget, und wünscht, daß sie durch ihn beschleunigt werde. Wozu[2] sich die Natur Jahrtausende Zeit nimmt, soll in dem Augenblicke seines Daseins reifen. Denn was hat er davon, wenn das, was er für das Bessere erkannt, nicht noch bei seinen Lebzeiten das Bessere wird? Kömmt er wieder? Glaubt er wieder zu kommen?..... Geh deinen unmerklichen Schritt, ewige Vorsehung! Nur laß mich dieser Unmerklichkeit wegen an dir nicht verzweifeln! — Laß mich an dir nicht verzweifeln, wenn selbst deine Schritte mir scheinen sollten zurückzugehen! — Es ist nicht wahr, daß die kürzeste Linie immer die gerade ist. Du hast auf deinem ewigen Wege so viel mitzunehmen! so viel Seitenschritte zu thun! Und wie? wenn es nun gar so gut als ausgemacht wäre, daß das große langsame Rad, welches das Geschlecht seiner Vollkommenheit näher bringt, nur durch kleinere Räder in Bewegung

---

[1] Pour l'intelligence de cette phrase voir ci-dessus l'argument analytique des opinions de Lessing.
[2] Ce pour quoi.

gesetzt würde, deren jedes sein Einzelnes eben dahin liefert? Nicht anders! Eben die Bahn, auf welcher das Geschlecht zu seiner Vollkommenheit gelangt, muß jeder einzelne Mensch (der früher, der später) erst durchlaufen haben. — In Einem und eben demselben Leben durchlaufen haben?..... Das wohl nicht! — Aber warum könnte jeder einzelne Mensch auch nicht mehr als Einmal auf dieser Welt vorhanden gewesen sein? Ist diese Hypothese so lächerlich, weil sie die älteste ist? weil der menschliche Verstand, ehe ihn die Sophisterei der Schule zerstreut und geschwächt hatte, sogleich darauf verfiel? Warum könnte auch Ich nicht hier bereits einmal alle die Schritte zu meiner Vervollkommnung gethan haben, welche[1] blos zeitliche Strafen und Belohnungen dem Menschen bringen können? Und warum nicht ein anders Mal all die[2] welche zu thun, nur die Aussichten in ewige Belohnungen so mächtig helfen? Warum sollte ich nicht so oft wiederkommen, als ich neue Kenntnisse, neue Fertigkeiten zu erlangen geschickt[3] bin? Bringe ich auf Einmal so viel weg[4] daß es der Mühe wieder zu kommen etwa nicht lohnet? Darum nicht? Oder weil ich es vergesse, daß ich schon da gewesen? Wohl mir, daß ich das vergesse! Die Erinnerung meiner vorigen Zustände würde mir nur einen schlechten Gebrauch des gegenwärtigen zu machen erlauben. Und was ich auch itzt vergessen muß, habe ich denn Das auf ewig vergessen? — Oder weil so zu viel Zeit für mich verloren gehen würde? — Verloren? Und was habe ich denn zu versäumen? Ist nicht die ganze Ewigkeit mein?

[1] Se rapporte à Vervollkommnung.
[2] Construisez: Alle die Schritte gethan haben, welche nur die Aussichten in ewige Belohnungen so mächtig zu thun helfen.
[3] Apte.
[4] Emporter.

15. — Literaturbriefe[1].
(Zehnter Brief.)

Jetzt erlauben Sie mir, in den Anmerkungen über den Erziehungsplan[2] des Herrn Wieland's fortzufahren. Die wichtigsten werde ich von unserem gemeinschaftlichen Freunde, dem Herrn D.[3] entlehnen.

Den schönen und großen Begriff, welchen uns Herr Wieland von der Erziehung der alten Griechen macht, wo mag er den überhaupt herhaben? Er sagt zwar: „So viel ich mich der Behauptungen erinnern kann, die ich bei der Lesung ihrer Scribenten gemacht." — Allein ich besorge, sein Gedächtniß hat ihm hier einen übeln Streich gespielt. Wenigstens beweiset die Stelle des Xenophon auf die er sich beruft, das gar nicht, was sie beweisen soll. „Die Philosophie, sagt Herr Wieland, wurde von den Griechen für das nöthigste und wesentlichste Stück der Unterweisung gehalten." — Ja, aber was für eine Philosophie? War es wirklich die „welche uns lehret, was edel oder niederträchtig, recht oder unrecht, was Weisheit oder Thorheit sei; was die Religion, was die menschliche Gesellschaft, was der Staat in dem wir leben, was alle unsere übrigen Verhältnisse von uns fordern?" Nichts weniger! Es war eine Philosophie «quæ ad rhetoricas meditationes, facultatem argutiarum, civiliumque rerum notitiam conducebat[4] » (A. Gellius

[1] *Revue critique*, sous forme de lettres, rédigée en commun par Lessing, Mendelssohn et Nicolai.
[2] Ce plan est exposé dans l'ouvrage : „Plan einer Akademie zur Bildung des Verstandes und Herzens junger Leute."
[3] Mendelssohn. Ce D. était sans doute l'initiale du mot Dessauer, Mendelssohn étant né à Dessau.
[4] Welche zum rednerischen Nachdenken, zur Schnelligkeit in spitzfündigen Reden und zur Kenntniß der Staatsverhältnisse führte.

XX, 5); eine Philosophie, welche Aristoteles hernach unter dem Namen der exoterischen von der wahren Philosophie gänzlich absonderte; kurz es war die Weisheit der Sophisten.

„Mit dieser moralischen und bürgerlichen Philosophie, fährt Herr Wieland fort, verband man die schönen Künste, insbesondere die Beredsamkeit." — Auch dieses kann mit der historischen Wahrheit nicht bestehen. Die Griechen studierten die Philosophie nur in Absicht auf die Beredsamkeit, und dieser einzigen Kunst waren alle übrigen Wissenhaften untergeordnet. Selbst Alcibiades (Xenophon sagt es mit ausdrücklichen Worten) hielt sich nicht zum Sokrates, um Weisheit und Tugend von ihm zu lernen; es war ihm einzig und allein um die Kunst zu überreden, und die Gemüther der Zuhörer zu lenken, in welcher Sokrates ein so großer Meister war, zu thun. — Daß von denen hier nicht die Rede ist, welche Philosophen von Profession werden wollten, versteht sich von selbst.

16. — Literaturbriefe.
Zehnter Brief (*Suite et fin*).

Herr Wieland sagt ferner: „Es soll von einem Kenner der Wissenschaft die Ordnung bestimmt werden, nach welcher die verschiedenen Disciplinen und Studien mit der Jugend getrieben werden sollen, damit das, was sie zuerst lernen, alle Zeit das Fundament zu dem Folgenden abgebe". — Wer mit den Wissenschaften ein wenig bekannt geworden, der weiß, daß es mit dieser eingebildeten Ordnung eine Grille ist. Alle Wissenschaften reichen sich einander Grundsätze dar, und müssen entweder zugleich, oder eine jede mehr als einmal getrieben werden. Die Logik oder die Kunst zu denken, sollte man glauben, müsse billig vor allen andern Wissenschaften vorangehen; allein sie supponirt die Psychologie, diese die Physik und Mathematik, und alle die Ontologie. Die Ontologie aber übergeht Herr Wieland ganz und gar, und verräth an mehr als einer Stelle eine gänzliche Verachtung derselben. „Hier, sagt unser D., möchte ich ihn wohl fragen, ob er jemals den Baco gelesen? Ob er gesehen, wie sehr dieser Weltweise eine Wissenschaft erhebt, in welcher die allgemeinen Gründe aller menschlichen Erkenntniß gelehrt werden? Ob er eine bessere Seelenübung kenne, als wenn man junge Leute bald aus besondern Wissenschaften allgemeine fruchtbare Wahrheiten abstrahiren, bald allgemeine Wahrheiten auf besondere Fälle mit Nutzen anwenden lehrt, und ihnen dadurch alle ihre Fähigkeiten erhöhet, den Verstand aufklärt, und den Weg zu großen und nützlichen Erfindungen bahnet? „Ich will der itzigen Ontologie, fährt unser Freund fort, nicht das Wort sprechen. So wie sie in unsern philosophischen Büchern abgehandelt wird, ist sie für junge Leute zu hoch. Wenn sie aber der Lehrer studiert hat, und bei dem Vortrage einer besondern Wissenschaft alle Zeit sein Augenmerk auf die allgemeinen Wahrheiten richtet, die sich daraus absondern lassen, so wird er die Aussicht seiner Untergebenen erweitern und einen jeden Funken von Genie anfachen, der in ihrer Seele gleichsam wie unter der Asche glimmt. Eine jede Wissenschaft, in ihrem engen Bezirke eingeschränkt, kann weder die Seele bessern, noch den Menschen vollkommener machen. Nur die Fertigkeit, sich bei einem jeden Vorfalle schnell bis zu allgemeinen Grundwahrheiten zu erheben, nur diese bildet den großen Geist, den wahren Helden in der Tugend und den Erfinder in Wissenschaften und Künsten.

17. — Ernst und Falk.

. . . .

Ernst. Laß dich bei mir nieder und sieh.

Falk. Was denn?

E. Das Leben und Weben auf und in und um diesen Ameisenhaufen. Welche Geschäftigkeit, und doch welche Ordnung! Alles trägt und schleppt und schiebt; und Keines ist dem Andern hinderlich! Sieh nur! Sie helfen einander sogar.

F. Die Ameisen leben in Gesellschaft wie die Bienen.

E. Und in einer noch wunderbarern Gesellschaft als die Bienen. Denn sie haben Niemand unter sich, der sie zusammenhält und regieret.

F. Ordnung muß also doch auch ohne Regierung bestehen können.

E. Wenn jedes einzelne sich selbst zu regieren weiß. Warum nicht?

F. Ob es wohl auch einmal mit den Menschen dahin kommen wird?

E. Wohl schwerlich.

. . . .

F. Wofür hältst du die bürgerliche Gesellschaft der Menschen.

E. Für etwas sehr Gutes.

F. Unstreitig. Aber hältst du sie für Zweck oder für Mittel.... Glaubst du daß die Menschen für die Staaten erschaffen werden? Oder daß die Staaten für die Menschen sind?

E. Jenes scheinen einige behaupten zu wollen. Dieses aber mag das Wahre sein.

F. So denke ich auch. — Die Staaten vereinigen die Menschen, damit durch diese und in dieser Vereinigung jeder einzelne Mensch seinen Theil von Glückseligkeit desto besser und sicherer genießen könne. Das Totale der einzelnen

Glückseligkeiten aller Glieder ist die Glückseligkeit des Staats. Außer dieser gibt es gar keine. Jede andere Glückseligkeit des Staats, bei welcher auch noch so wenig einzelne Glieder leiden und leiden müssen, ist Bemäntelung der Tyrannei. Anders nichts.

. . . .

E. Gut! das bürgerliche Leben des Menschen, alle Staatsverfassungen sind nichts als Mittel zur menschlichen Glückseligkeit. Was weiter?

F. Nichts als Mittel! Und Mittel menschlicher Erfindung, ob ich gleich nicht läugnen will, daß die Natur Alles so eingerichtet[1], daß der Mensch sehr bald auf diese Erfindung gerathen mußte.... Wenn nun die Staatsverfassungen Mittel menschlicher Erfindung sind, sollten sie allein von dem Schicksale menschlicher Mittel ausgenommen sein?

. . . .

E. Was nennst du Schicksale menschlicher Mittel?

F. Daß sie nicht unfehlbar sind.... Setze die beste Staatsverfassung, die sich nur denken läßt, schon erfunden; setze, daß alle Menschen in der ganzen Welt diese beste Staatsverfassung angenommen haben; meinst du nicht, daß auch dann noch selbst aus dieser besten Staatsverfassung Dinge entspringen müssen, welche der menschlichen Glückseligkeit höchst nachtheilig sind, und wovon der Mensch in dem Stande der Natur schlechterdings Nichts gewußt hätte?

. . . .

E. Es würde dir schwer werden, Eins von jenen nachtheiligen Dingen zu nennen.

F. O zehne für Eins.

E. Nur Eines erst.

[1] Sous-entendu: hat.

18. — Ernst und Falk.
(Suite et fin.)

F. Wir nehmen also die beste Staatsverfassung für erfunden an; wir nehmen an, daß alle Menschen in dieser besten Staatsverfassung leben: würden deswegen alle Menschen in der Welt nur Einen Staat ausmachen?

E. Wohl schwerlich. Ein so ungeheurer Staat würde keiner Verwaltung fähig sein. Er müßte sich also in mehrere kleine Staaten vertheilen, die alle nach den nämlichen Gesetzen verwaltet würden.

F. Das ist, die Menschen würden auch dann noch Deutsche und Franzosen, Holländer und Spanier, Russen und Schweden sein, oder wie sie sonst heißen würden.... Nicht wahr, jeder dieser kleinern Staaten hätte sein eignes Interesse? und jedes Glied derselben hätte das Interesse seines Staates?

E. Wie anders?

F. Diese verschiedenen Interessen würden öfters in Collision kommen, so wie jetzt[1]; und zwei Glieder aus zwei verschiedenen Staaten würden einander eben so wenig mit unbefangenem Gemüth begegnen können, als itzt ein Deutscher einem Franzosen, ein Franzose einem Engländer begegnet.

E. Sehr wahrscheinlich.

F. Das ist: wenn jetzt ein Deutscher einem Franzosen, ein Franzose einem Engländer begegnet, so begegnet nicht mehr ein bloßer Mensch einem bloßen Menschen, die, vermöge ihrer gleichen Natur, gegen einander angezogen werden, sondern ein solcher Mensch begegnet einem solchen Menschen, die ihrer verschiedenen Tendenzen sich bewußt sind, welche

[1] En 1778.

sie gegen einander kalt, zurückhaltend, mißtrauisch macht, noch ehe sie für ihre einzelne Person das Geringste mit einander zu schaffen und zu theilen haben.

E. Das ist leider wahr.

F. Tritt einen Schritt weiter. Viele von den kleinern Staaten würden ein ganz verschiedenes Klima, folglich ganz verschiedene Bedürfnisse und Befriedigungen, folglich ganz verschiedene Gewohnheiten und Sitten, folglich ganz verschiedene Sittenlehren, folglich ganz verschiedene Religionen haben.... Würden sie das, so würden sie auch, sie möchten heißen wie sie wollen, sich unter einander nicht anders verhalten, als sich unsere Christen und Juden und Türken von jeher unter einander verhalten haben....

E. Das ist sehr traurig, aber leider doch sehr vermuthlich.

. . . .

F. Laß mich noch das dritte hinzufügen.... Meinst du, daß ein Staat sich ohne Verschiedenheit von Ständen denken läßt? Er sei gut oder schlecht, der Vollkommenheit mehr oder weniger nahe, unmöglich können die Glieder desselben unter sich das nämliche Verhältniß haben. Wenn sie auch alle an der Gesetzgebung Antheil haben, so können sie doch nicht gleichen Antheil haben, wenigstens nicht gleich unmittelbaren Antheil. Es wird also vornehmere und geringere Glieder geben. Wenn Anfangs auch alle Besitzungen des Staats unter sie gleich vertheilt worden, so kann diese gleiche Vertheilung doch keine zwei Menschenalter bestehen. Einer wird sein Eigenthum besser zu nützen wissen als der Andere. Einer wird sein schlechter genutztes Eigenthum gleichwohl unter mehrere Nachkommen zu vertheilen haben als der Andere. Es wird also reichere und ärmere Glieder geben.

E. Das versteht sich.

F. Nun überlege, wie viel Uebel es in der Welt wohl giebt, das in dieser Verschiedenheit der Stände seinen Grund hat.

E. Also was willst du damit? Mir das bürgerliche Leben dadurch verleiden? Mich wünschen machen, daß den Menschen der Gedanke, sich in Staaten zu vereinigen, nie möge gekommen sein?.... Wer des Feuers genießen will, sagt das Sprichwort, muß sich den Rauch gefallen lassen.

F. Allerdings! Aber weil der Rauch bei dem Feuer unvermeidlich ist, durfte man darum keinen Rauchfang erfinden? Und der den Rauchfang erfand, war der darum ein Feind des Feuers.... Wenn die Menschen nicht anders in Staaten vereinigt werden könnten als durch Trennungen, werden sie darum gut, jene Trennungen?

E. Das wohl nicht.

F. Werden sie darum heilig jene Trennungen?

E. Wie heilig?

F. Daß es verboten sein sollte, Hand an sie zu legen.

E. In Absicht?

F. In Absicht sie nicht größer einreißen zu lassen, als die Nothwendigkeit erfordert. In Absicht ihre Folgen so unschädlich zu machen als möglich.

E. Wie könnte das verboten sein?

F. Aber geboten kann es doch auch nicht sein, durch bürgerliche Gesetze nicht geboten. Denn bürgerliche Gesetze erstrecken sich nie über die Grenzen ihres Staates. Und dieses würde nun gerade außer den Grenzen aller Staaten liegen. Folglich kann es nur ein «Opus supererogatum» sein, und es wäre blos zu wünschen, daß sich die Weisesten und Besten eines jeden Staats diesem Operi supererogato freiwillig unterzögen.

E. Blos zu wünschen; aber recht sehr zu wünschen.

F. Ich dächte! Recht sehr zu wünschen, daß es in jedem Staate Männer geben möchte, die über die Vorurtheile der Völkerschaft hinweg wären, und genau wüßten, wo Patriotismus Tugend zu sein aufhört.

E. Recht sehr zu wünschen.

F. Recht sehr zu wünschen, daß es in jedem Staate Männer geben möchte, die dem Vorurtheile ihrer angebornen Religion nicht unterlägen, nicht glaubten daß alles nothwendig gut und wahr sein müsse, was sie für gut und wahr erkennen.

E. Recht sehr zu wünschen.

F. Recht sehr zu wünschen, daß es in jedem Staate Männer geben möchte, welche bürgerliche Hoheit nicht blendet, und bürgerliche Geringfügigkeit nicht eckelt; in deren Gesellschaft der Hohe sich gerne herabläßt, und der Geringe sich dreist erhebt.

E. Recht sehr zu wünschen!

. . . .

IV

MENDELSSOHN

Moïse Mendelssohn naquit en 1729, à Dessau, de parents israélites très pauvres. Versé dans le Talmud et la philosophie juive, il alla donner des leçons d'hébreu à Berlin, pour y apprendre lui-même l'allemand classique, le latin et le grec. Il y vécut dans la plus grande misère jusqu'en 1750, époque à laquelle son coreligionnaire Bernhard, riche fabricant de soie de Berlin, le choisit comme précepteur de ses enfants, puis comme principal commis et plus tard comme associé. Il resta à Berlin en cette qualité jusqu'à sa mort (1786). Mendelssohn étudia de bonne heure le philosophe juif Maimonides, puis Locke, Shaftesbury, Wolff et Spinoza; ce dernier lui était antipathique. En 1754 il se lia avec Lessing, dont il resta l'ami pendant toute sa vie, et qui lui éleva un monument durable, en le personnifiant sous les traits de *Nathan le Sage*, dans la pièce de ce nom. Ce fut Lessing qui ouvrit à son ami la carrière littéraire, en faisant imprimer à son insu, en 1755, les *Philosophische Gespräche* que celui-ci avait soumis à son appréciation, et dans lesquels il défendait contre Voltaire l'optimisme de Leibniz. Puis ils composèrent en commun l'opuscule *Pope, ein Metaphysiker*. La même année parurent les lettres de Mendelssohn *Ueber die Empfindungen*, dans lesquelles il revendique pour la sensibilité la place importante qu'elle occupe dans l'ensemble des facultés de l'âme. Deux ans plus tard il publia ses *Betrachtungen über die Quellen und die Verbindungen der schönen Künste und Wissenschaften*, puis ses *Betrachtungen über das Erhabene und Naïve* (1758) et la *Rapsodie über die Empfindungen*. Il y expose ses idées sur l'esthétique, qu'il ne sait pas rendre assez indépendante de la morale; il y fait connaître les opinions de Burke sur le beau et le sublime, opinions dont Kant s'est pénétré en traitant le même sujet. Le traité : *Ueber die Evidenz in den metaphysischen Wissenschaften*, que Mendelssohn écrivit en 1763, fut couronné par l'Académie de Berlin. Son *Phädon oder über die Unsterblichkeit der Seele* parut quatre ans plus tard. Il y démontre l'immortalité de l'âme, en établissant d'abord qu'il ne saurait y avoir un passage subit de l'existence au néant. Sa seconde preuve est celle de la simplicité et de la spiritualité de l'âme, qu'il démontre l'une et l'autre. Puis il passe aux preuves morales, dont l'une des plus fortes est que Dieu ne peut arrêter dans son développement des êtres dont l'essence même est d'être capables de se perfectionner indéfiniment. Dans ses *Morgenstunden*, publiées en 1785, il s'attache surtout à démontrer l'existence de Dieu.

Sous le rapport de la pensée religieuse en général, Mendelssohn exerça une grande influence, non seulement sur ses coreligionnaires, mais sur tous ses contemporains, par la clarté sinon la profondeur de ses pensées, par ses convictions chaleureuses et par la beauté de sa langue. Toutes ces qualités se trouvent à un haut degré dans son livre *Jerusalem oder über die religiöse Macht des Judenthums* (1783). Il y établit avec une grande force et des arguments irrésistibles que la religion ne peut rien entreprendre sur la pensée, qui est absolument indépendante; que la liberté de la pensée et de la parole est, en matière religieuse, un droit imprescriptible. L'État peut forcer à certains actes, mais ne doit pas exiger la conformité de la pensée aux actes; l'État idéal est celui dans lequel la pensée du citoyen est spontanément conforme à l'acte exigé. La diversité de la religion ne doit pas nuire à l'égalité civile et politique; ce n'est point l'unité religieuse, mais bien la liberté religieuse qui doit être notre idéal; il ne faut toutefois pas être tolérant envers les intolérants. La philosophie a, selon lui, pour but de faire tirer au clair, par la raison, les données du sens commun ; elle doit avoir pour but de rendre le peuple, la grande masse, plus heureuse ; aussi Mendelssohn est-il un des écrivains les plus importants de la pléiade des philosophes populaires de l'Allemagne. Partisan du progrès en matière religieuse, Mendelssohn n'en restait pas moins fidèle à la foi de ses pères, tout en sachant les ménagements qu'il devait garder envers la religion dominante. Aussi refusa-t-il de répondre aux injonctions de Lavater, qui lui envoya la traduction des *Preuves du Christianisme* de Bonnet, en le mettant en demeure de réfuter ces preuves ou d'entrer dans le giron de l'Église chrétienne. Plus tard Lavater déclara, sous le poids de la réprobation de tous ses contemporains, qu'il regrettait cette démarche. Un autre fait attrista tellement Mendelssohn qu'il hâta sa mort : Jacobi, se fondant sur une conversation qu'il avait eue avec Lessing, déclara dans son écrit *Ueber die Lehre Spinoza's*, adressé à Mendelssohn, que Lessing avait été spinoziste. Mendelssohn qui, comme nous l'avons dit, avait une grande antipathie pour Spinoza, vit dans cette assertion de Jacobi une injure faite à la mémoire de son ami, qui était mort depuis quelques années. Il disculpa Lessing dans son écrit : *Moses Mendelssohn an die Freunde Lessings*; mais sa santé chancelante reçut, par la suite de l'émotion et de la fatigue peut-être, un si rude coup qu'il succomba avant même d'avoir pu faire imprimer cet opuscule.

---

19. — Phädon.
Drittes Gespräch.

Die vernünftigen Naturen und Geister nehmen in dem großen Weltall, so wie insbesondere der Mensch auf diesem Erdboden, die vornehmste Stelle ein. Diesem Unterherrn der Schöpfung schmückt sich die Natur in ihrer jungfräulichen Schönheit. Ihm dient das Leblose nicht nur zum Nutzen und zur Bequemlichkeit, nicht nur zur Nahrung, Kleidung, Wohnung und zum sichern Aufenthalt, sondern vornehmlich zur Ergötzung und zum Unterricht; und die erhabensten Sphären, die entferntesten Gestirne, die kaum mit dem Auge entdeckt werden können, müssen ihm in dieser Absicht nützlich sein. Wollt ihr seine Bestimmung hienieden wissen, so seht nur, was er hienieden verrichtet. Er bringt auf diesen Schauplatz weder Fertigkeit, noch Naturtrieb, noch angebornes Geschick, weder Wehr noch Schutz mit, und erscheint bei seinem ersten Auftritte dürftiger und hilfloser als das unvernünftige Thier. Aber die Bestrebung und die Fähigkeit, sich vollkommener zu machen, diese erhabensten Geschenke, deren eine erschaffene Natur fähig ist, ersetzen vielseitig den Abgang jener viehischen Triebe und Fertigkeiten, die keine Verbesserung, keinen höhern Grad der Vollkommenheit je annehmen können. Kaum genießt er das Licht der Sonne, so arbeitet schon die gesammte Natur, ihn vollkommener zu machen. Dieses schärft seine Sinne, Einbildungskraft und Erinnerungsvermögen; jenes übt seine edleren Erkenntnißkräfte, bearbeitet seinen Verstand, seine Vernunft, seinen Witz, seinen Scharfsinn. Das Schöne in der Natur bildet seinen Geschmack und verfeinert seine Empfindung; das Erhabene erregt seine Bewunderung und erhebt seine Begriffe gleichsam über die Sphäre dieser Vergänglichkeit hinweg. Ordnung, Uebereinstimmung und Ebenmaß dienen ihm nicht nur zum vernünftigen Ergötzen, sondern beschäftigen seine Gemüthskräfte alle in gehöriger und ihrer Vollkommenheit zuträglicher Harmonie. Bald tritt er mit seines Gleichen in Gesellschaft um sich wechselweise die Mittel zur Glückseligkeit zu erleichtern; und siehe! es zeigen und bilden sich an ihm, in dieser Gesellschaft, höhere Vollkommenheiten, die bisher wie in einer Knospe eingewickelt gewesen. Er erlangt Pflichten, Rechte, Befug=

nisse und Obliegenheiten, die ihn in die Klasse moralischer Naturen erheben; es entstehen Begriffe von Gerechtigkeit, Billigkeit, Anständigkeit, Ehre, Ansehen, Nachruhm. Der eingeschränkte Trieb der Familienliebe wird in Liebe zum Vaterland, zum ganzen menschlichen Geschlecht erweitert, und aus dem angebornen Keime des Mitleids entsprossen Wohlwollen, Mildthätigkeit und Großmuth. Nach und nach bringt der Umgang, die Geselligkeit, das Gespräch, die Aufmunterung alle sittlichen Tugenden zur Reife; sie entzünden das Herz zur Freundschaft, die Brust zur Tapferkeit und den Geist zur Wahrheitsliebe, breiten einen Wetteifer von Dienst und Gegendienst, Liebe und Gegenliebe, eine Abwechslung von Ernst und Scherz, Tiefsinn und Munterkeit über das menschliche Leben aus, die alle einsamen und ungeselligen Wohllüste an Süßigkeit übertreffen; weshalb auch der Besitz aller Güter dieser Erde, der Genuß der feurigsten Wohllüste, uns nicht behagt, wenn wir sie in der Einsamkeit besitzen und genießen sollen; ja die erhabensten und prächtigsten Gegenstände der Natur ergötzen das gesellige Thier, den Menschen, nicht so sehr, als ein Anblick seines Mitmenschen.

---

20. — Phädon.
Drittes Gespräch (*Suite*).

Erlangt nun dieses vernünftige Geschöpf erst wahre Begriffe von Gott und seinen Eigenschaften, O! welch ein kühner Schritt zu einer höhern Vollkommenheit! Aus der Gemeinschaft mit dem Nebengeschöpfe tritt er in eine Gemeinschaft mit dem Schöpfer, erkennt das Verhältniß, in welchem er, das ganze menschliche Geschlecht, alles Lebendige und alles Leblose mit diesem Urheber und Erhalter des Ganzen stehen;

die große Ordnung von Ursachen und Wirkungen in der Natur wird ihm nunmehr auch zu einer Ordnung von Mitteln und Absichten. Was er bisher auf Erden genossen, wird ihm wie aus den Wolken zugeworfen; nunmehr zertheilen sich diese Wolken und er sieht den freundlichen Geber, der ihm alle diese Wohlthaten hat zufließen lassen. Was er an Leib und an Gemüth für Eigenschaften, Gaben und Geschicklichkeiten besitzt, erkennt er als Geschenke dieses gütigen Vaters; alle Schönheit, Harmonie, alles Gute, alle Weisheit, Vorsicht, Mittel und Endzwecke, die er bisher in der sichtbaren und unsichtbaren Welt erkannt hat, betrachtet er als Gedanken des Allweisesten, die ihm dieser in dem Buche der Schöpfung zu lesen gegeben, um ihn zur höheren Vollkommenheit zu erziehen. Diesem liebreichen Vater und Erzieher, diesem gnädigen Regenten der Welt, heiligt er zugleich alle Tugenden seines Herzens, und sie gewinnen in seinen Augen einen göttlichen Glanz, da er weiß, daß er durch sie dem Allgütigen wohlgefallen kann. Die Tugend allein führt zur Glückseligkeit, und wir können dem Schöpfer nicht anders wohlgefallen, als wenn wir nach unserer wahren Glückseligkeit streben. — Welch eine Höhe hat der Mensch in dieser Verfassung auf Erden erreicht! Betrachtet ihn, den wohlgesinnten Bürger im Staate Gottes, wie alle seine Gedanken, Wünsche, Neigungen und Leidenschaften unter sich harmoniren, wie sie alle zum wahren Wohlsein des Geschöpfes und zur Verherrlichung des Schöpfers abzielen! O wenn die Welt nur ein einziges Geschöpf dieser Vollkommenheit aufzuweisen hätte, wollten wir anstehen, in diesem Nachahmer der Gottheit, in diesem Gegenstande des göttlichen Wohlgefallens, den letzten Endzweck der Schöpfung zu suchen?

21. — Phädon.
Drittes Gespräch (*Suite et fin*).

Vom unwissendsten Menschen bis zum vollkommensten unter den erschaffenen Geistern haben alle die der Weisheit Gottes so anständige und ihren eigenen Kräften und Fähigkeiten so angemessene Bestimmung sich und andere vollkommener zu machen. Dieser Pfad ist ihnen vorgezeichnet...... Alles was lebt und denkt kann nicht unterlassen, seine Erkenntniß und Begehrungskräfte zu üben, auszubilden, in Fertigkeiten zu verwandeln, mithin mehr oder weniger, mit stärkern oder schwächern Schritten der Vollkommenheit zu nähern. Und dieses Ziel wann wird es erreicht? Wie es scheint niemals so völlig daß der Weg zu einem ferneren Fortgang versperrt sein sollte; denn erschaffene Naturen können niemals eine Vollkommenheit erreichen, über welche sich nichts gedenken ließe...... Wir können also mit gutem Grunde annehmen, dieses Fortstreben zur Vollkommenheit, dieses Zunehmen, dieser Wachsthum an innerer Vortrefflichkeit sei die Bestimmung vernünftiger Wesen, mithin auch der höchste Endzweck der Schöpfung. Wir können sagen, dieses unermeßliche Weltgebäude sei hervorgebracht worden, damit es vernünftige Wesen gebe, die von Stufe zu Stufe fortschreiten, an Vollkommenheit allmählig zunehmen und in dieser Zunahme ihre Glückseligkeit finden mögen. Daß diese nun sämmtlich mitten auf dem Wege stille stehen sollten, nicht nur stille stehen, sondern auf einmal in den Abgrund zurückgestoßen werden und alle Früchte ihres Bemühens verlieren; dieses kann das allerhöchste Wesen unmöglich beliebt[1] und in den Plan des Weltalls gebracht haben, der ihm vor Allen wohlgefallen hat[2].

Als einfache Wesen sind sie unvergänglich; als für sich

---

[1] Dans le sens de gewünscht.
[2] Selon la doctrine optimiste de Leibniz.

bestehende Naturen sind auch ihre Vollkommenheiten fortdauernd und von unendlichen Folgen; als vernünftige Wesen streben sie nach einem unaufhörlichen Wachsthum und Fortgang in der Vollkommenheit. Die Natur bietet ihnen zu diesem endlosen Fortgang hinlänglichen Stoff dar; und, als letzten Endzweck der Schöpfung, können sie keiner andern Absicht nachgesetzt, und deswegen im Fortgange oder Besitze ihrer Vollkommenheiten vorsätzlich gestört werden. Ist's der Weisheit anständig, eine Welt deswegen hervorzubringen, damit die Geister, die sie hineingesetzt, ihre Wunder betrachten und glückselig sein mögen, und einen Augenblick darauf diesen Geistern selbst die Fähigkeit zur Betrachtung und Glückseligkeit auf ewig zu entziehen? Ist's der Weisheit anständig, ein Schattenwerk der Glückseligkeit, das immer kömmt und immer vergeht, zum letzten Ziele ihrer Wunderthaten zu machen? O nein! meine Freunde! Nicht umsonst hat uns die Vorsehung ein Verlangen nach ewiger Glückseligkeit eingegeben; es kann und wird befriedigt werden. Das Ziel der Schöpfung dauert so lange, als die Schöpfung, die Bewunderer göttlicher Vollkommenheiten, so lange als das Werk in welchem diese Vollkommenheiten sichtbar sind. So wie wir hienieden dem Regenten der Welt dienen, indem wir unsere Fähigkeiten entwickeln, so werden wir auch in jenem Leben, unter seiner göttlichen Obhut, fortfahren uns in Tugend und Weisheit zu üben, uns unaufhörlich vollkommener und tüchtiger zu machen, die Reihe der göttlichen Absicht zu erfüllen, die sich vor uns hin in das Unendliche erstreckt. Irgendwo auf diesem Wege stille stehen, streitet offenbar mit der göttlichen Weisheit, Güte oder Allmacht; es[1] hat so wenig, als das allerhöchste Elend unschuldiger Geschöpfe[2], von dem vollkommensten Wesen bei dem Entwurfe des Weltplans beliebt werden können.

[1] Se rapporte à stille stehen.
[2] Qui serait la conséquence de cet arrêt.

V

EBERHARD

Jean-Auguste Eberhard, né à Halberstadt, en 1739, étudia la théologie à l'Université de Halle. De retour dans sa ville natale, il y fut nommé recteur du gymnase et prédicateur à l'église de l'Hôpital. Mais Berlin était alors un grand centre d'attraction pour les esprits cultivés de l'Allemagne. Eberhard y alla et s'y lia avec Nicolai et Mendelssohn, qui lui conseillèrent d'étudier de préférence la philosophie. Plus tard il accepta de nouveau la place de prédicateur à Berlin, puis à Charlottenbourg. Mais son livre : *Neue Apologie des Socrates* (1772), dans lequel il défendit les principes rationalistes de Wolff contre les théologiens orthodoxes, lui ferma la carrière théologique, et lui fit accepter le poste de professeur de philosophie à Halle. Dans les écrits philosophiques qu'il publia alors, il essaya de défendre la philosophie de Leibniz contre celle de Kant. C'était un disciple zélé de Wolff, et il appartient, lui aussi, à l'école de ces vulgarisateurs qui faisaient profession d'enseigner une philosophie populaire. L'ouvrage : *Allgemeine Theorie des Denkens und Empfindens*, qu'il publia en 1776, le fit nommer membre de l'Académie des sciences de Berlin. Il mourut en 1809. Ses autres ouvrages principaux sont :

Theorie der schönen Künste und Wissenschaften (1783). — Allgemeine Geschichte der Philosophie (1781). — Handbuch der Aesthetik (1803). — Geist des Urchristenthums (1807). — Versuch einer allgemeinen deutschen Synonimik (1802).

22. — Theorie der schönen Künste.

Unterschied der schönen Künste und Wissenschaften.

Der Sprachgebrauch begreift die Redekunst und Dichtkunst unter den schönen Wissenschaften[1], so wie die Tonkunst, Geberdenkunst, Malerei, Bildhauerkunst, Baukunst unter den schönen Künsten. Die ersteren sind also von den letzteren blos durch die Arten der Mittel verschieden, deren sie sich zur Erreichung ihres gemeinschaftlichen Zweckes bedienen. Die schönen Künste nämlich bedienen sich wesentlicher[2] Zeichen, die schönen Wissenschaften aber nicht wesentlicher, dergleichen die meisten willkührliche Zeichen[3] sind. Natürliche Zeichen sind solche, die mit dem Bezeichneten in einem nothwendigen Zusammenhang stehen. Die schönen Künste, deren Zeichen natürliche sind, hat man nachahmende genannt, so wie die übrigen bildende Künste.

Außerdem daß einige sinnlichen Eindrücke von Körpern an sich selbst angenehm sind, verursachen sie auch noch Vergnügen, als natürliche Ausdrücke von Vorstellungen und Empfindungen der Seele. Die Töne können an sich selbst angenehm sein, einzeln und in Verbindung; sie sind aber auch Ausdrücke der Freude, der Wehmuth u. s. w.: so auch die Gestalten, Bewegungen und Farben.

Die schönen Künste und Wissenschaften enthalten die Regeln, die bei der Hervorbringung ihrer Werke müssen beobachtet werden; diese Regeln werden aus den besondern Zwecken der Werke hergedeutet. Das allgemeinste und höchste

---

[1] C'est pourquoi nous disons en France « les belles lettres » au lieu de « les belles sciences ».

[2] Matériels, tangibles; ainsi la musique se sert d'instruments, tandis que la poésie et l'éloquence ne se servent que de la voix.

[3] Comme l'écriture et le langage.

Gesetz muß aus dem allgemeinsten Zwecke aller schönen Künste und Wissenschaften hergedeutet werden. Da nun dieser Endzweck das Vergnügen ist, und dieses aus dem Gefühl der Vollkommenheit entsteht, so ist die sinnliche [1] Vorstellung der Vollkommenheit das höchste Gesetz aller schönen Künste und Wissenschaften.

Die Werke der schönsten Künste und Wissenschaften müssen ästhetisch vollkommen sein. Das Wesen der schönen Künste und Wissenschaften ist die künstliche, sinnlich=vollkommene Vorstellung. Der Virtuose soll also durch die Kunst eine sinnlich vollkommene Erkenntniß hervorbringen.

Die Grade des Vergnügens hängen daher ab: 1° von der Menge der vorgestellten Realitäten; 2° von dem Grade der Lebhaftigkeit der Vorstellung. Man kann die eine seine extensive, so wie die andere seine intensive Größe nennen. Ein Vergnügen kann daher größer sein, ob es gleich nicht aus der Vorstellung mehrerer Realitäten entsteht, blos wegen des höhern Grades der Lebhaftigkeit.

Die Vollkommenheit ist entweder in den Vorstellungen oder in den Zeichen. Zu den Vorstellungen muß man die Gedanken, Bilder und Empfindungen rechnen, oder die [2] allgemeinen Vorstellungen, die Vorstellungen der äußern Sinne und die inneren Empfindungen.

[1] Sensible.
[2] Compl. direct de muß man rechnen.

VI

GARVE

Chrétien Garve, né à Breslau, en 1742, étudia la philosophie et les mathématiques à Francfort-sur-l'Oder, à Halle, à Leipzig, et fut nommé, en 1768, professeur extraordinaire à l'Université de cette dernière ville. Le mauvais état de sa santé le força bientôt à renoncer au professorat. Il se retira à Breslau où il traduisit les *Institutes of moral philosophy* de Ferguson (1772) et le *Philosophical inquiry of our ideas of the sublime and beautiful* de Burke (1773). Ces traductions et ses propres écrits philosophiques attirèrent sur lui l'attention de Frédéric II, qui l'appela en 1779 à Charlottenbourg, où il mourut en 1798. Garve a traduit et commenté l'*Esthétique* et la *Politique* d'Aristote; il y a joint un préambule, dans lequel il soumet à un examen critique l'histoire de la morale, en insistant sur la doctrine de Kant. Ce préambule porte le titre : *Uebersicht der vornehmsten Principien der Sittenlehre von dem Zeitalter des Aristoteles bis auf unsere Zeiten* (1798). Il a aussi traduit et annoté le *Traité des Devoirs* de Cicéron. En 1792 il publia à Berlin ses *Versuche über verschiedene Gegenstände aus der Moral, Literatur und dem gesellschaftlichen Leben*, et en 1798 l'ouvrage : *Eigene Betrachtung über die allgemeinsten Grundsätze der Sittenlehre*.

Garve est un disciple de Wolff, et fait partie de l'école des philosophes populaires; ses écrits sont d'un style clair et attrayant, et dénotent un esprit, sinon profond, du moins noble et délicat. Dans tous ses ouvrages philosophiques il a examiné surtout le côté moral de l'âme humaine; si, et dans ce champ, il n'a pas creusé plus profondément le sillon ouvert par ses prédécesseurs, il y a fait du moins une ample moisson de vérités utiles et fécondes.

---

23. — Uebersicht der vornehmsten Prinzipien der Sittenlehre.

Nach dem Plato und Aristoteles und deren Schülern haben keine philosophischen Sekten unter den Griechen die Moral sorgfältiger bearbeitet, und mehr Anhänger ihres Systems gefunden, als die Stoische und Epikuräische. Beide haben neue Begriffe in Umlauf gebracht, neue Untersuchungen veranlaßt, und dadurch auf den Fortgang der Wissenschaft einen wesentlichen Einfluß gehabt. Die Stoiker haben, ohne Zweifel, diese letztere im Alterthum am meisten vervollkommt, und, was ein noch größeres Verdienst ist, sie mit dem meisten Erfolg der moralischen Verbesserung ihren Zeitgenossen gelehrt. Ihre Dialektik ist zwar äußerst sophistisch, und durch diese wird zuweilen auch ihre Moral angesteckt. Sie haben, was ihnen die Peripatetiker beständig vorwerfen, unnöthiger Weise eine neue Kunstsprache in die Sittenlehre eingeführt, und bestreiten oft Sätze ihrer Vorgänger mit großer Heftigkeit, die sie nur auf eine veränderte Weise ausdrücken.

Man muß ihnen indeß zugestehen, daß sie in der Aufsuchung der Prinzipien einen viel geradern, festern und dem Zwecke gemäßern Weg einschlagen, als Plato und Aristoteles; daß sie zuerst die verschiedenen Neigungen, Leidenschaften und moralischen Verhältnisse genau unterscheiden, und mit Kürze und Schärfe definiren; daß sie zuerst die, in der That sehr wichtige Unterscheidung zwischen πρέπον und ἀγαθον, wie Cicero es ausdrückt, zwischen honestum und decorum machen, durch welche die beiden Hauptklassen der Tugenden, die welche Tugend sind wegen der Wirkungen die sie hervorbringen, und die welche es sind, wegen des Charakters aus welchem sie herstammen, von einander abgesondert werden; daß sie endlich das erste vollständige und systematische Lehrbuch der Sittenlehre geliefert haben, von welchem uns Cicero in seinen Officiis wenigstens den Umriß und die vornehmsten Hauptstücke aufgehalten hat.

24. — Uebersicht der vornehmsten Prinzipien der Sittenlehre.

(Suite et fin.)

Es ist ferner unläugbar, daß die Stoiker, mehr als andere Philosophen, auf die Ausübung der Sittenlehre gedrungen; daß mehrere ihrer Lehrer und Schriftsteller die vorzügliche Gabe besessen haben, die Vorschriften derselben anschaulich für den Verstand, und für das Herz eindringlich zu machen; daß sie unter ihren Anhängern selbst wahre Tugendhelden aufzuweisen haben, und daß, besonders in Rom und den spätern Zeiten, sie vornehmlich und ihre Sittenlehre dem einreißenden Sittenverderbnisse widerstanden, und die wenigen großen Männer [1], welche das Zeitalter vor dem allgemeinen Abscheu und der Verachtung schützen, gebildet haben.

Die Prinzipien dieser Sekte lernt man am vollständigsten in Cicero's drittem Buche De Finibus und aus den Büchern De Officiis kennen, welche letzteren, wo nicht

[1] Sénèque, Marc-Aurèle, Epictète, etc.

immer die Worte, doch den Geist des stoischen Systems enthalten; und ihre Methode, die praktische Moral zu lehren, zeigt sich in den Schriften des Antonin[1] und des Epiktet, zweier Männer, von denen der Eine auf der höchsten Stufe des größten Staates, als sein Oberhaupt, der Andere auf dem niedersten, als Sklave stand, in[2] ihrem vortheilhaftesten Lichte. Der Ernst und die Würde des ersteren, der innigste Antheil, den sein eigenes Herz an den Vorschriften der Sittenlehre und den Tröstungen der Religion nimmt, die aus einer großen Welterfahrung geschöpften Beobachtungen des menschlichen Lebens, verbunden mit einem äußerst spekulativen und tiefsinnigen[3], aber doch nicht sophistischen Kopfe[4], geben seinen Selbstgesprächen, wenigstens nach meiner Erfahrung[5], eine so hinreißende Gewalt über den Geist und das Herz des Lesers, als kaum irgend eine moralische Schrift bei mir bewiesen[6] hat...... Bei dem Epiktet, von dem ich besonders seine vom Arrian[7] gesammelten Vorlesungen in Gedanken habe[8], kommt zu der Würde und dem Herzlichen des Vortrags[9] noch ein gewisser ihm eigenthümlicher Witz, eine oft ganz neue und

---

[1] Il s'agit ici de Marc-Aurèle Antonin.
[2] Complément de : zeigt sich.
[3] Profond.
[4] Esprit.
[5] A en juger du moins par l'effet que la lecture en a fait sur moi.
[6] A ici le sens de : produire, exercer.
[7] Flavius Arrianus, philosophe stoïcien, général et homme d'État distingué, un des meilleurs écrivains de son temps, né à Nicomède vers la fin du premier siècle de l'ère chrétienne, était le disciple et l'ami d'Epictète, dont il réunit et publia les écrits en huit livres, dont les quatre premiers seuls nous sont parvenus. L'empereur Adrien lui accorda le droit de citoyen romain, et le nomma préfet de la Cappadoce, dont Arrian chassa les Alains. Antonin le Pieux l'éleva à la dignité de consul et lui confia le poste de prêtre de Cérès et de Proserpine à Nicomède.
[8] J'ai en vue.
[9] De la diction.

orginelle Darstellung der moralischen Lehren, ein Herablassen¹, zu den besondern und kleinsten Verhältnissen des gesellschaftlichen Lebens, verbunden mit dem Scheine so vieler Gutmüthigkeit hinzu, daß er zuweilen ergötzt, noch öfter den Verstand interessirt und das Herz erwärmt, und den Leser fast immer in der Disposition, tugendhaft zu sein zurückläßt, — das Kennzeichen, wie Rousseau sagt, von einem wahrhaft vortrefflichen Buche. Ich sage nichts von Seneca², den ich, als Moralisten, für viel weniger bedeutend als jene beiden Männer halte.

[1] A ici le sens de : examen minutieux, qui *descend* jusqu'aux plus petits détails.

[2] Lucius Annæus Seneca, né à Cordoue, la deuxième année de l'ère chrétienne, questeur, puis exilé en Corse, fut nommé préteur l'an 49, et consul l'an 38. Agrippine lui confia l'éducation de Néron, qui, fatigué de sa présence, l'impliqua dans la condamnation de Pison et le fit condamner à mort. Sénèque, à qui on avait laissé le droit de choisir le genre de mort qu'il préférerait, s'ouvrit les veines et prit du poison. C'était un des plus brillants des philosophes stoïciens; il a laissé des œuvres nombreuses et variées parmi lesquelles des poésies. Le but qu'il assigne à la philosophie, c'est la perfection morale; aussi la tradition en a-t-elle fait un chrétien, lié avec saint Paul.

VII

KANT

Emmanuel (Immanuel) Kant, né à Kœnigsberg en 1724, et mort dans cette ville en 1804, reçut une éducation piétiste; il étudia dans sa ville natale la philosophie, les mathématiques, la physique, la théologie et les littératures anciennes, surtout la littérature romaine. Après avoir terminé ses études universitaires en 1746, il fut précepteur dans différentes familles jusqu'en 1756, époque à laquelle il commença à faire à l'Université de Kœnigsberg des cours privés de mathématiques, de physique, de logique, de métaphysique, d'éthique, d'encyclopédie philosophique, et, un peu plus tard, de géographie physique, de théologie naturelle et d'anthropologie. En 1766 il fut nommé sous-bibliothécaire du château royal avec un traitement annuel de 62 thalers. Ce ne fut qu'en 1770 qu'il fut nommé professeur de mathématiques et de philosophie à l'Université de Kœnigsberg. Il refusa toutes les places qu'on lui offrit dans la suite dans les différentes universités allemandes, il préféra rester à celle de sa ville natale. Les infirmités de la vieillesse l'obligèrent de cesser ses cours en 1797. Ces cours avaient une très grande vogue; Kant cherchait surtout à apprendre à penser à ses auditeurs. C'était un esprit vraiment libéral; il applaudit à l'indépendance des États-Unis et à la Révolution française. Il préconisait les idées de Rousseau sur l'éducation. La censure royale de Berlin lui défendit de publier en 1793 son ouvrage : *La religion dans les limites de la raison seule;* mais on lui permit à Kœnigsberg de le faire paraître. Dans son opuscule : *la dignité des Facultés* (1798), il défendit avec passion la liberté de la pensée et de la presse.

Au commencement de sa carrière Kant professait les opinions rationalistes de Wolff ; le principal ouvrage de cette période est : *Allgemeine Naturgeschichte und Theorie des Himmels* (1755), qu'il dédia à Frédéric II. Vers 1762 ses idées se modifièrent et se rapprochèrent de plus en plus des doctrines empiriques ; le principal ouvrage qui marque cette évolution de son esprit est celui qui est intitulé : *Träume eines Geistersehers* (1766). En 1770 parut le premier écrit de ce qu'on a appelé la période du criticisme, dans laquelle Kant émit ses opinions définitives. Cet écrit porte le titre de : *De mundi sensibilis atque intelligibilis forma et principiis* ; il contient déjà en germe l'œuvre principale de Kant, *Kritik der reinen Vernunft* (1781). Les autres ouvrages principaux de cette période sont : *Kritik der praktischen Vernunft* (1788) ; *Kritik der Urtheilskraft* (1790) ; *Metaphysische Anfangsgründe der Naturwissenschaft* (1788) ; *Religion innerhalb der Grenzen der blossen Vernunft* (1793).

Dans la *Critique de la raison pure*, Kant embrasse l'origine, l'étendue et les limites de la raison humaine. Il part de la distinction entre les jugements analytiques, où le sujet contient implicitement l'attribut et entre les jugements synthétiques dans lesquels l'attribut ajoute à l'idée exprimée par le sujet ; entre les jugements *a posteriori*, qui se fondent sur l'expérience, et les jugements *a priori absolus*, qui sont indépendants de l'expérience et s'imposent par leur nécessité et leur universalité. Tous les jugements analytiques sont *a priori*. Quant aux jugements synthétiques il sont *a posteriori* quand ils sont dus à l'expérience, *a priori* dans le cas contraire. Les jugements mathématiques sont synthétiques *a priori*, à part certains principes comme $a = a$, qui sont analytiques. Il en est de même des jugements des sciences naturelles et métaphysiques.

Mais comment ces jugements synthétiques *a priori* sont-ils possibles? Ils le sont, parce que l'esprit humain, en vertu de sa spontanéité, donne aux objets fournis par l'expérience, et qui affectent nos sens, des formes sans lesquelles l'unité transcendentale de l'aperception, c'est-à-dire le moi, ne pourrait pas les percevoir. Les objets dont ces formes nous permettent de prendre connaissance sont, avant que ces formes s'y ajoutent, les objets en eux-mêmes, les objets transcendentaux. Après avoir reçu les formes de notre esprit, ils deviennent les objets empiriques, capables d'être perçus, des phénomènes (Erscheinungen).

Il y a deux sortes de formes : les formes de l'intuition et les formes de la pensée. Les premières sont traitées dans l'esthétique transcendentale, les autres dans la logique transcendentale. Les formes de l'intuition sont l'espace et le temps, et rendent possibles les jugements arithmétiques et géométriques. Les formes de la pensée sont les douze catégories : unité, pluralité, totalité, réalité, négation, limitation, substantialité, causalité, réciprocité, possibilité, existence et nécessité, qui rendent possibles les jugements dans les sciences naturelles. — La raison cherche à franchir les limites de ses connaissances certaines pour atteindre, à travers le fini et le contingent, l'infini et l'absolu; elle forme ainsi l'idée d'une substance persistante, l'idée de l'âme; puis l'idée d'une suite de causes et d'effets, l'idée du monde; enfin, l'idée de l'ensemble de toutes les perfections, l'idée de Dieu; mais tout cela au moyen d'une logique qui égare, au moyen de la dialectique. Les raisonnements qu'elle construit ainsi sont autant de paralogismes, qui ont cependant leur mérite : premièrement, parce qu'ils stimulent les recherches empiriques ; deuxièmement, parce qu'ils sont d'accord avec les résultats auxquels aboutit la raison pratique.

Dans la *Critique de la raison pratique*, Kant commence par établir la distinction entre les désirs des sens, qui tendent au bien-être, à l'*eudémonisme*, et entre la loi de la raison, qui est en lutte constante avec notre désir du bien-être et qui se résume dans ce principe unique de la morale : « Agis de façon que la maxime de ta volonté puisse servir en même temps de principe à une législation universelle. » C'est un commandement, c'est l'*impératif catégorique*, qui découle de l'autonomie de la volonté. La loi morale est la source du devoir et constitue la conscience morale, qui obéit à une triple conviction que Kant appelle les trois postulats de la raison pratique : ce sont la liberté morale, l'immortalité, qui seule rend possible l'exécution complète de la loi morale, et l'existence de Dieu, qui seule est capable de rétablir l'équilibre entre le mérite, la dignité morale et le bonheur, équilibre voulu par la loi morale.

Dans la *Religion dans les limites de la raison seule*, Kant ramène toute religion à l'accomplissement de la loi morale, blâme les exercices religieux purement matériels et explique allégoriquement les dogmes religieux, en se plaçant au point de vue de la philosophie et de la morale.

Dans la *Critique du Jugement*, Kant définit cette faculté le pouvoir d'envisager le particulier comme contenu dans le général. C'est au moyen de cette faculté que l'esprit découvre les lois particulières de la nature. Quant aux lois générales, elles sont, comme on l'a vu, les formes de notre raison. La faculté de juger par réflexion est *esthétique*, quand elle se rapporte à la forme des choses, et *théologique*, quand elle se rapporte à leur matière et à leur fin. Le beau est ce qui, par son harmonie avec notre entendement, cause un plaisir général et nécessaire ; le sublime est ce qui réveille en nous l'idée de l'infini et nous transporte par sa lutte avec l'intérêt de nos sens.

Kant a eu de nombreux disciples, dont quelques-uns ont, de son vivant même, donné à sa doctrine des développements qu'il n'a pas toujours approuvés.

25. — Kritik der reinen Vernunft.
Idee der transscendentalen Philosophie.

Erfahrung ist ohne Zweifel das erste Product, welches unser Verstand hervorbringt, indem er den rohen Stoff sinnlicher Empfindungen bearbeitet. Sie ist eben dadurch die erste Belehrung und im Fortgange so unerschöpflich an neuem Unterricht, daß das zusammengekettete Leben aller künftigen Zeugungen an[1] neuen Kenntnissen, die auf diesem Boden gesammelt werden können, niemals Mangel haben wird. Gleichwol ist sie bei weitem nicht das einzige Feld, darin sich unser Verstand einschränken läßt. Sie sagt uns zwar, was da sei, aber nicht, daß es nothwendiger Weise, so und nicht anders sein müsse. Eben darum gibt sie uns auch keine wahre Allgemeinheit, und die Vernunft, welche nach dieser Art von Erkenntnissen so begierig ist, wird durch sie mehr gereizt, als befriedigt. Solche allgemeine Erkenntnisse nun, die zugleich den Charakter der innern Nothwendigkeit haben, müssen, von der Erfahrung unabhängig, vor[2] sich selbst klar und gewiß sein; man nennt sie daher Erkenntnisse a priori, da[3] im Gegentheil das, was lediglich von der Erfahrung erborgt ist, wie man sich ausdrückt, nur a posteriori, oder empirisch erkannt wird.

Nun zeigt es sich, welches[4] überaus merkwürdig ist, daß selbst unter unsere Erfahrungen sich Erkenntnisse mengen, die ihren Ursprung a priori haben müssen und die vielleicht nur dazu dienen, um unsern Vorstellungen der Sinne

---
[1] An dépend de Mangel.
[2] Vor, ancienne forme de für.
[3] Alors que.
[4] Pour was.

Zusammenhang zu verschaffen. Denn, wenn man aus den ersteren auch alles wegschafft, was den Sinnen angehört, so bleiben dennoch gewisse ursprüngliche Begriffe und aus ihnen erzeugte Urtheile übrig, die gänzlich a priori, unabhängig von der Erfahrung entstanden sein müssen, weil sie machen, daß man von den Gegenständen, die den Sinnen erscheinen, mehr sagen kann, wenigstens es sagen zu können glaubt, als bloße Erfahrung lehren würde, und daß Behauptungen wahre Allgemeinheit und strenge Nothwendigkeit enthalten, dergleichen die blos empirische Erkenntniß nicht liefern kann.

---

26. — Idee der transscendentalen Philosophie.
(Suite.)

Was aber noch weit mehr sagen will als alles Vorige, ist dieses, daß gewisse Erkenntnisse sogar das Feld aller möglichen Erfahrungen verlassen, und durch Begriffe, denen überall kein entsprechender Gegenstand in der Erfahrung gegeben werden kann, den Umfang unserer Urtheile über alle Grenzen derselben zu erweitern den Anschein haben.

Und gerade in diesen letzteren Erkenntnissen, welche über die Sinnenwelt hinausgehen, wo Erfahrung gar keinen Leitfaden noch Berichtigung geben kann, liegen die Nachforschungen unserer Vernunft, die wir der Wichtigkeit nach für weit vorzüglicher, und ihre Endabsicht für viel erhabener halten, als alles, was der Verstand im Felde der Erscheinungen lernen kann, wobei wir, sogar auf die Gefahr zu irren, eher alles wagen, als daß wir so angelegene Untersuchungen aus irgend einem Grunde der Bedenklichkeit, oder aus Geringschätzung und Gleichgiltigkeit aufgeben sollten. Diese unvermeidlichen Aufgaben der reinen Vernunft selbst sind Gott, Freiheit und Unsterblichkeit. Die Wissenschaft aber, deren Endabsicht mit allen ihren Zurüstungen eigentlich nur auf die Auflösung derselben[1] gerichtet ist, heißt Metaphysik, deren Verfahren im Anfange dogmatisch ist, d. i. ohne vorhergehende Prüfung des Vermögens oder Unvermögens der Vernunft, zu einer so großen Unternehmung zuversichtlich die Ausführung übernimmt.

Nun scheint es zwar natürlich, daß sobald man den Boden der Erfahrung verlassen hat, man doch nicht mit Erkenntnissen, die man besitzt, ohne zu wissen woher, und auf den Credit der Grundsätze, deren Ursprung man nicht kennt, sofort ein Gebäude errichten werde, ohne der Grundlegung desselben durch sorgfältige Untersuchungen vorher versichert zu sein; daß man also vielmehr die Frage vorlängst werde aufgeworfen haben, wie denn der Verstand zu allen diesen Erkenntnissen a priori kommen könne, und welchen Umfang, Gültigkeit und Werth sie haben mögen. In der That ist auch nichts natürlicher, wenn man unter diesem Wort[2] das versteht, was billiger und vernünftiger Weise geschehen sollte; versteht man aber darunter das, was gewöhnlicher Maßen geschieht, so ist hinwiederum nichts natürlicher und begreiflicher, als das diese Untersuchung lange Zeit unterbleiben mußte. Denn ein Theil dieser Erkenntnisse, als die mathematischen, ist im alten Besitze der Zuverlässigkeit, und gibt dadurch eine günstige Erwartung auch für andere, ob diese gleich von ganz verschiedener Natur sein mögen. Ueberdem, wenn man über den Kreis der Erfahrung hinaus ist, so ist man sicher, durch Erfahrung nicht widersprochen zu werden. Der Reiz, seine Erkenntnisse zu erweitern, ist so groß, daß man nur durch einen klaren Widerspruch, auf den

---

[1] Derselben (Aufgaben).
[2] Unter diesem Wort: „natürlich."

man stößt, in seinem Fortschritte aufgehalten werden kann. Dieser aber kann vermieden werden, wenn man seine Erdichtungen nur[1] behutsam macht, ohne daß sie deswegen weniger Erdichtungen bleiben.

---

27. — Idee der transscendentalen Philosophie.

(Suite et fin.)

Die Mathematik gibt uns ein glänzendes Beispiel, wie weit wir es, unabhängig von der Erfahrung, in der Erkenntniß a priori bringen können. Nun beschäftigt sie sich zwar mit Gegenständen und Erkenntnissen, blos soweit als sich solche in der Anschauung darstellen lassen. Aber dieser Umstand wird leicht übersehen, weil gedachte Anschauung selbst a priori gegeben werden kann, mithin von einem bloßen reinen Begriff kaum unterschieden wird. Durch einen solchen Beweis von der Macht der Vernunft aufgemuntert, sieht der Trieb zur Erweiterung[2] keine Grenzen. Die leichte Taube, indem sie im freien Fluge die Luft theilt, deren Widerstand sie fühlt, könnte die Vorstellung fassen, daß es ihr im luftleeren Raum noch viel besser gelingen werde. Eben so verließ Plato die Sinnenwelt, weil sie dem Verstande so vielfältige Hindernisse legt, und wagte sich jenseit derselben auf den Flügeln der Ideen, in den leeren Raum des reinen Verstandes. Er bemerkte nicht, daß er durch seine Bemühungen keinen Weg gewänne, denn er hatte keinen Widerhalt, gleichsam zur Unterlage, worauf er sich steifen, und woran er seine Kräfte anwenden konnte, um den Verstand von der Stelle zu bringen. Es ist aber ein gewöhnliches Schicksal der menschlichen Vernunft in der

---

[1] Wenn... nur : pourvu que.
[2] Zur Erweiterung (unserer Untersuchungen).

Speculation, ihr Gebäude so früh, wie möglich, fertig zu machen, und hintennach allererst zu untersuchen, ob auch der Grund dazu gut gelegt sei. Alsdann aber werden allerlei Beschönigungen herbei gesucht, um uns wegen dessen Tüchtigkeit zu trösten[1], oder auch eine solche späte und gefährliche Prüfung lieber gar abzuweisen. Was uns aber während dem Bauen von aller Besorgniß und Verdacht frei hält, und mit scheinbarer Gründlichkeit schmeichelt, ist dieses: Ein großer Theil, und vielleicht der größte, von dem Geschäfte unserer Vernunft besteht in Zergliederungen der Begriffe, die wir schon von Gegenständen haben. Dieses liefert uns eine Menge von Erkenntnissen, die, ob sie gleich nichts weiter als Aufklärungen oder Erläuterungen desjenigen sind, was in unsern Begriffen (wiewol noch auf verworrne Art) schon gedacht worden, doch, wenigstens der Form nach, neuen Einsichten gleich geschätzt werden, wiewol sie, der Materie oder dem Inhalte nach, die Begriffe, die wir haben, nicht erweitern, sondern nur aus einander setzen. Da dieses Verfahren nun eine wirkliche Erkenntniß a priori gibt, die einen sichern und nützlichen Fortgang hat, so erschleicht die Vernunft, ohne es selbst zu merken, unter dieser Vorspiegelung, Behauptungen von ganz anderer Art, wo die Vernunft zu gegebenen Begriffen a priori ganz fremde hinzu thut, ohne daß man weiß, wie sie dazu gelange, und ohne sich diese Frage[2] auch nur in die Gedanken kommen zu lassen.

[1] C'est-à-dire, wegen dessen Mangel an Tüchtigkeit zu trösten.
[2] Diese Frage (wie sie dazu gelange).

4.

28. — Kritik der reinen Vernunft.
Die transscendentale Aesthetik.

Auf welche Art und durch welche Mittel sich auch immer eine Erkenntniß auf Gegenstände beziehen mag, so ist doch diejenige, wodurch sie sich auf dieselben unmittelbar bezieht, und worauf alles Denken als Mittel abzweckt, die Anschauung. Diese findet aber nur Statt, so fern uns der Gegenstand gegeben wird; dieses aber ist wiederum uns Menschen wenigstens nur dadurch möglich, daß er das Gemüth auf gewisse Weise afficire. Die Fähigkeit (Receptivität), Vorstellungen durch die Art, wie wir von Gegenständen afficirt werden, zu bekommen, heißt Sinnlichkeit. Vermittelst der Sinnlichkeit also werden uns Gegenstände gegeben, und sie allein liefert uns Anschauungen, durch den Verstand aber werden sie gedacht, und von ihm entspringen Begriffe. Alles Denken aber muß sich, es sei geradezu (directe) oder im Umschweife (indirecte), vermittelst gewisser Merkmale zuletzt auf Anschauungen, mithin, bei uns, auf Sinnlichkeit beziehen, weil uns auf andere Weise kein Gegenstand gegeben werden kann.

Die Wirkung eines Gegenstandes auf die Vorstellungsfähigkeit, so fern wir von demselben afficirt werden, ist Empfindung. Diejenige Anschauung, welche sich auf den Gegenstand durch Empfindung bezieht, heißt empirisch. Der unbestimmte Gegenstand einer empirischen Anschauung heißt Erscheinung[1].

---

[1] Cette définition du mot Erscheinung est à retenir pour l'intelligence de l'idéalisme de Kant ; elle est d'autant plus importante que le mot phénomène par lequel on a coutume de traduire le mot Erscheinung ne répond nullement en français au sens que Kant y attache.

In er Erscheinung nenne ich das, was der Empfindung correspondirt, die Materie derselben; dasjenige aber, welches macht, daß das Mannichfaltige der Erscheinung in gewissen Verhältnissen geordnet, angeschauet wird, nenne ich die Form der Erscheinung. Da das, worinnen sich die Empfindungen allein ordnen und in gewisse Form gestellt werden können, nicht selbst wiederum Empfindung sein kann, so ist uns zwar die Materie aller Erscheinung nur a posteriori gegeben, die Form derselben aber muß zu ihnen insgesammt im Gemüthe a priori bereit liegen, und dahero abgesondert von aller Empfindung können betrachtet werden.

Ich nenne alle Vorstellungen rein (im transscendentalen Verstande), in denen nichts, was zur Empfindung gehört, angetroffen wird. Demnach wird die reine Form sinnlicher Anschauungen überhaupt im Gemüthe a priori angetroffen werden, worinnen alles Mannichfaltige der Erscheinungen in gewissen Verhältnissen angeschauet wird. Diese reine Form der Sinnlichkeit wird auch selber reine Anschauung heißen. So, wenn ich von der Vorstellung eines Körpers das, was der Verstand davon denkt, als Substanz, Kraft, Theilbarkeit ꝛc., imgleichen, was davon zur Empfindung gehört, als Undurchdringlichkeit, Härte, Farbe ꝛc., absondere, so bleibt mir aus dieser empirischen Anschauung noch etwas übrig, nämlich Ausdehnung und Gestalt. Diese gehören zur reinen Anschauung, die a priori, auch ohne einen wirklichen Gegenstand der Sinne oder Empfindung, als eine bloße Form der Sinnlichkeit im Gemüthe Statt findet.

---

29. — **Die transscendentale Aesthetik** (*Suite et Fin*).

Eine Wissenschaft von allen Principien der Sinnlichkeit a priori nenne ich die transscendentale Aesthetik [1]. Es muß also eine solche Wissenschaft geben, die den ersten Theil der transscendentalen Elementar-Lehre ausmacht, im Gegensatz mit derjenigen, welche die Principien des reinen Denkens enthält, und transscendentale Logik genannt wird.

In der transscendentalen Aesthetik also werden wir zuerst die Sinnlichkeit isoliren, dadurch daß wir Alles absondern, was der Verstand durch seine Begriffe dabei denkt, damit nichts als empirische Anschauung übrig bleibe. Zweitens werden wir von dieser noch Alles, was zur Empfindung gehört, abtrennen, damit nichts als reine Anschauung und die bloße Form der Erscheinungen übrig bleibe, welches das Einzige ist, das die Sinnlichkeit a priori liefern kann. Bei

---

[1] Die Deutschen sind die Einzigen, welche sich jetzt des Worts Aesthetik bedienen, um dadurch das zu bezeichnen, was Andere Kritik des Geschmacks heißen. Es liegt hier eine verfehlte Hoffnung zum Grunde, die der vortreffliche Analyst Baumgarten faßte, die kritische Beurtheilung des Schönen unter Vernunftprincipien zu bringen, und die Regeln derselben zur Wissenschaft zu erheben. Allein diese Bemühung ist vergeblich. Denn gedachte Regeln, oder Kriterien, sind, ihren vornehmsten Quellen nach, blos empirisch und können also niemals zu bestimmten Gesetzen a priori dienen, wonach sich unser Geschmacksurtheil richten müßte, vielmehr macht das letztere den eigentlichen Probierstein der Richtigkeit der ersteren aus. Um deswillen ist es rathsam, diese Benennung entweder wiederum eingehen zu lassen, und sie derjenigen Lehre aufzubehalten, die wahre Wissenschaft ist (wodurch man auch der Sprache und dem Sinne der Alten näher treten würde, bei denen die Eintheilung der Erkenntniß in αισθητά καὶ νοητά sehr berühmt war) oder sich in die Benennung mit der speculativen Philosophie zu theilen und die Aesthetik theils im transscendentalen Sinne, theils in psychologischer Bedeutung zu nehmen. (*Note de l'Auteur.*)

dieser Untersuchung wird sich finden, daß es zwei reine Formen sinnlicher Anschauung, als Principien der Erkenntniß a priori gebe, nämlich, Raum und Zeit.

30. — Allgemeine Anmerkungen zur transscendentalen Aesthetik.

Zuerst wird es nöthig sein, uns so deutlich, als möglich, zu erklären, was in Ansehung der Grundbeschaffenheit der sinnlichen Erkenntniß überhaupt unsere Meinung sei, um aller Mißdeutung derselben vorzubeugen.

Wir haben also sagen wollen: daß alle unsere Anschauung nichts als die Vorstellung von Erscheinung sei; daß die Dinge, die wir anschauen, nicht das an sich selbst sind, wofür wir sie anschauen, noch ihre Verhältnisse so an sich selbst beschaffen sind, als sie uns erscheinen, und daß wenn wir unser Subject oder auch nur die subjective Beschaffenheit der Sinne überhaupt aufheben, alle die Beschaffenheit, alle Verhältnisse der Objecte im Raum und Zeit, ja selbst Raum und Zeit verschwinden würden, und als Erscheinungen nicht an sich selbst, sondern nur in uns existiren können[1]. Was es für eine Bewandtniß mit den Gegenständen an sich und abgesondert von aller dieser Receptivität unserer Sinnlichkeit haben möge, bleibt uns gänzlich unbekannt. Wir kennen nichts, als unsere Art sie wahrzunehmen, die uns eigenthümlich ist, die auch nicht nothwendig jedem Wesen, ob zwar jedem Menschen zukom-

[1] Cette phrase résume avec une grande netteté le système idéaliste de l'auteur.

men muß. Mit dieser haben wir es lediglich zu thun. Raum und Zeit sind die reine Form derselben, Empfindung überhaupt die Materie. Jene können wir allein a priori, d. i. vor aller wirklichen Wahrnehmung, erkennen, und sie heißet darum reine Anschauung; diese aber ist das in unserer Erkenntniß, was da macht, daß sie Erkenntniß a posteriori d. i. empirische Anschauung heißt. Jene hängen unserer Sinnlichkeit schlechthin nothwendig an, welcher Art auch unsere Empfindungen sein mögen; diese[1] können sehr verschieden sein. Wenn wir diese unsere Anschauung auch zum höchsten Grade der Deutlichkeit bringen könnten, so würden wir dadurch der Beschaffenheit der Gegenstände an sich selbst nicht näher kommen. Denn wir würden auf allen Fall doch nur unsere Art der Anschauung d. i. unsere Sinnlichkeit vollständig erkennen, und diese immer nur unter den dem Subject ursprünglich anhängenden Bedingungen, von Raum und Zeit; was die Gegenstände an sich selbst sein mögen, würde uns durch die aufgeklärteste Erkenntniß der Erscheinung derselben, die uns allein gegeben ist, doch niemals bekannt werden.

31. — Von der Zeit.

Wenn ich sage: im Raum und der Zeit stellt die Anschauung, sowol der äußeren Objecte, als auch die Selbstanschauung des Gemüths, beides vor, so wie es unsere Sinne afficirt, d. i. wie es erscheint, so will das nicht sagen, daß diese Gegenstände ein bloßer Schein wären. Denn in der Erscheinung werden jederzeit die Objecte, ja selbst die Beschaffenheiten, die wir ihnen beilegen, als

[1] Diese (die Empfindungen).

etwas wirklich Gegebenes angesehen, nur daß, sofern diese
Beschaffenheit nur von der Anschauungsart des Subjects
in der Relation des gegebenen Gegenstandes zu ihm ab=
hängt, dieser Gegenstand, als Erscheinung, von ihm selber
als Object, an sich unterschieden wird. So sage ich nicht, die
Körper scheinen blos außer mir zu sein, oder meine Seele
scheint nur in meinem Selbstbewußtsein gegeben zu sein,
wenn ich behaupte, daß die Qualität des Raums und
der Zeit, welcher [1], als Bedingung ihres Daseins, gemäß ich
beide [2] setze, in meiner Anschauungsart und nicht in diesen
Objecten an sich liege. Es wäre meine eigene Schuld, wenn
ich aus dem, was ich zur Erscheinung zählen sollte, bloßen
Schein machte [3]. Dieses geschieht aber nicht nach unserem
Princip der Idealität aller unserer sinnlichen Anschauungen;
vielmehr, wenn man jenen Vorstellungsformen objective
Realität beilegt, so kann man nicht vermeiden, daß nicht
alles dadurch in bloßen Schein verwandelt werde. Denn,
wenn man den Raum und die Zeit als Beschaffenheiten

[1] Welcher.... gemäß.
[2] Beide, c'est-à-dire die Körper und meine Seele.
[3] Die Prädicate der Erscheinung können dem Objecte selbst
beigelegt werden, in Verhältniß auf unseren Sinn, z. B. der Rose
die rothe Farbe, oder der Geruch; aber der Schein kann niemals als
Prädicat dem Gegenstande beigelegt werden, eben darum, weil er,
was diesem nur in Verhältniß auf die Sinne, oder überhaupt aufs
Subject zukommt, dem Object für sich beilegt, z. B. die zwei
Henkel, die man anfänglich dem Saturn beilegte. Was gar nicht
am Objecte an sich selbst, jederzeit aber im Verhältnisse desselben
zum Subject anzutreffen und von der Vorstellung des ersteren
unzertrennlich ist, ist Erscheinung, und so werden die Prädicate
des Raumes und der Zeit mit Recht den Gegenständen der Sinne,
als solchen, beigelegt, und hierin ist kein Schein. Dagegen, wenn
ich der Rose an sich die Röthe, dem Saturn die Henkel, oder
allen äußeren Gegenständen die Ausdehnung an sich beilege,
ohne auf ein bestimmtes Verhältniß dieser Gegenstände zum Subject zu sehen und mein Urtheil darauf einzuschränken, alsbann
allererst entspringt der Schein. (*Note de l'Auteur.*)

ansieht, die ihrer Möglichkeit nach in Sachen an sich angetroffen werden müßten, und überdenkt die Ungereimtheiten, in die man sich alsdann verwickelt, indem zwei unendliche Dinge, die nicht Substanzen, auch nicht etwas wirklich den Substanzen Inhärirendes, dennoch aber Existirendes, ja die nothwendige Bedingung der Existenz aller Dinge sein müssen, auch übrig bleiben, wenn gleich alle existirenden Dinge aufgehoben werden: so kann man es dem guten Berkeley[1] wohl nicht verdenken, wenn er die Körper zu bloßem Schein herabsetzte, ja es müßte sogar unsere eigene Existenz, die auf solche Art von der für sich bestehenden Realität eines Undinges, wie die Zeit, abhängig gemacht wäre, mit dieser in lauter Schein verwandelt werden; eine Ungereimtheit, die sich bisher noch Niemand hat zu Schulden kommen lassen.

32. — Von den Beweisgründen der speculativen Vernunft, auf das Dasein eines höchsten Wesens zu schließen.

Ungeachtet dieser dringenden Bedürfniß[2] der Vernunft, etwas vorauszusetzen, was dem Verstande zu der durchgängigen Bestimmung seiner Begriffe vollständig zum Grunde

---

[1] Berkeley, né en 1684 à Kilkrin en Irlande, fit ses études de théologie à Dublin et s'éleva à la dignité d'évêque. Il passa une bonne partie de sa vie à créer dans les îles Bermudes une maison de conversion pour les naturels du pays. Il mourut en 1752 à Oxford. Dans ses nombreuses œuvres philosophiques, il nie la réalité du monde extérieur. Les seules substances qui existent véritablement sont, selon lui, les esprits; tout ce que nous voyons nous ne le voyons qu'en Dieu, dans les idées divines, ce qui nous fournit la preuve la plus solide de l'existence de Dieu.

[2] Ce mot est aujourd'hui neutre.

liegen könne, so bemerkt sie doch das Idealische und blos Gedichtete einer solchen Voraussetzung viel zu leicht, als daß sie dadurch allein überredet werden sollte, ein bloßes Selbstgeschöpf ihres Denkens sofort für ein wirkliches Wesen anzunehmen, wenn sie nicht wodurch anders gedrungen würde, irgendwo ihren Ruhestand, in dem Regressus[1] vom Bedingten, das gegeben ist, zum Unbedingten zu suchen, das zwar an sich und seinem bloßen Begriff nach nicht als wirklich gegeben ist, welches aber allein die Reihe der zu ihren Gründen hinausgeführten Bedingungen vollenden kann. Dieses ist nun der natürliche Gang, den jede menschliche Vernunft, selbst die gemeinste, nimmt, obgleich nicht eine jede in demselben aushält. Sie fängt nicht von Begriffen, sondern von der gemeinen Erfahrung an und legt also etwas Existirendes zum Grunde. Dieser Boden aber sinkt, wenn er nicht auf dem unbeweglichen Felsen des Absolutnothwendigen ruhet. Dieser selber aber schwebt ohne Stütze, wenn noch außer und unter ihm leerer Raum ist, und er nicht selbst alles erfüllet und dadurch keinen Platz zum Warum mehr übrig läßt, d. i. der Realität nach unendlich ist.

Wenn etwas, was es auch sei, existirt, so muß auch eingeräumt werden, daß irgend etwas nothwendigerweise existire. Denn das Zufällige existirt nur unter der Bedingung eines anderen, als seiner Ursache, und von dieser gilt der Schluß fernerhin, bis zu einer Ursache, die nicht zufällig und eben darum ohne Bedingung nothwendigerweise da ist. Das ist das Argument, worauf die Vernunft ihren Fortschritt zum Urwesen gründet.

Nun sieht sich die Vernunft nach dem Begriffe eines Wesens um, das sich zu einem solchen Vorzuge der Existenz,

---

[1] Dans le sens latin : marche rétrograde ; ne doit pas être confondu avec Regres : recours.

als die unbedingte Nothwendigkeit, schicke; nicht sowohl, um alsdann von dem Begriffe desselben a priori auf sein Dasein zu schließen (denn getrauete sie sich dieses, so dürfte sie überhaupt nur unter bloßen Begriffen forschen und hätte nicht nöthig, ein gegebenes Dasein zum Grunde zu legen), sondern nur um unter allen Begriffen möglicher Dinge denjenigen zu finden, der nichts der absoluten Nothwendigkeit Widerstreitendes in sich hat. Denn, daß doch irgend etwas schlechthin nothwendig existiren müsse, hält sie nach dem ersten Schlusse [1] schon für ausgemacht. Wenn sie nun alles wegschaffen kann, was sich mit dieser Nothwendigkeit nicht verträgt, außer einem, so ist dieses das schlechthinnothwendige Wesen, man mag nun die Nothwendigkeit desselben begreifen, d. i. aus seinem Begriffe allein ableiten können, oder nicht.

---

33. — Von den Beweisgründen, zc.
(*Suite.*)

Nun scheint dasjenige, dessen Begriff zu allem Warum das Darum in sich enthält, das in keinem Stücke und in keiner Absicht defect ist, welches allerwärts als Bedingung hinreicht, eben darum das zur absoluten Nothwendigkeit schickliche Wesen zu sein, weil es, bei dem Selbstbesitz aller Bedingungen zu allem Möglichen, selbst keiner Bedingung bedarf, ja derselben nicht einmal fähig ist, folglich, wenigstens in einem Stücke, dem Begriffe der unbedingten Nothwendigkeit ein Genüge thut, darin es kein anderer Begriff ihm gleich thun kann, der, weil er mangelhaft und der Ergänzung bedürftig ist, kein solches Merkmal der Unab-

---

[1] La conclusion à laquelle elle arrive en remontant du contingent au nécessaire, de l'effet à la cause.

hängigkeit von allen ferneren Bedingungen an sich zeigt. Es ist wahr, daß hieraus noch nicht sicher gefolgert werden könne : daß, was nicht die höchste und in aller Absicht vollständige Bedingung in sich enthält, darum selbst seiner Existenz nach bedingt sein müsse; aber es hat denn doch das einzige Merkzeichen des unbedingten Daseins nicht an sich, dessen die Vernunft mächtig ist, um durch einen Begriff a priori irgend ein Wesen als unbedingt zu erkennen.

Der Begriff eines Wesens von der höchsten Realität würde sich also unter allen Begriffen möglicher Dinge zu dem Begriffe eines unbedingtnothwendigen Wesens am besten schicken, und wenn er diesem auch nicht völlig genug thut, so haben wir doch keine Wahl, sondern sehen uns genöthigt, uns an ihn zu halten, weil wir die Existenz eines nothwendigen Wesens nicht in den Wind schlagen dürfen; geben wir sie aber zu, doch [1] in dem ganzen Felde der Möglichkeit nichts finden können, was auf einen solchen Vorzug im Dasein einen gegründetern Anspruch machen könnte.

So ist also der natürliche Gang der menschlichen Vernunft beschaffen. Zuerst überzeugt sie sich vom Dasein irgend eines nothwendigen Wesens. In diesem erkennet sie eine unbedingte Existenz. Nun sucht sie den Begriff des Unabhängigen von aller Bedingung und findet ihn in dem, was selbst die zureichende Bedingung zu allem Anderen ist, d. i. in demjenigen, was alle Realität enthält. Das All aber ohne Schranken ist absolute Einheit und führt den Begriff eines einigen, nämlich des höchsten Wesens bei sich und so schließt sie, daß das höchste Wesen, als Urgrund aller Dinge, schlechthin nothwendiger Weise da sei.

[1] Construisez : Und weil wir aber doch, wenn wir sie zugeben, in dem ganzen Felde, ꝛc.

34. — Von den Beweisgründen, ꝛc.
(Suite.)

Diesem Begriffe kann eine gewisse Gründlichkeit nicht gestritten [1] werden, wenn von Entschließungen die Rede ist, nämlich, wenn einmal das Dasein irgend eines nothwendigen Wesens zugegeben wird, und man darin übereinkommt, daß man seine Partei ergreifen müsse [2], worin man dasselbe setzen wolle; denn alsdann kann man nicht schicklicher wählen, oder man hat vielmehr keine Wahl, sondern ist genöthigt, der absoluten Einheit der vollständigen Realität, als dem Urquelle der Möglichkeit, seine Stimme zu geben. Wenn uns aber nichts treibt, uns zu entschließen und wir lieber diese ganze Sache dahin gestellt sein ließen [3], bis wir durch das volle Gewicht der Beweisgründe zum Beifalle gezwungen würden, d. i. wenn es bloß um Beurtheilung zu thun ist, wie viel wir von dieser Aufgabe wissen und was wir uns nur zu wissen schmeicheln: dann erscheint unser Schluß bei Weitem nicht in so vortheilhafter Gestalt und bedarf Gunst, um den Mangel seiner Rechtsansprüche zu ersetzen.

Denn wenn wir alles so gut sein lassen, wie es hier vor uns liegt, daß nämlich erstlich von irgend einer gegebenen Existenz (allenfalls auch bloß meiner eigenen) ein richtiger Schluß auf die Existenz eines unbedingtnothwendigen Wesens Statt finde; zweitens, daß ich ein Wesen, welches alle Realität, mithin auch alle Bedingung enthält, als schlechthin unbedingt ansehen müsse, folglich der Begriff des Dinges, welches sich zur absoluten Nothwendigkeit schickt,

---

[1] C'est-à-dire, abgestritten werden.
[2] Qu'il faut se décider.
[3] Et que nous aimions mieux laisser tout cela indécis.

hiedurch gefunden sei: so kann daraus doch gar nicht geschlossen werden, daß der Begriff eines eingeschränkten Wesens, das nicht die höchste Realität hat, darum der absoluten Nothwendigkeit widerspräche. Denn, ob ich gleich in seinem Begriffe nicht das Unbedingte antreffe, was das All der Bedingung schon bei sich führt, so kann daraus doch gar nicht gefolgert werden, daß sein Dasein eben darum bedingt sein müsse; so wie ich in einem hypothetischen Vernunftschlusse nicht sagen kann: wo eine gewisse Bedingung (nämlich hier der Vollständigkeit [1] nach Begriffen) nicht ist, da ist auch das Bedingte nicht. Es wird uns vielmehr unbenommen bleiben, alle übrigen eingeschränkten Wesen eben sowohl für unbedingt nothwendig gelten zu lassen, ob wir gleich ihre Nothwendigkeit aus dem allgemeinen Begriffe, den wir von ihnen haben, nicht schließen können. Auf diese Weise aber hätte dieses Argument uns nicht den mindesten Begriff von Eigenschaften eines nothwendigen Wesens verschafft und überall gar nichts geleistet.

35. — Von den Beweisgründen, 2c.

(*Fin.*)

Gleichwol bleibt diesem Argumente eine gewisse Wichtigkeit und ein Ansehen, das ihm, wegen dieser objectiven Unzulänglichkeit, noch nicht sofort genommen werden kann. Denn setzet [2]: es gebe Verbindlichkeiten, die in der Idee der

---

[1] Complément de Bedingung.
[2] L'auteur se sert de l'exemple qu'on va lire et qui n'est lui-même qu'une supposition pour nous faire comprendre que certaines probabilités, auxquelles il manque une dernière preuve, pour être changées en certitudes, méritent cependant, en certaines circonstances, notre complet acquiescement.

Vernunft ganz richtig, aber ohne alle Realität der Anwendung auf uns selbst, d. i. ohne Triebfedern sein würden, wo nicht ein höchstes Wesen vorausgesetzt würde, das den praktischen Gesetzen Wirkung und Nachdruck geben könnte: so würden wir auch eine Verbindlichkeit haben, den Begriffen zu folgen, die, wenn sie gleich nicht objectiv zulänglich sein möchten, doch nach dem Maße unserer Vernunft überwiegend sind und in Vergleichung mit denen wir doch nichts Besseres und Ueberführenderes erkennen. Die Pflicht zu wählen würde hier die Unschlüssigkeit der Speculation durch einen praktischen Zusatz aus dem Gleichgewichte bringen, ja die Vernunft würde bei ihr[1] selbst, als dem nachsehendesten Richter, keine Rechtfertigung finden, wenn sie unter dringenden Bewegursachen, obzwar nur mangelhafter Einsicht, diesen Gründen ihres Urtheils, über die wir doch wenigstens keine bessere kennen, nicht gefolgt wäre.

Dieses Argument, ob es gleich in der That transscendental ist, indem es auf der inneren Unzulänglichkeit des Zufälligen beruht, ist doch so einfältig und natürlich, daß es dem gemeinesten Menschensinne angemessen ist, sobald dieser nur einmal darauf geführt wird. Man sieht Dinge sich verändern, entstehen und vergehen; sie müssen also, oder wenigstens ihr Zustand, eine Ursache haben. Von jeder Ursache aber, die jemals in der Erfahrung gegeben werden mag, läßt sich eben dieses wiederum fragen. Wohin sollen wir nun die oberste Causalität billiger verlegen, als dahin, wo auch die höchste Causalität ist, d. i. in dasjenige Wesen, was zu jeder möglichen Wirkung die Zugänglichkeit in sich selbst ursprünglich enthält, dessen Begriff, auch durch den einzigen Zug einer allbefassenden Vollkom=

[1] Bei sich.

menheit sehr leicht zu Stande kommt. Diese höchste Ursache halten wir denn für schlechthin nothwendig, weil wir es schlechterdings nothwendig finden, bis zu ihr hinaufzusteigen und keinen Grund, über sie noch weiter hinaus zu gehen. Daher sehen wir bei allen Völkern durch ihre blindeste Vielgötterei doch einige Funken des Monotheismus durchschimmern, wozu nicht Nachdenken und tiefe Speculation, sondern nur ein nach und nach verständlich gewordener natürlicher Gang des gemeinen Verstandes geführt hat.

VIII

SCHILLER

Schiller est né en 1759, à Marbach, sur le Neckar. Sa mère et son premier maître, le pasteur Moser, qu'il a immortalisé dans son premier drame, *les Brigands*, l'élevèrent dans des sentiments d'une piété fervente. Aussi avait-il résolu d'étudier la théologie. Mais il dut bientôt changer d'idée : son père, ancien chirurgien de l'armée wurtembergeoise, avait été nommé par le duc intendant du château de la Solitude, où celui-ci avait fondé une école appelée plus tard la *Karlsschule*; Schiller dut fréquenter cette école, et, comme il n'y avait pas de cours de théologie, force lui fut de renoncer à son projet favori. Il y étudia le droit jusqu'au moment où, par suite de la translation de l'école à Stuttgart (1775), on y établit une Faculté de médecine; Schiller quitta alors le droit pour la médecine. Six ans plus tard il entrait comme médecin dans un régiment de grenadiers. Mais sur les bancs de la Karlsschule Schiller s'était adonné avec plus de passion à l'étude de la littérature qu'à celle de la médecine; il s'était nourri du *Messias* de Klopstock, des œuvres de Leisewitz, de Gerstenberg, de Klinger et du *Gœtz* de Gœthe. Il y avait écrit quelques pièces qu'il ne conserva pas dans l'édition qu'il fit de ses œuvres, ainsi que *les Brigands* qu'il fit représenter à Mannheim à l'insu du duc. Ayant quitté son régiment pour assister en secret à la seconde représentation de sa pièce, il reçut du duc l'ordre de ne plus jamais s'occuper de poésie. Plutôt que de se soumettre à un ordre aussi despotique, Schiller s'enfuit à Mannheim (1782). Il y apporta presque tout achevé son second drame *Fiesco*, qui fut suivi de *Kabale und Liebe*. Ces pièces n'eurent pas le succès qu'elles méritaient, même comme pièces de second ordre, et Schiller eut de la peine à subvenir à son existence, malgré la revue, *Die rheinische Thalia*, qu'il avait créée. Il trouva un refuge dans le village de Bauerbach, près de Meiningen, dans la maison de Mme Wolzogen, la mère de deux de ses condisciples à la *Karlsschule*, et auprès de son ami Kœrner à Leipzig. Il y publia plusieurs poésies lyriques et *Don Carlos*. Cette pièce lui valut de la part du grand-duc de Weimar le titre de conseiller de la cour. C'est ce qui engagea Schiller à se rendre à Weimar, où il fut fort bien accueilli par le grand-duc, ainsi que par Wieland, Herder, Knebel, etc. Gœthe était alors en Italie (1787) ; mais il avait depuis longtemps apprécié Schiller, tout en faisant ses réserves sur quelques-unes de ses œuvres. Aussi, lorsque celui-ci publia son *Histoire de la révolte des Pays-Bas*, Gœthe, qui connaissait la situation précaire de Schiller, le fit-il nommer par le grand-duc de Weimar professeur d'histoire à l'Université d'Iéna (1789). Alors parut la *Guerre de Trente ans*. Vers 1794, à propos de la création de la Revue mensuelle de Schiller, *les Heures*, il s'établit entre celui-ci et Gœthe une correspondance dont les lettres forment une des plus belles œuvres littéraires de l'Allemagne. Conseillé par Gœthe, auprès duquel il vint se fixer à Weimar en 1802, Schiller produisit ses plus belles œuvres lyriques et dramatiques : *le Plongeur*, les *Grues d'Ibicus*, *la Cloche*, etc., *Wallenstein*, *Marie Stuart*, *Jeanne d'Arc*, *la Fiancée de Messine* et *Guillaume Tell*. Il mourut en 1805.

Schiller était un des plus éminents disciples de Kant. Il s'était de bonne heure familiarisé avec les écrits des philosophes moralistes de l'Angleterre, et avec ceux de Rousseau. Dans son premier ouvrage philosophique, *la Théosophie de Julius*, il allie l'optimisme de Leibniz au panthéisme. En 1787 il s'appropria les idées de Kant sur la philosophie de l'histoire. A la suite d'une grave maladie (1791) il se mit a étudier à fond les écrits de ce philosophe. C'est à cette étude qu'est due l'importante œuvre philosophique *De la grâce et de la dignité* (1753), où, blâmant la sévérité avec laquelle Kant impose l'austère loi morale, qui, selon Schiller, devrait être tempérée par la grâce, celui-ci complète la *dignité* morale, c'est-à-dire la domination de l'esprit sur la nature, par la *grâce* morale, c'est-à-dire par l'harmonie entre l'esprit et la nature. Dans ses *Lettres sur l'éducation esthétique du genre humain* (1793-1795), il établit qu'une éducation esthétique est le meilleur moyen d'élever le sentiment moral; l'homme empirique doit réaliser l'homme idéal dans le beau, dans l'art. Dans le traité *De la poésie naïve et sentimentale* (1795-96), il montre le rôle de l'esthétique dans la philosophie de l'histoire; il soutient que l'art moderne, aussi bien que l'art ancien, n'est que l'harmonie de l'esprit et de la nature, l'unité de l'idéal et de la réalité. Toutes les poésies de Schiller portent un cachet philosophique; il en avait pleine conscience; car, pendant qu'il travaillait encore à *Don Carlos*, il avait dit dans son opuscule *Les artistes :* « Ce n'est qu'à travers l'aurore du beau que l'homme peut arriver à la connaissance... Ce que la raison vieillie découvre après des siècles, se trouvait déposé, dès le principe, dans le symbole du beau, et avait été révélé à la raison, quand elle était encore dans l'enfance. »

36. — Ueber Anmuth und Würde.

Der Mensch darf nicht nur, sondern soll Lust und Pflicht in Verbindung bringen; er soll seiner Vernunft mit Freuden gehorchen. Nicht um sie wie eine Last wegzuwerfen, oder wie eine grobe Hülle von sich abzustreifen, nein, um sie aufs innigste mit seinem höhern Selbst zu verbinden, ist seiner reinen Geisternatur eine sinnliche beigesellt. Dadurch schon daß sie ihn zum vernünftig sinnlichen Wesen, d. i. zum Menschen machte, kündigte ihm die Natur die Verpflichtung an, nicht zu trennen was sie verbunden hat, auch in den reinsten Aeußerungen seines göttlichen Theiles den sinnlichen nicht hinter sich zu lassen, und den Triumph des einen nicht auf Unterdrückung des andern zu gründen. Erst alsdann, wenn sie aus seiner gesammten Menschheit als die vereinigte Wirkung beider Prinzipien hervorquillt, wenn sie ihm zur Natur geworden ist, ist seine sittliche Denkart geborgen; denn so lange der sittliche Geist noch Gewalt anwendet, so muß der Naturtrieb ihm noch Macht entgegen zu setzen haben. Der bloß niedergeworfene Feind kann wieder aufstehen, aber der versöhnte ist wahrhaft überwunden. In der Kantischen Moralphilosophie ist die Idee der Pflicht mit einer Härte vorgetragen, die alle Grazien davon zurückschreckt, und einen schwachen Verstand leicht versuchen könnte auf dem Wege einer finstern und mönchischen Ascetik die moralische Vollkommenheit zu suchen. Wie sehr sich auch der große Weltweise gegen diese Mißdeutung zu verwahren suchte, die seinem heitern und freien Geist unter allen die empörendste sein muß, so hat er, däucht mir, doch selbst durch die strenge und grelle Entgegensetzung beider auf den Willen des Menschen wirkenden Prinzipien[1] einen starken, obgleich bei seiner Absicht[2] vielleicht kaum zu vermeidenden Anlaß dazu gegeben. Ueber die Sache[3] selbst kann, nach den von ihm geführten Beweisen, unter denkenden Köpfen die überzeugt sein wollen, kein Streit mehr sein, und ich wüßte kaum, wie man nicht lieber sein

[1] Sinnlichkeit und Vernunft.
[2] De combattre les tendances sensualistes de son époque.
[3] La prépondérance que la raison doit avoir sur la sensibilité dans la conduite de l'homme.

ganzes Menschsein aufgeben, als über diese Angelegenheit ein anders Resultat von der Vernunft erhalten wollte. Aber so rein er bei der Untersuchung der Wahrheit zu Werke ging und so sehr sich hier alles aus bloßen objectiven Gründen erklärt, so scheint ihn doch in Darstellung der gefundenen Wahrheit eine mehr subjective Maxime geleitet zu haben, die, wie ich glaube, aus den Zeitumständen[1] nicht mehr zu erklären ist.

---

37. — Ueber Anmuth und Würde.
(Suite et fin.)

So wie er nämlich die Moral seiner Zeit, im Systeme und in der Ausübung, vor sich fand, so mußte ihn auf der einen Seite ein grober Materialismus in den moralischen Prinzipien empören, den die unwürdige Gefälligkeit der Philosophen dem schlaffen Zeitcharakter zum Kopfkissen untergelegt hatte. Auf der anderen Seite mußte ein nicht weniger bedenklicher Perfektionsgrundsatz, der, um eine abstrakte Idee allgemeiner Weltvollkommenheit zu realisiren, über die Wahl der Mittel nicht sehr verlegen war, seine Aufmerksamkeit erregen. Er richtete also dahin, wo die Gefahr am meisten erklärt, und die Reform am dringendsten war, die stärkste Kraft seiner Gründe, und machte es sich zum Gesetze, die Sinnlichkeit sowohl da, wo sie mit frecher Stirne dem Sittengefühl Hohn spricht, als in der imposanten Hülle moralisch löblicher Zwecke, worein besonders ein gewisser enthusiastischer Ordensgeist sie[2] zu verstecken

---

[1] Les tendances matérialistes de son temps.
[2] Die Sinnlichkeit.

weiß¹, ohne Nachsicht zu verfolgen. Er hatte nicht die
Unwissenheit zu belehren, sondern die Verkehrtheit zu=
rechtzuweisen. Erschütterung forderte die Kur, nicht Ein=
schmeichelung und Ueberredung; und je härter der Abstich
war, den der Grundsatz der Wahrheit mit den herrschenden
Maximen machte, desto mehr konnte er hoffen Nachdenken
darüber zu erregen. Er war der Drako seiner Zeit, weil sie
ihm eines Solons noch nicht werth und empfänglich
schien². Aus dem Sanctuarium der reinen Vernunft brachte
er das fremde und doch wieder so bekannte Moralgesetz,
stellte es in seiner ganzen Heiligkeit aus vor dem entwür=
digten Jahrhundert, und fragte wenig darnach ob es Augen
giebt die seinen Glanz nicht ertragen. Womit aber hatten
die Kinder des Hauses³ verschuldet, daß er nur für die
Knechte sorgte? Weil oft sehr unreine Neigungen den
Namen der Tugend usurpieren, mußte darum auch der unei=
gennützige Affekt in der edelsten Brust verdächtig gemacht
werden? Weil der moralische Weichling dem Gesetz der Ver=
nunft gern eine Laxität geben möchte, die es zum Spielwerk
seiner Convenienz macht, mußte ihm darum eine Rigi=
dität beigelegt werden, die die kraftvollste Aeußerung mora=
lischer Freiheit nur in eine rühmlichere Art von Knecht=
schaft verwandelt?

Denn hat wohl der wahrhaft sittliche Mensch eine freiere
Wahl zwischen Selbstachtung und Selbstverwerfung als der
Sinnensklave zwischen Vergnügen und Schmerz? Ist dort
etwa weniger Zwang für den reinen Willen als hier für

---

¹ Schiller fait allusion ici, ainsi que plus haut quand il parle
d'un «principe de perfection», à la secte religieuse des Latitu-
dinaires dont la morale était peu rigoureuse.

² Tout ce passage est fort curieux, c'est un commentaire histo-
rique de la «raison pratique» de Kant.

³ Les spiritualistes et les adversaires d'une morale relâchée.

den verdorbenen? Mußte schon durch die imperative Form
des Moralgesetzes die Menschheit angeklagt und erniedrigt
werden, und das erhabenste Dokument ihrer Größe[1], zu=
gleich die Urkunde ihrer Gebrechlichkeit sein[2]?..... Es ist
für moralische Wahrheiten gewiß nicht vortheilhaft, Empfin=
dungen gegen sich zu haben, die der Mensch ohne Erröthen
sich gestehen darf. Wie sollen sich aber die Empfindungen
der Schönheit und Freiheit mit dem austeren Geist eines
Gesetzes vertragen, das ihn mehr durch Furcht als Zuversicht
leitet, das ihn, den die Natur doch vereinigte, stets zu ver=
einzeln strebt, und nur dadurch, daß es ihm Mißtrauen
gegen den einen Theil seines Wesens erweckt, sich der Herr=
schaft über den andern versichert? Die menschliche Natur ist
ein verbundeneres Ganze in der Wirklichkeit, als es dem
Philosophen, der nur durch Trennen was vermag, erlaubt
ist, sie erscheinen zu lassen. Nimmermehr kann die Vernunft
Affekte als ihrer unwerth verwerfen, die das Herz mit Freu=
digkeit bekennt, und der Mensch[3] da, wo er moralisch gesunken
wäre, nicht wohl in seiner eigenen Achtung steigen. Wäre
die sinnliche Natur im Sittlichen immer nur die unter=
drückte und nie die mitwirkende Partei, wie könnte sie das
Feuer ihrer Gefühle zu einem Triumph hergeben, der über sie
selbst gefeiert wird? Wie könnte sie eine so lebhafte Theilneh=
merin an dem Selbstbewußtsein des reinen Geistes sein, wenn
sie sich endlich nicht so innig an ihn anschließen könnte, daß
selbst der analytische Verstand sie nicht ohne Gewalt=
thätigkeit mehr von ihm trennen kann?

[1] La loi morale.
[2] Par la forme impérative que Kant lui donne.
[3] Sous-entendu : kann.

IX

JACOBI

Frédéric-Henri Jacobi, frère du poète Jean-Georges Jacobi, naquit à Dusseldorf, en 1743. Il fit ses études à Genève. Esprit réfléchi et sérieux, il s'initia de bonne heure à la philosophie de Spinoza. Pour obéir au désir de son père, il embrassa d'abord la carrière commerciale. Cela ne l'empêcha pas de cultiver avec passion les lettres et les sciences, à l'étude desquelles il se livra plus tard exclusivement. En 1779 il se rendit à Munich, où il avait été nommé conseiller intime. Ruiné par une spéculation manquée de son frère aîné, il accepta, en 1804, une place de professeur à l'Académie des sciences qui se créait alors à Munich. Il en devint le président en 1807, et occupa ce poste jusqu'à 1813. Il mourut à Munich, en 1819.

Ses principaux ouvrages sont les romans philosophiques : *Recueil des lettres d'Allwill* (1781) et *Woldemar* (1799), dans lesquels il discute le problème de la connaissance du monde extérieur et les rapports des droits et des devoirs de l'individu avec la loi morale universelle; les *Lettres sur la doctrine de Spinoza*, adressées à Mendelssohn (1785); *David Hume, de la foi, ou idéalisme et réalisme* (1787), où il développe le principe de sa philosophie, la foi ou la science immédiate, et où il juge la philosophie de Kant ; *Missive à Fichte* (1799), dans laquelle il combat les disciples de Kant. Il publia en outre les écrits intitulés : *Entreprise du criticisme tendant à mettre l'esprit à la raison; — Aperçu de l'état de la philosophie au commencement du dix-neuvième siècle* (1802); — *Des choses spirituelles* (1811), où il reproche à Schelling de mettre son panthéisme sous le couvert d'expressions chrétiennes.

Jacobi, surnommé le philosophe de la foi, trouve dans le spinozisme la dernière et inévitable conséquence de toutes les spéculations philosophiques; c'est au panthéisme qu'aboutit, selon lui, la philosophie appuyée seulement sur la raison. Mais comme ce résultat est en contradiction flagrante avec les sentiments les plus intimes de notre être, Jacobi s'élève au-dessus de la sphère étroite qui est le domaine de la raison, par la foi en Dieu et la croyance aux choses divines. « Si la philosophie, dit-il, veut concevoir l'infini avec le secours d'une raison finie, il faut qu'elle abaisse l'infini jusqu'au niveau du fini ;..... à moins de renoncer à la démonstration, nous n'atteindrons jamais l'infini. C'est par la foi, par une intuition immédiate, que nous connaissons l'infini. » « Nous croyons en Dieu, dit-il encore, parce que nous le voyons, bien que ce ne soit pas avec les yeux du corps. Une lumière brille dans mon cœur, mais elle s'éteint dès que je veux la mettre dans mon esprit. » Kant, selon lui, a eu tort de se plaindre de ce que la raison ne parvienne pas à établir théoriquement la réalité de ses idées. Cette plainte lui paraît puérile, puisque, d'après son système, il est de l'essence même des idées de ne pouvoir être démontrées. Il établit aussi que, dans la *Critique de la raison pure*, Kant ne peut mettre la raison en rapport avec les choses transcendentales que par l'idée de cause qui, une fois admise, le mène au-delà des limites assignées par lui à la raison théorique.

---

38. — Jacobi an Fichte.

Eutin, den 3-ten März 1799.

Heute, mein verehrungswürdiger Freund, geht die sechste Woche an, seit ich auf einen heitern Tag in meinem Innern, um an Sie zu schreiben, ungeduldig und vergeblich warte;

und heute, da ich unfähiger dazu bin, als an keinem der vorhergegangenen, setze ich die Feder mit dem festen Vorsatz an, sie nicht eher niederzulegen, bis ich ausgeschrieben habe. Was ich mir vornehme mit diesem Vorsatze, den ich aus Verzweiflung fasse, weiß ich selbst nicht; er ist aber darum nur desto angemessener meiner Unphilosophie [1], die ihr Wesen hat im Nicht=Wissen; wie Ihre Philosophie, allein im Wissen; weswegen diese auch, nach meiner innigsten Ueberzeugung, Philosophie, im strengeren Verstande, allein genannt zu werden verdient.

Ich sage es bei jeder Gelegenheit, und bin bereit es öffentlich zu bekennen, daß ich Sie für den wahren Messias der spekulativen Vernunft, den echten Sohn der Verheißung einer durchaus reinen und durch sich selbst bestehenden Philosophie halte.

Unleugbar ist es der Geist der spekulativen Philosophie, und hat darum von Anbeginn Ihr unabläßiges Streben sein müssen, die dem natürlichen Menschen gleiche Gewißheit dieser zwei Sätze: „Ich bin, und es sind Dinge außer mir," ungleich [2] zu machen. Sie [3] mußte suchen den Einen dieser Sätze dem anderen zu unterwerfen; jenen aus diesem oder diesen aus jenem — zuletzt vollständig — herzuleiten, damit nur Ein Wesen und nur Eine Wahrheit werde unter ihrem Auge, dem allsehenden! Gelang es [4] der Spekulation diese Einheit hervorzubringen, indem sie das Ungleichmachen so lange fortsetzte, bis aus der Zerstörung jener natürlichen eine andere künstliche Gleichheit desselben [5] im

---

[1] Fausse philosophie.
[2] Inégales sous le rapport de la certitude.
[3] Die spekulative Philosophie.
[4] Si.....
[5] Construisez: Desselben Ich und Nicht=Ich..... : une certitude artificielle du même moi et non-moi dont l'existence ne pouvait pas être contestée.

gewissen Wissen einmal offenbar vorhandenen Ich und Nicht=Ich entsprang¹ — eine ganz neue Creatur, die ihr durchaus angehörte! — gelang ihr dieses: so konnte es ihr alsdann auch wohl gelingen, eine vollständige Wissenschaft des Wahren alleinthätig aus sich hervorzubringen.

Auf diese Weise haben die zwei Hauptwege, Materialismus und Idealismus², der Versuch, alles aus einer sich selbstbestimmenden Materie allein, oder allein aus einer sich selbst bestimmenden Intelligenz zu erklären, dasselbe Ziel; ihre Richtung gegen einander ist keineswegs divergirend, sondern allmählig annähernd bis zur endlichen Berührung und Durchdringung. Der spekulative, seine Metaphysik ausarbeitende Materialismus, muß zuletzt sich von selbst in Idealismus verklären; denn außer dem Dualismus ist nur Egoismus, — als Anfang oder als Ende — für die Denkkraft, die ausdenkt.

Wenig fehlte, so wäre eine solche gänzliche Verklärung des Materialismus schon durch Spinoza zu Stande gekommen. Seine dem ausgedehnten wie dem denkenden Wesen³ auf gleiche Weise zum Grunde liegende, beide unzertrennlich verbindende Substanz, ist nichts anders, als die unanschaubare, nur durch Schlüsse zu bewährende absolute Identität selbst des Objekts und Subjekts, auf welche das System der neuen Philosophie, der unabhängigen Philosophie, der Intelligenz gegründet ist. Sonderbar, daß ihm nie der Gedanke entstand, seinen philosophischen Cubus⁴ einmal umzustellen; die oberste Seite, die Seite des Denkens, die er die objektive — zu der untersten, die er die subjektive nannte.

---

¹ A pour sujet Gleichheit.
² Sous-entendu : das heißt.
³ On sait que, suivant Spinoza, l'étendue et la pensée sont les deux attributs connus de la substance.
⁴ Ce cube est la substance multipliée par la pensée et l'étendue.

zu machen ¹, und dann zu unterscheiden, ob sein Cubus auch
noch dasselbe, ihm die einzige wahre *philosophische* Gestalt
der Sache bliebe. Unfehlbar hätte sich ihm bei diesem Versuch unter den Händen alles verwandelt; das Cubische, was
ihm bisher Substanz gewesen, — die eine Materie zweier
ganz verschiedener Wesen, — wäre vor seinen Augen verschwunden; und aufgelodert wäre dafür eine reine, allein
aus sich selbst brennende, keiner Stätte, wie keines nährenden
Stoffs bedürfende Flamme: transcendentaler Idealismus.

---

39. — Jacobi an Fichte.
(Suite et fin.)

Beide nur im Geiste lebend, und redliche Forscher auf
jede Gefahr, sind wir, denke ich, über den Begriff der Wissenschaft einverstanden genug; daß sie nähmlich — die Wissenschaft als solche — in dem Selbsthervorbringen ihres Gegenstandes bestehe, und nichts anderes sei, als dieses in Gedanken
Hervorbringen selbst; daß also der Inhalt jeder Wissenschaft, als solcher, nur ein inneres Handeln sei, und die
nothwendige Art und Weise dieses in sich freien Handelns
ihr ganzes Wesen ausmache. Jede Wissenschaft, sage ich, wie
Sie, ist ein Objekt=Subjekt, nach dem Urbilde des Ich,
welches Ich allein Wissenschaft an sich, und dadurch Prinzip und Auflösungsmittel aller Erkenntnißgegenstände, das
Vermögen ihrer Destruction und Construction, in **bloß
wissenschaftlicher Absicht**, ist. In Allem und aus
Allem sucht der menschliche Geist nur sich selbst, Begriffe

---

[1] De faire de la pensée, au lieu de la substance, la base de
son système.

bildend, wieder hervor; strebend und widerstrebend, unaufhörlich vom augenblicklichen, bedingten Dasein, das ihn gleichsam verschlingen will, sich losreißend, um sein Selbst- und In-sich-sein¹ zu retten, es alleinthätig und mit Freiheit fortzusetzen. Diese Thätigkeit der Intelligenz ist in ihr eine nothwendige Thätigkeit; sie ist nicht, wo diese Thätigkeit nicht ist. — Es wäre also die größte Thorheit, bei dieser Einsicht, die Begierde nach Wissenschaft in sich oder anderen hemmen zu wollen; die größte Thorheit, zu glauben, man könne das Philosophiren auch wohl übertreiben. Das Philosophiren übertreiben hieße — die Besinnung übertreiben.

Beide wollen wir also, mit ähnlichem Ernst und Eifer, daß die Wissenschaft des Wissens, — welche in allen Wissenschaften das Eine, die Welt-Seele in der Erkenntniß-Welt ist — vollkommen werde, nur mit dem Unterschiede: daß Sie es wollen, damit sich der Grund aller Wahrheit, als in der Wissenschaft des Wissens liegend zeige, ich, damit offenbar werde, dieser Grund: das Wahre² selbst sei nothwendig außer ihr vorhanden³. Meine Absicht ist aber der Ihrigen auf keine Art im Wege, so wie Ihre nicht der meinen, weil ich zwischen Wahrheit und dem Wahren unterscheide. Sie nehmen von dem, was ich mit dem Wahren meine, keine Notiz, und dürfen, als Wissenschaftslehrer, keine davon nehmen — auch nach meinem Urtheil.

¹ Sein Selbst-sein und sein In-sich-sein: son existence propre et indépendante.
² Non la vérité, mais le vrai en tant que source de la vérité, c'est-à-dire, l'infini, le divin, ce qui, d'après Jacobi, échappe à la raison.
³ Et ne peut être connu que par la foi, conformément au système de Jacobi.

40. — Brief an Johann Georg Hamann.
Pempelfort, den 16-ten Juni 1783.

. . . .
Wir insgesammt, an Geist reicher oder ärmer, höher oder geringer, mögen es angreifen wie wir wollen, wir bleiben abhängige, dürftige Wesen, die sich durchaus nichts selbst geben können. Unsere Sinne, unser Verstand, unser Wille sind öde und leer, und der Grund aller spekulativen Philosophie nur ein großes Loch, in das wir vergeblich hinein sehen. In allen Wegen läßt uns der Versuch, mittelst einer gewissen Form unseres armen Selbstes bestehen zu wollen, nicht in uns hinein, sondern nur rein aus uns heraus, zu erkennen, zu handeln, zu genießen, zu Narren werden, wie jede Nacht im Traume. Ich kann Ihnen nicht beschreiben wie mir geschah, da ich jenes Loch zuerst gewahr wurde, und nun weiter nichts als einen ungeheuern finstern Abgrund vor mir sah...

Ich weiß nicht ob Sie mich verstehen. Wenn Sie mich verstehen, so ertheilen Sie angemessenen Rath dem Rechtschaffenen, der an diese öde Stelle hingeängstigt wurde[1], und sich umsieht nach Rettung, allein noch aufrecht gehalten durch fromme Ahnung.

Licht ist in meinem Herzen, aber so wie ich es in den Verstand bringen will, so erlischt es. Welche von beiden Klarheiten ist die wahre? Die des Verstandes, die zwar feste Gestalten, aber hinter ihnen nur einen bodenlosen Abgrund zeigt? oder die des Herzens, welche zwar verheißend aufwärts leuchtet, aber bestimmtes Erkennen vermissen läßt. Kann der menschliche Geist Wahrheit ergreifen, wenn nicht in ihm jene beiden Klarheiten zu einem Lichte sich vereinigen? Und ist diese Vereinigung anders als durch ein Wunder denkbar?

[1] Jeté par la crainte dans.....

X

HAMANN

Jean-Georges Hamann, né à Kœnigsberg en 1730, y étudia d'abord la philosophie et la théologie, puis le droit. Il embrassa tour à tour les carrières les plus diverses, cherchant partout et ne trouvant nulle part l'indépendance dont il avait soif. Il accepta à plusieurs reprises des places de précepteur d'enfants, qu'il quittait bientôt après. En 1755 il entra dans une maison de commerce de Riga, pour le compte de laquelle il fit un voyage à Londres. Il passa par Berlin, où il fit la connaissance de Mendelssohn et de Ramler. Ayant échoué dans les affaires qu'il devait faire à Londres, il s'adonna, dans son désespoir, à toutes sortes d'excès, dont la lecture de la Bible le tira tout à coup. De retour à Riga en 1758, il fut appelé, par son père, à Kœnigsberg qu'il quitta pour voyager en Alsace, en Allemagne, à Varsovie, et où il revint en 1767 pour y accepter une place de secrétaire, et plus tard d'administrateur des douanes. Un bienfaiteur longtemps inconnu lui fournit plus tard les moyens de vivre indépendant; il se retira à Munster et à Dusseldorf où il vécut jusqu'à sa mort (1788), dans l'intimité de Jacobi et de la princesse de Galyczin.

Le style obscur et biblique de Hamann, ses écrits pleins d'allusions cachées et dans lesquels il faut deviner souvent la pensée de l'auteur, lui ont fait donner le surnom de « Mage du Nord ». C'était d'ailleurs un penseur profond ; mais il n'était apprécié que de quelques amis intimes, tels que Jacobi, Herder, Gœthe, Jean Paul. Il avait surtout à cœur de combattre les idées matérialistes qui avaient cours de son temps. Comme Jacobi, il met à la place de la science la certitude de la foi; mais Jacobi explique rationnellement les mystères de la religion, tandis que Hamann les défend et les glorifie tels quels. La raison, il est vrai, ne saurait les démontrer, mais la raison qui, pour comprendre, doit tout diviser, tout séparer, ne peut jamais arriver qu'à des résultats incomplets. C'est parce que la raison doit tout séparer que Kant a dû séparer les deux troncs de la faculté de connaître, la sensibilité et l'entendement, séparation contre laquelle proteste l'existence même de la langue; car dans la langue la raison acquiert une existence sensible.

Les œuvres complètes de Hamann ont été publiées par Roth à Berlin (1821-43).

41. — Sokratische Denkwürdigkeiten.

Aus den Urtheilen, die ich über alle diese ehrlichen und feinen Versuche von einem kritischen System der philosophischen Geschichte gefällt, läßt sich mehr als wahrscheinlich schließen, daß ich keines davon gelesen, sondern blos den Schwung und Ton des gelehrten Haufens nachzuahmen und denjenigen, zu deren Besten ich schreibe, durch ihre Nachahmung zu schmeicheln suche. Unterdessen glaube ich zuverlässig, daß unsere Philosophie eine andere Gestalt nothwendig haben müßte, wenn man die Schicksale dieses Namens oder Wortes: Philosophie, nach den Schattirungen der Zeiten, Köpfe, Geschlechter und Völker, nicht wie ein Gelehrter oder Weltweiser selbst, sondern als ein müßiger Zuschauer ihrer olympischen Spiele studirt hätte oder zu studiren wüßte.

Ein Phrygier, wie Aesop, der sich nach den Gesetzen seines Klima, wie man jetzt redet, Zeit nehmen mußte,

klug zu werden [1] und ein so natürlicher Tropf [2] als ein
La Fontaine, der sich besser in die Denkungsart der Thiere
als der Menschen zu schicken und zu verwandeln wußte,
würden uns anstatt gemalter Philosophen oder ihrer zierlich
verstümmelten Brustbilder ganz andere Geschöpfe zeigen,
und ihre Sitten und Sprüche, die Legenden ihrer Lehren
und Thaten mit Farben nachahmen, die dem Leben näher
kämen.

Doch sind vielleicht die philosophischen Chroniken und
Bildergalerien weniger zu tadeln, als der schlechte Gebrauch,
den ihre Liebhaber davon machen. Ein wenig Schwärmerei
und Aberglauben würde hier nicht nur Nachsicht verdienen,
sondern etwas von diesem Sauerteige gehört dazu, um die
Seele zu einem philosophischen Heroismus in Gährung zu
setzen. Ein brennender Ehrgeiz nach Wahrheit und Tugend
und eine Eroberungswuth aller Lügen und Laster, die
nämlich nicht dafür erkannt werden, noch sein wollen, hierin
besteht der Heldengeist eines Weltweisen.

. . . .

Sokrates besuchte öfters die Werkstätte eines Gerbers,
der sein Freund war und Simon hieß. Der Handwerker
hatte den ersten Einfall, die Gespräche des Sokrates auf=
zuschreiben. Dieser erkannte sich vielleicht in denselben besser
als in Platons, bei deren Lesung er gestutzt und gefragt
haben soll: **Was hat dieser junge Mensch im Sinn,
aus mir zu machen?** — — Wenn ich nur so gut als
Simon der Gerber meinen Held verstehe!

. . . .

---

[1] L'auteur fait allusion au dicton latin : *Phryges sero sapiunt.*
[2] Bonhomme.

42. — Sokratische Denkwürdigkeiten.
(Suite.)

Das delphische Orakel erkannte[1] für den Weisesten, denjenigen, der gleichwohl von sich gestand, daß er nichts wisse. Strafte Sokrates das Orakel Lügen, oder das Orakel ihn? Die stärksten Geister unserer Zeit haben für dieses Mal die Priesterin für eine Wahrsagerin gehalten, und sich innerlich über ihre Aehnlichkeit mit dem Vater Sokrates gefreut, der es für gleich anständig hielt, einen Idioten zu spielen oder Göttern zu glauben. Ist übrigens der Verdacht gegründet, daß sich Apoll nach den Menschen richte, weil diese zu dumm sind, sich nach ihm zu richten, so handelt er als ein Gott, dem es leichter fällt, zu philippisiren[2] oder zu sokratisiren, als uns, Apollo's zu sein.

. . . .

Erkenne dich Selbst! sagte die Thür jenes berühmten Tempels allen denen, die hereingingen, dem Gott der Weisheit zu opfern und ihn über ihre kleinen Händel um Rath zu fragen. Alle lasen, bewunderten und wußten auswendig diesen Spruch. Man trug ihn wie der Stein, in den er gegraben war, vor der Stirn, ohne den Sinn davon zu begreifen. Der Gott lachte ohne Zweifel unter seinem güldenen Bart[3], als ihm die kitzlige Aufgabe zu Sokrats

---

[1] L'oracle de Delphes, que l'on avait consulté pour savoir quel était le plus sage de tous les hommes, avait répondu : Sophocle est sage, Euripide plus sage mais Socrate, le plus sage des hommes.

[2] L'auteur fait allusion ici au passage de Cicéron, *de Divinitate*, II, où celui-ci rapporte que Démosthène disait que la Pythie philippisait, c'est-à-dire tenait pour Philippe.

[3] Apollon, d'après la tradition mythologique, avait une barbe blonde.

Zeiten vorgelegt wurde: Wer der weiseste unter allen damals lebenden Menschen wäre! Sophokles und Euripides würden nicht so große Muster für die Schaubühne ohne Zergliederungskunst des menschlichen Herzens geworden sein. Sokrates übertraf sie aber beide an Weisheit, weil er in der Selbsterkenntniß weiter als jene gekommen war, und wußte, daß er nichs wußte. Apoll antwortete Jedem schon vor der Schwelle, wer weise wäre und wie man es werden könne; jetzt war die Frage übrig: Wer sich selbst erkenne? und woran man sich in dieser Prüfung zu halten hätte? Geh, Chärephon, lern' es von deinem Freunde. Kein Sterblicher kann die Achtsamkeit und Entäußerung eines Lehrmeisters sittsamer treiben, als womit Apoll seine Anbeter zum Verstande seiner Geheimnisse gängelte.

. . . .

___

43. — Sokratische Denkwürdigkeiten.
(Suite.)

Der Glaube ist kein Werk der Vernunft und kann daher auch keinem Angriff derselben unterliegen; weil Glauben so wenig durch Gründe geschieht, als Schmecken und Sehen.

Die Beziehung und Uebereinstimmung der Begriffe ist eben dasselbe in einer Demonstration, was Verhältniß und Symmetrie der Zahlen und Linien, Schallwirbel und Farben in der musikalischen Composition und Malerei ist. Der Philosoph ist dem Gesetz der Nachahmung so gut unterworfen, als der Poet. Für diesen ist seine Muse und ihr hieroglyphisches Schattenspiel so wahr, als die Vernunft und das Lehrgebäude derselben für jenen. Das Schicksal setze den größten Weltweisen und Dichter in Umstände, wo sie sich beide selbst fühlen, so verläugnet der Eine seine Vernunft und entdeckt uns, daß er keine beste Welt glaubt, so gut er sie auch beweisen kann, und der Andere sieht sich seiner Muse und Schutzengel beraubt bei dem Tode seiner Meta[1]. Die Einbildungskraft, wäre sie ein S o n n e n p f e r d und hätte Flügel der Morgenröthe, kann also keine Schöpferin des Glaubens sein.

. . . .

Was ersetzt bei H o m e r die Unwissenheit der Kunstregeln, die ein Aristoteles nach ihm erdacht, und was bei einem S h a k e s p e a r e die Unwissenheit oder Uebertretung jener kritischen Gesetze? Das Genie, ist die einmüthige Antwort. Sokrates hatte also freilich gut unwissend sein; er hatte einen Genius, auf dessen Wissenschaft er sich verlassen konnte, den er liebte und fürchtete als seinen Gott, an dessen F r i e d e n ihm mehr gelegen war, als an aller Vernunft der Aegypter und Griechen.

. . . .

Ob dieser D ä m o n des Sokrates nichts als eine herrschende Leidenschaft gewesen, und bei welchem Namen sie von unsern Sittenlehrern gerufen wird, oder ob er ein Fund seiner Staatslist, ob er ein Engel oder Kobold, eine hervorragende Idee seiner Einbildungskraft, oder ein erschlichener und willkürlich angenommener Begriff einer mathematischen Unwissenheit: hierüber ist von so vielen Sophisten mit so viel Bündigkeit geschrieben worden, daß man erstaunen muß, wie Sokrates bei der gelobten Erkenntniß seiner selbst auch hierin so unwissend gewesen, daß er einem S i m i a s

---

[1] Méta Moller que Klopstock épousa en 1754 et dont la mort (1758) plongea le poète dans un profond désespoir. Klopstock la nomme Cidli dans les belles odes qu'il lui a adressées.

darauf die Antwort hat schuldig bleiben wollen. Keinem Leser von Geschmack fehlt es in unsern Tagen an Freunden von Genie die mich der Mühe überheben werden, weitläufiger über den Genius des Sokrates zu sein.

44. — Sokratische Denkwürdigkeiten.
(Suite et fin.)

Aus der sokratischen Unwissenheit fließen als leichte Folgen die Sonderbarkeiten seiner Lehr- und Denkart. Was ist natürlicher, als daß er sich genöthigt sah, immer zu fragen, um klüger zu werden: daß er leichtgläubig that, Jedes Meinung für wahr annahm, und lieber die Probe der Spötterei und guten Laune, als eine ernsthafte Untersuchung anstellte; daß er alle seine Schlüsse sinnlich und nach der Aehnlichkeit machte; Einfälle sagte, weil er keine Dialektik verstand; gleichgiltig gegen das, was man Wahrheit hieß, auch keine Leidenschaften, besonders diejenigen nicht kannte, womit sich die Edelsten unter den Atheniensern am meisten wußten; daß er, wie alle Idioten, oft so zuversichtlich und entscheidend sprach, als wenn er unter allen Nachteulen seines Vaterlandes die einzige wäre, welche der Minerva auf ihrem Helm säße.

. . . .

Jetzt fehlt es mir an dem Geheimnisse der Palingenesie, das unsere Geschichtschreiber in ihrer Gewalt haben, aus der Asche jedes gegebenen Menschen und gemeinen Wesens eine geistige Gestalt herauszuziehen, die man einen Charakter oder ein historisches Gemälde nennt. Ein solches Gemälde des Jahrhunderts und der Republik, worin Sokrates lebte, würde uns zeigen, wie künstlich seine Unwissenheit für den

Zustand seines Volkes und seiner Zeit und zu dem Geschäfte
seines Lebens ausgerechnet war. Ich kann nichts mehr thun,
als der Arm eines Wegweisers, und bin zu hölzern, meinen
Lesern in dem Laufe ihrer Betrachtungen Gesellschaft zu
leisten.

Die Athenienser waren neugierig. Ein Unwissender ist der
beste Arzt für diese Lustseuche. Sie waren, wie alle Neu=
gierige, geneigt mitzutheilen; es mußte ihnen also
gefallen, gefragt zu werden. Sie besaßen aber mehr die
Gabe zu erfinden und vorzutragen, als zu behalten, und
zu urtheilen; daher hatte Sokrates immer Gelegenheit, ihr
Gedächtniß und ihre Urtheilskraft zu vertreten und sie vor
Leichtsinn und Eitelkeit zu warnen. Kurz Sokrates lockte
seine Mitbürger aus den Labyrinthen ihrer gelehrten
Sophisten zu einer Wahrheit, die im Verborgenen
liegt, zu einer heimlichen Weisheit, und von den
Götzenaltären ihrer andächtigen und staatsklugen Priester
zum Dienst eines unbekannten Gottes. Plato sagte
es den Atheniensern ins Gesicht, daß Sokrates ihnen von
den Göttern gegeben wäre, sie von ihren Thorheiten zu
überzeugen und zu seiner Nachfolge in der Tugend aufzu=
muntern.

XI

HERDER

Jean-Godefroy Herder naquit en 1744 à Mohrungen (Prusse orientale), où son père était instituteur. La Bible et les poésies liturgiques furent ses premières lectures. Le prédicateur Trescho, qui avait remarqué les aptitudes de l'enfant, l'éleva avec ses propres fils. Schwagerloh, un chirurgien de l'armée russe, qui avait remarqué l'ardeur que le jeune Herder montrait dans ses études, se chargea des frais de son éducation. Herder alla étudier la chirurgie à Kœnigsberg ; mais il s'évanouit à la première dissection qu'il vit faire. Il dut donc renoncer à la chirurgie, qu'il quitta pour la théologie, vers laquelle l'appelaient d'ailleurs ses goûts personnels et sa piété. C'est alors qu'il fit la connaissance de Kant, qui lui permit d'assister gratuitement à ses cours. Vers ce temps il se lia aussi avec Hamann, qui exerça sur son esprit une influence décisive et l'initia à la littérature anglaise. Nommé prédicateur à Riga, sur la recommandation de Hamann, il resta dans cette ville jusqu'en 1769 ; puis il alla faire un voyage en France. A Nantes, il accepta la proposition du prince de Holstein-Eutin, de l'accompagner pendant le voyage que celui-ci se proposait de faire en France et en Italie. Mais une fistule qu'il avait à l'œil, le força de quitter le prince à Strasbourg, où il s'arrêta pour se faire guérir. Il y fit la connaissance de Gœthe, sur lequel il exerça une influence marquée. En 1771, il fut nommé prédicateur à la cour du prince Schaumbourg-Lippe, et, quatre ans après, il allait accepter une place de professeur de philosophie à Göttingen, lorsque Gœthe le fit nommer prédicateur et premier conseiller consistorial à la cour de Weimar. Il put alors se consacrer tout entier à l'étude. En 1788 il accompagna la grande-duchesse Amélie en Italie, et fut nommé à son retour président du consistoire supérieur. Il mourut en 1803.

Son principal ouvrage poétique est *les Voix des peuples* (1778). Parmi ses autres ouvrages non philosophiques, il faut citer : *De l'esprit de la poésie hébraïque* (1782) ; la traduction du *Cid* (1805); les *Légendes*, les *Fragments*, les *Forêts critiques*, etc.

Quant à ses œuvres philosophiques, il publia d'abord, en 1787, l'ouvrage : *Dieu, entretiens sur le système de Spinoza*, dans lequel il oppose au dualisme si tranché de Kant, au dualisme de la matière et de la forme, l'unité essentielle et le développement graduel de la nature. Il aboutit lui-même à une espèce de spinozisme transformé par l'affirmation d'un Dieu personnel et de l'immortalité de l'âme, sous la forme de la métempsychose. La principale œuvre philosophique de Herder est celle qui est intitulée : *Idées sur la philosophie de l'histoire de l'humanité* (1784-91), dont la pensée dominante est que, dans l'histoire comme dans la nature, tout découle de certaines conditions naturelles et se développe d'après des lois fixes et invariables. Il y considère le genre humain dans ses rapports avec le lieu qui lui est assigné comme séjour, avec le but qui lui est marqué à l'avance, avec les causes physiques et morales qui hâtent ou retardent son développement et enfin avec l'univers en général. Cet ouvrage est resté inachevé. Dans son ouvrage *Kalligone* (1800) il développe une théorie du beau. Ses *Briefe zur Beförderung der Humanität* (1793-97), ont eu une grande influence sur l'éducation morale et intellectuelle de son siècle, en faisant connaître et apprécier à ses contemporains les œuvres les plus remarquables de toutes les nations et de tous les siècles.

43. — Ideen zur Philosophie der Geschichte der Menschheit.

Jeden Tag hat uns der Schöpfer eine eigene Erfahrung gegeben, wie wenig Alles in unserer Maschine von uns und von einander unabtrennlich sei. Es ist des Todes Bruder, der balsamische Schlaf. Er scheidet die wichtigsten Verrichtungen unseres Lebens mit dem Finger seiner sanften Berührung; Nerven und Muskeln ruhen, die sinnlichen Empfindungen hören auf; und dennoch denkt die Seele fort in ihrem eigenen Lande. Sie ist nicht abgetrennter vom Körper als sie wachend war, wie die dem Traum oft eingemischten Empfindungen beweisen, und dennoch wirkt sie nach eigenen Gesetzen auch im tiefsten Schlaf fort, von dessen Träumen wir keine Erinnerung haben, wenn nicht ein plötzliches Erwecken uns davon überzeugt. Mehrere Personen haben bemerkt, daß ihre Seele bei ruhigen Träumen sogar dieselbe Ideenreihe, unterschieden vom wachenden Zustande, unverrückt fortsetze, und immer in einer meistens jugendlichen, lebhaften und schönen Welt wandle. Die Empfindungen des Traumes sind uns lebhafter, seine Affekten feuriger, die Verbindungen der Gedanken und Möglichkeiten in ihm werden leichter, unser Blick ist heiterer, das Licht das uns umglänzt ist schöner. Wenn wir gesund schlafen, wird unser Gang oft ein Flug, unsere Gestalt ist größer, unser Entschluß kräftiger, unsere Thätigkeit freier. Und obwohl dieses alles vom Körper abhängt, weil jeder kleinste Zustand unserer Seele nothwendig ihm harmonisch sein muß, so lange ihre Kräfte ihm so innig einverleibt wirken; so zeigt doch die ganze, gewiß sonderbare Erfahrung des Schlafes und Traumes, die uns ins größte Erstaunen setzen würde, wenn wir nicht daran gewöhnt wären, daß nicht jeder Theil unseres Körpers auf gleiche Art zu uns gehöre, ja daß gemischte Organe unserer Maschine abgespannt werden können, und die oberste Kraft wirke aus bloßen Erinnerungen, idealischer, lebhafter, freier. Da nun alle Ursachen, die uns den Schlaf bringen, und alle seine körperlichen Symptome nicht bloß jeder Redart nach, sondern physiologisch und wirklich ein Anologon des Todes sind, warum sollten es auch nicht seine geistigen Symptome sein? Und so bleibt uns, wenn uns der Todesschlaf aus Krankheit oder Mattigkeit befällt, Hoffnung, daß auch er wie der Schlaf nur das Fieber des Lebens kühle, die zu einförmig und lang fortgesetzte Bewegung sanft umlenke, manche für dieß Leben unheilbaare Wunden heile und die Seele zu einem frohen Erwachen, zum Genuß eines neuen Jugendmorgens bereite. Wie im Traum meine Gedanken in die Jugend zurückkehren, wie ich in ihm, nur halb entfesselt von einigen Organen, aber zurückgedrängter in mich selbst, mich freier und thätiger fühle; so wirst auch du, erquickender Todestraum, die Jugend meines Lebens, die schönsten und kräftigsten Augenblicke meines Daseins, mir schmeichelnd zurückführen, bis ich erwache in ihrem — oder vielmehr im schönern Bilde einer himmlischen Jugend.

46. — Briefe zur Beförderung der Humanität.

Wären Kränze der Belohnung in meiner Hand, so sollten mir, außer den Einrichtungen, die das Bedürfniß fordert, besonders auch die Bemühungen werth sein, die den gehässigen Wahn der Menschen unvermerkt zerstreuen und gesellige Humanität befördern. Nichts ist dem Wohlsein der lebendigen Schöpfung so sehr entgegen als das Stocken ihrer Säfte; nichts bringt den Menschen tiefer hinab, als ein trauriger Stillstand seiner Gedanken, seiner Bestrebungen,

Hoffnungen und Wünsche. Also auch die Schriftsteller, die uns von der Stelle bringen, die das plus ultra auf leichte und schwerere Weise ausüben, wären mir sehr gefällig. Ein Mensch, der sich um Wahrheit bemüht, ist immer achtenswerth; wer bei unschuldigen Bestrebungen nur Zwecke hat, ist nie verächtlich, gesetzt daß diese auch bei weitem nicht Endzwecke wären. Denn was ist Endzweck in der Welt? Wo liegt das Ende? Jedes gute Bestreben aber hat seinen Zweck in sich. Mögen die Philosophen alter und neuer Zeiten keine einzige Wahrheit ausgemacht haben (welches doch ohne Wortspiel nicht behauptet werden kann), genug sie bestrebten sich um Wahrheit. Sie erweckten den menschlichen Verstand, hielten ihn im Gange, führten ihn weiter. Alles was er in diesem Gange erfunden und geübt hat, haben wir also der Philosophie zu danken, wenn sie gleich selbst nichts hätte erfinden können und mögen. Der philosophische Geist ist schätzbar, die ausgemachte Meister-[1] und Zunftphilosophie[2] bei weitem nicht so sehr, ja sie ist dem Fortdringen oft schädlich. Insonderheit ist der philosophisch-moralische Geist, der die Sitten des Menschen betrachtet, ihre Farben[3] scheidet und, wenn ich so sagen darf, ihr Inneres auswärts kehrt, eine wahre Gabe des Himmels, ein unserm Geschlecht unentbehrliches Gut. Stimme man nicht das alte Lied an: „Menschen sind Menschen! sie sind was sie waren, und wer„den bleiben, was sie sind. Hat alle Moralphilosophie sie „gebessert?" Denn diesem faulen trübsinnigen Wahn steht mit nichten die Wahrheit zur Seite. Wenn wir auch nicht zum Ziel gelangten, müssen wir deßhalb nicht in die Rennbahn? Ja wenn das Ziel der Vollkommenheit auch nicht zu

---

[1] Une philosophie où l'on ne jure que par la parole du maitre: *Magister dixit.*
[2] Une philosophie de coterie.
[3] Analyse et distingue les différentes nuances de leurs caractères.

erreichen wäre, und je näher wir ihm zu kommen scheinen, immer weiter von uns rückte, haben wir deßhalb nicht Schritte gethan? haben wir uns nicht bewegt? Was wäre das Menschengeschlecht, wenn keine Vernunft, keine Moralphilosophie von ihm geübt wäre.

Vor allen andern scheinen mir die Moralisten wünschenswerth, die uns mit uns selbst in ernste Unterhandlung zu bringen vermögen, und uns auf eine scherzende Weise durchgreifende Wahrheit sagen. Ich lasse der Akademie[1] und der Stoa[2] ihren heiligen Werth. Plato und Mark=Aurel nebst ihren Genossen werden dem Menschen, dem seine Bildung ernst ist, immer und immer Schutzgeister, Führer, warnende Freunde bleiben; wenn aber z. B. Horaz auf eine ernsthaft=scherzende Weise sich selbst zum Gegenstand der Moral macht, wenn er an sich und seine Freunde im Ton der Vertraulichkeit, mit leichter Hand, das schärfste Richtmaß legt, und die Heuchelei, den Aberglauben, den Sittenstolz, den Wahn und Dünkel von uns lieber fortlächelt, als fortgeißelt, wenn er an sich und andern zeigt daß man nicht im Aether hoher Maximen schweben, sondern auf der Erde bleiben und täglich in Kleinigkeiten auf seiner Hut sein müsse, um nicht mit der Zeit ein Unmensch zu werden: wer kann dem Dichter da den Fleiß vergelten, den er, damit seine zarten Sittengemälde der Nachwelt werth würden, auf sie als auf wirkliche Kunstwerke verwendet hat? Diese Kunstwerke sind nicht nur lebendig, sondern auch belebend, ihr moralischer Geist geht in uns über; wir lernen an ihnen nicht dichten, sondern denken und handeln.

[1] Aux platoniciens. Académie était le nom d'une place d'Athènes, où Platon avait une maison de plaisance dans laquelle il réunissait ses disciples.

[2] Aux stoïciens. Stoa (portique) était le nom d'une galerie ornée de peintures, où Zénon enseignait.

47. — Briefe zur Förderung der Humanität.
(*Suite*.)

Jedem, der sich mit Horaz für Andere beschäftigen könnte, möchte ich, wenn Verdienst sich beneiden ließe, sein Verdienst beneiden. Auch unser deutscher Uebersetzer der Briefe und Satyren dieses Dichters, Wieland[1], hat vorzüglich durch den Kommentar derselben jedem feineren Menschen eine belehrende Schule der Urbanität eröffnet. Was Shaftesbury[2] in seinen Schriften für den römischen Dichter überhaupt ist, dessen moralische Kritik sich bei ihm allenthalben äußert, das ist unser Uebersetzer im schwereren Einzelnen für Jünglinge sowohl als für Männer.

Nach der langen Nacht der Barbarei brach endlich auch unter den europäischen Völkern für die feinere Moral eine Morgenröthe an. Die Provenzalen[3] und Romandichter der mittleren Zeiten waren Vorboten; Weiber und Männer aus allen, auch den vornehmsten Ständen, suchten die Philosophie des Lebens wieder in die Welt einzuführen, und streuten ihr wenigstens Blumen. Sie erschien endlich, diese Philosophie, unter mehreren Nationen, und jeder Tritt soll uns heilig sein, wo sie gewandelt. Sollte das böse Schicksal es

---

[1] Wieland (1733-1813), né à Oberholzheim près de Biberach (Würtemberg), est un des meilleurs et des plus féconds écrivains de l'Allemagne. Sa traduction d'Horace était fort estimée. Il vivait à Weimar. Parmi ses œuvres, dans lesquelles il s'attachait à imiter la légèreté, la mobilité du style français, il faut citer : Oberon, Agathon, die Abderiten, das Wintermärchen, ꝛc.

[2] Shaftesbury (1671-1713) né à Londres, homme politique, littérateur et philosophe; il enseignait que nous devons faire le bien non pas, comme le disait Locke, parce que le bien s'accorde le mieux avec notre bien-être, mais par amour pour le bien même. Il a été le promoteur de ce que l'on a appelé le sensualisme moral.

[3] Les troubadours.

wollen, daß ganze Länder Europas (verhüte es der gute Genius der Menschheit!) wieder in die Barbarei versänken, so wollen wir, die an den Grenzen des Abgrundes stehen, die Namen und Schriften derer, die einst der Humanität dienten, um so heiliger bewahren. Sie sind uns alsdann Reste einer versunkenen Welt, Religion zerstörter Heiligthümer. Du guter Montaigne[1], ihr Dichter und Schriftsteller voriger ruhiger oder stürmischer Zeiten Frankreichs, und ihr, die ihr guter Genius bei Zeiten hinweg rief; Rousseau, Buffon, d'Alembert, Diderot, Mably[2] Du Clos[3]; was ihr und eure Genossen der Menschheit Gutes erwiesen, ist ein Gewinn für alle Völker.

Die Britten haben durch das, was sie humour nennen, die Fehler des humour's selbst dargestellt, und dadurch die Unregelmäßigkeiten, das Ausschweifende und Uebertriebene in menschlichen Charakteren dem Gelächter Preis geben, dem moralischen Urtheil ins Licht setzen wollen. Da uns Deutschen dieser humour (leider oder gottlob?) fehlet, indem unsere Thoren meistens nur abgeschmackte Thoren sind; so ist's für uns, in diesen fremden Spiegel zu sehen, gewiß keine unnütze Beschäftigung. Der Flügelmann exerciert vorspringend, damit der Soldat im Gliede und der steife Rekrut exercieren lerne.

[1] Montaigne (1533-1592), auteur des *Essais* qui aboutissent dans la théorie au scepticisme et dans la pratique à l'épicurisme.

[2] Mably (1709-1785), né à Grenoble, chanoine à Isle-Barbe. Ses écrits tendent à fonder la politique sur la morale, et le gouvernement sur l'état primitif de la société, comme au temps de Lycurgue. Ses principaux ouvrages sont : *Observations sur les Romains. — Essais sur l'histoire de France — Le droit public de l'Europe*.

[3] Duclos (1704-1772), né à Dinant, auteur des *Mémoires secrets sur les règnes de Louis XIV, de Louis XV et des Confessions du Comte de* **. Les caractères historiques sont tracés de main de maître.

Für unser moralisches, angestrengtes und bedrücktes Leben sind überhaupt alle Schriften wohlthätig, in denen unser Geist abgespannt, erweitert und milde gemacht wird. Immerdar sich zu spornen, Andere zu treiben und von ihnen sich bedrängt zu fühlen, ist der Zustand eines Tagelöhners, gesetzt daß wir ihn auch mit dem Titel eines Strebens nach höchster Vollkommenheit in unablässigem Eifer aus= schmücken wollten. Die menschliche Natur erliegt unter einer rastlosen Anstrengung; während der Ruhe, während des Spiels zwangloser Uebungen gewinnt sie Munterkeit und Kräfte.

Selten geht der unablässige Eifer anders wohin aus, als auf Schwärmerei und Uebertreibung, die durch Nichts zurecht gebracht werden kann, als durch eine Darstellung dessen, was sie ist, durch eine leichte fröhliche Nachahmung ihrer eignen Charaktere. Da lacht der Thor, falls er noch lachen kann, über sich selbst; und im leichtesten Spiel findet man, wie Leibnitz meint, die ernste Wahrheit.

XII

FICHTE

Jean-Godefroy Fichte est né en 1762, à Kamenau, dans la-Haute-Lusace. Le baron de Miltetz, voyant que le père de Fichte, un rubanier, était sans ressources, se chargea lui-même de l'éducation de l'enfant qui faisait preuve d'une intelligence précoce. De 1774 à 1780, Fichte fut élevé à l'école princière de Pforta ; puis il alla étudier la théologie à l'Université d'Iéna. En 1788 il accepta une place de précepteur en Suisse, et trois ans plus tard il arriva à Kœnigsberg, où il soumit à Kant son ouvrage : *Essai d'une critique de la révélation*, dans lequel il renonçait au spinozisme, dont il avait été partisan jusqu'alors, et se rapprochait des opinions de Kant. Comme l'éditeur de cet ouvrage l'avait publié sans nom d'auteur, on l'attribua d'abord à Kant lui-même, et quand plus tard on apprit le nom de l'auteur, la simple possibilité de l'erreur avait suffi pour rendre Fichte célèbre. Aussi fut-il appelé vers 1754 à la chaire de philosophie de l'Université d'Iéna. Mais ayant dit, dans un de ses écrits : *Du motif de notre foi en une Providence* (Weltregierung) *divine* (1758), que Dieu et l'ordre moral de l'univers n'étaient qu'une seule et même chose, il se vit en butte à de violentes attaques et fut accusé d'athéisme. Pour échapper à la censure dont le gouvernement de Weimar le menaçait, il écrivit à la cour de Weimar que, si on le censurait, il quitterait l'Université avec d'autres de ses collègues. La cour, irritée de ce procédé, le censura et le destitua en même temps. Mais ses collègues prétendirent que Fichte n'avait pas bien compris le sens de leurs paroles et restèrent à l'Université. L'année suivante (1799) parut une déclaration de Kant, dans laquelle il blâmait le système philosophique de Fichte, en ajoutant que ses propres doctrines dans la *Critique de la raison pure* devaient être prises à la lettre et non interprétées à la manière de Fichte. Celui-ci s'en alla alors à Berlin, où il se lia avec F. Schlegel et Schleiermacher et où il put reprendre ses cours. En 1805 le roi de Prusse le nomma professeur à Erlangen. Fuyant devant les armées françaises, il se rendit l'année suivante à Kœnigsberg, où il fit plusieurs cours et composa ses *Discours adressés à la nation allemande*, qu'il lut à l'Académie de Berlin en 1807. Deux ans après il fut nommé professeur à l'Université de Berlin, qui venait d'être fondée. Il mourut dans cette ville en 1814 d'une fièvre nerveuse, contractée au lit de sa femme qui avait été atteinte de cette maladie, en soignant les blessés dans les lazarets.

Fichte rejette l'opinion de Kant, qui est la clef de voûte du système de ce dernier et d'après laquelle la sensation ne s'expliquerait que par l'existence d'objets transcendentaux, distincts du moi. Fichte affirme que la matière aussi bien que la forme sont les produits de l'activité créatrice du moi ; et c'est précisément l'acte de cette production qui est le fondement de toute conscience. Le moi se pose lui-même, c'est la thèse ; il pose aussi le non-moi, c'est l'antithèse, et il se reconnaît comme ne faisant qu'un seul et même tout avec le non-moi : c'est la synthèse. C'est là la forme de toute connaissance. Le moi n'est pas l'individu ; c'est le moi absolu, et celui-ci, en s'élevant à la conscience de la loi morale, produit l'individu, qui est la condition de l'accomplissement du devoir. Le monde, c'est le devoir devenu sensible, matériel. Il y a un impératif catégorique, mais il ne nous vient pas du dehors : le moi se le donne à lui-même. La vertu consiste dans la concordance du moi avec lui-même, dans sa propre identité. C'est sous ce rapport que le monde sensible acquiert son importance, car sans lui il ne saurait y avoir action de notre part, alors que l'action est notre destinée absolue.

Dieu est l'ordre moral de l'Univers, dans lequel chaque individu a sa place et son sort assignés. Plus le système idéaliste de Fichte se développe, plus il part de l'absolu, et plus aussi sa doctrine revêt un caractère religieux, quoiqu'il affirme qu'il est de toute impossibilité de concevoir Dieu comme une substance à part.

Ses ouvrages principaux sont, outre ceux que nous avons déjà nommés :

Aphorismen über Religion und Deismus (1791). — Zurückforderung der Denkfreiheit von den Fürsten Europa's (1793). — Beiträge zur Berichtigung der Urtheile des Publicums über die französische Revolution (1793). — Begriff der Wissenschaftslehre oder der sogenannten Philosophie (1794). — Grundlage der gesammten Wissenschaftslehre (1795). — Grundlage des Naturrechts (1797) — Einleitung in die Wissenschaftslehre (1758). — System der Sittenlehre. — Apellation an das Publicum gegen die Anklage des Atheismus (1800). — Die Bestimmung des Menschen (1801). — Nicolai's Leben und sonderbare Meinungen (1806). — Grundzüge des gegenwärtigen Zeitalters (1808).

48. — Ueber die Bestimmung des Menschen.

Was das eigentlich geistige im Menschen, das reine Ich, — schlechthin an sich — isolirt — und außer aller Beziehung auf etwas außer demselben — sein würde? — diese Frage ist unbeantwortlich — und genau genommen enthält sie einen Widerspruch[1] mit sich selbst. Es ist zwar nicht wahr, daß das reine Ich ein Product des Nicht-Ich — so nenne ich alles, was als außer dem Ich befindlich gedacht, was von dem Ich unterschieden und ihm entgegen-

---

[1] Car le moi ne s'affirme que dans ses manifestations extérieures, qui supposent nécessairement le non-moi ; il y a donc contradiction à vouloir l'étudier en l'isolant du non-moi.

gesetzt wird — daß das reine Ich, sage ich, ein Product des Nicht=Ich sei: — ein solcher Satz würde einen transcendentalen Materialismus ausdrücken, der völlig vernunftwidrig ist — aber es ist sicher wahr, und wird an seinem Orte streng verwiesen werden, daß das Ich sich seiner selbst nie bewußt wird, noch bewußt werden kann, als in seinen empirischen Bestimmungen, und daß diese empirischen Bestimmungen nothwendig ein Etwas außer dem Ich voraussetzen. Schon der Körper des Menschen, den er seinen Körper nennt, ist etwas außer dem Ich. Außer dieser Verbindung [1] wäre er auch nicht einmal ein Mensch, sondern etwas für uns schlechthin ungedenkbares: wenn man ein solches, das nicht einmal ein Gedankending ist, noch ein Etwas nennen kann. — Den Menschen an sich und isolirt betrachten, heißt demnach weder hier, noch irgendwo: ihn bloß als reines Ich, ohne alle Beziehung auf irgend etwas außer seinem reinen Ich betrachten; sondern blos, ihn außer aller Beziehung auf vernünftige Wesen seines Gleichen denken.

Und, wenn er so gedacht wird, was ist seine Bestimmung? was kommt ihm als Menschen, seinem Begriffe nach, zu, das unter den uns bekannten Wesen dem Nicht=Menschen nicht zukommt? wodurch unterscheidet er sich von allem, was wir unter den uns bekannten Wesen nicht Mensch nennen? —

Von etwas positivem muß ich ausgehen, und da ich hier nicht von dem absoluten positiven, dem Satze: Ich bin, ausgehen kann[2], so muß ich indessen einen Satz als Hypothese aufstellen, der im Menschengefühl unaustilgbar

---

[1] Du moi avec le corps.
[2] Parce qu'il ne se propose pas dans cet ouvrage des recherches abstraites, mais il a un but positif : rechercher quelle est ici-bas la destinée de l'homme instruit; il lui faut donc un principe plus positif.

liegt — der das Resultat der gesammten Philosophie ist, der sich streng erweisen läßt — und den ich in meinen Privatvorlesungen streng erweisen werde; den Satz: So gewiß der Mensch Vernunft hat, ist er sein eigener Zweck, d. h. er ist nicht, weil etwas anderes sein soll, — sondern er ist schlechthin, weil Er sein soll: sein bloßes Sein ist der letzte Zweck seines Seins, oder, welches eben soviel heißt, man kann ohne Widerspruch nach keinem Zwecke seines Seins fragen. Er ist, weil er ist. Dieser Charakter des absoluten Seins, des Seins um sein selbst willen, ist sein Charakter oder seine Bestimmung, insofern er blos und lediglich als vernünftiges Wesen betrachtet wird.

Aber dem Menschen kommt nicht blos das absolute Sein, das Sein schlechthin; es kommen ihm auch noch besondere Bestimmungen dieses Seins zu; er ist nicht blos, sondern er ist auch irgend etwas; er sagt nicht blos: ich bin; sondern er setzt auch hinzu: ich bin dieses oder jenes. Insofern er überhaupt ist, ist er vernünftiges Wesen; insofern er irgend etwas ist; was ist er dann? — Diese Frage haben wir zu beantworten. —

Das, was er ist, ist er zunächst nicht darum, weil er ist; sondern darum, weil etwas außer ihm ist. — Das empirische Selbstbewußtsein, d. i. das Bewußtsein irgend einer Bestimmung in uns, ist nicht möglich, außer unter der Voraussetzung eines Nicht-Ich, wie wir schon oben gesagt haben und an seinem Orte beweisen werden. Dieses Nicht-Ich muß auf seine leidende Fähigkeit, welche wir Sinnlichkeit nennen, einwirken. Insofern also der Mensch etwas ist, ist er sinnliches Wesen. Nun aber ist er nach dem obigen zugleich vernünftiges Wesen, und seine Vernunft soll durch seine Sinnlichkeit nicht aufgehoben werden, sondern beide sollen neben einander bestehen. In dieser Ver=

bindung verwandelt sich der obige Satz: Der Mensch ist, weil er ist — in den folgenden : Der Mensch soll sein was er ist, schlechthin darum, weil er ist, d. h. alles was er ist, soll auf sein reines Ich, auf seine bloße Ichheit[1] bezogen werden; alles, was er ist, soll er schlechthin darum sein, weil er ein Ich ist; und was er nicht sein kann, weil er ein Ich ist, soll er überhaupt gar nicht sein. Diese, bis jetzt noch dunkle Formel wird sich sogleich aufklären.

49. — Ueber die Bestimmung des Menschen.
(Suite.)

Das reine Ich läßt sich nur negativ vorstellen; als das Gegentheil des Nicht-Ich, dessen Charakter Mannichfaltigkeit ist — mithin als völlige absolute Einerleiheit[2]; es ist immer ein und ebendasselbe und nie ein anderes. Mithin läßt die obige Formel sich auch so ausdrücken: Der Mensch soll stets einig mit sich selbst sein; er soll sich nie widersprechen. — Nämlich, das reine Ich kann nie im Widerspruche mit sich selbst stehen, denn es ist in ihm gar keine Verschiedenheit, sondern es ist stets Ein und ebendasselbe: aber das empirische, durch äußere Dinge bestimmte und bestimmbare Ich kann sich widersprechen; und so oft es sich widerspricht, so ist das ein sicheres Merkmal, das es nicht nach der Form des reinen Ich, nicht durch sich selbst, sondern durch äußere Dinge bestimmt ist. Und so soll es nicht sein; denn der Mensch ist selbst Zweck; er soll sich selbst bestimmen und nie durch etwas fremdes sich bestimmen lassen; er soll

---

[1] Sa nature d'être un moi.
[2] Le même ou l'identité dans sa plénitude absolue (opposée au divers).

sein, was er ist, weil er es sein will, und wollen soll. Das empirische Ich soll so gestimmt werden, wie es ewig gestimmt sein könnte. Ich würde daher, — was ich blos im Vorbeigehen und zur Erläuterung hinzufüge, — den Grundsatz der Sittenlehre in folgender Formel ausdrücken: Handle so, daß du die Maxime deines Willens als ewiges Gesetz für dich denken könntest. —

Die letzte Bestimmung aller endlichen vernünftigen Wesen ist demnach absolute Einigkeit, stete Identität, völlige Uebereinstimmung mit sich selbst. Diese absolute Identität ist die Form des reinen Ich und die einzige wahre Form desselben; oder vielmehr: an der Denkbarkeit der Identität wird der Ausdruck jener Form erkannt[1]. Welche Bestimmung aber ewig dauernd gedacht werden kann, dieselbe ist der reinen Form des Ich gemäß. — Man verstehe dieses nicht halb, und nicht einseitig. Nicht etwa blos der Wille soll stets einig mit sich selbst sein, — von diesem ist nur in der Sittenlehre die Rede — sondern alle Kräfte des Menschen, welche an sich nur Eine Kraft sind, und blos in ihrer Anwendung auf verschiedene Gegenstände unterschieden werden, sie alle sollen zu vollkommener Identität übereinstimmen, und unter sich zusammenstimmen[2].

Nun aber hängen die empirischen Bestimmungen unseres Ich, wenigstens ihrem größten Theil nach, nicht von uns selbst; sondern von etwas außer uns ab. Zwar ist der Wille in seinem Kreise, d. i. in dem Umfange der Gegenstände, auf welche er sich beziehen kann, nachdem sie dem Menschen bekannt worden, absolut frei, wie zu seiner Zeit streng wird erwiesen werden. Aber das Gefühl und die dasselbe voraussetzende Vorstellung ist nicht frei, sondern hängt von den Dingen

---

[1] Ce qui constitue l'expression de la forme du moi pur, c'est précisément le fait de penser cette identité du moi.
[2] Concorder..... s'accorder.

7.

außer dem Ich ab, deren Charakter gar nicht Identität, sondern Mannichfaltigkeit ist. Soll nun dennoch das Ich auch in dieser Rücksicht stets einig mit sich selbst sein, so muß es unmittelbar auf die Dinge selbst, von denen das Gefühl und die Vorstellung des Menschen abhängig ist, zu wirken streben; der Mensch muß suchen, dieselben zu modificieren, und sie selbst zur Uebereinstimmung mit der reinen Form seines Ich zu bringen, damit nun auch die Vorstellung von ihnen, insofern sie von ihrer Beschaffenheit abhängt, mit jener Form übereinstimme. — Diese Modification der Dinge nun, wie sie nach unseren nothwendigen Begriffen von ihnen sein sollen, ist nicht durch den blosen Willen möglich, sondern es bedarf dazu auch einer gewissen Geschicklichkeit, die durch Uebung erworben und erhöht wird.

50. — Ueber die Bestimmung des Menschen.
(Suite.)

Ferner, was noch wichtiger ist, unser empirisch bestimmbares Ich selbst nimmt durch den ungehinderten Einfluß der Dinge auf dasselbe, dem wir uns unbefangen überlassen, so lange unsere Vernunft noch nicht erwacht ist, gewisse Biegungen an, die mit der Form unseres reinen Ich unmöglich übereinstimmen können, da sie von den Dingen außer uns herkommen. Um diese auszutilgen und uns die ursprüngliche reine Gestalt wiederzugeben — dazu reicht gleichfalls der blose Wille nicht hin, sondern wir bedürfen auch dazu jener Geschicklichkeit, die durch Uebung erworben und erhöht wird.

Die Erwerbung dieser Geschicklichkeit, theils unsere eigenen vor dem Erwachen unserer Vernunft und des Gefühls unserer Selbstthätigkeit entstandenen fehlerhaften Neigungen zu unterdrücken und auszutilgen; theils die Dinge außer

uns zu modificiren und sie nach unseren Begriffen umzu=
ändern, — die Erwerbung dieser Geschicklichkeit, sage ich,
heißt Cultur; und der erworbene bestimmte Grad dieser
Geschicklichkeit wird gleichfalls so genannt. Die Cultur ist
nur nach Graden verschieden; aber sie ist unendlich vieler
Grade fähig. Sie ist das letzte und höchste Mittel für den
Endzweck des Menschen, die völlige Uebereinstimmung mit
sich selbst, — wenn der Mensch als vernünftig sinnliches
Wesen; — sie ist selbst letzter Zweck, wenn er als blos sinn=
liches Wesen betrachtet wird. Die Sinnlichkeit soll cultivirt
werden: das ist das höchste und letzte, was sich mit ihr vor=
nehmen läßt.

Das endliche Resultat aus allem Gesagten ist folgendes:
Die vollkommene Uebereinstimmung des Menschen mit sich
selbst, und — damit er mit sich selbst übereinstimmen
könne — die Uebereinstimmung aller Dinge außer ihm mit
seinen nothwendigen praktischen Begriffen von ihnen, —
den Begriffen, welche bestimmen, wie sie sein sollen, —
ist das letzte höchste Ziel des Menschen. Diese Uebereinstim=
mung überhaupt ist, daß ich in die Terminologie der kriti=
schen Philosophie eingreife, dasjenige, was Kant das
höchste Gut nennt: welches höchste Gut an sich, wie aus
dem obigen hervorgeht, gar nicht zwei Theile hat, sondern
völlig einfach ist: es ist — die vollkommene Uebereinstimmung eines vernünftigen Wesens mit sich
selbst. In Beziehung auf ein vernünftiges Wesen, das von
den Dingen außer sich abhängig ist, läßt dasselbe sich als
zweifach betrachten; — als Uebereinstimmung des Willens mit der Idee eines ewig geltenden Willens, oder
— sittliche Güte — und als Uebereinstimmung der
Dinge außer uns mit unserem Willen (es versteht sich
mit unserem vernünftigen Willen) oder Glückseligkeit.
— Es ist also — im Vorbeigehen sei dies erinnert — so

wenig wahr, daß der Mensch durch die Begierde nach Glückseligkeit zur sittlichen Güte bestimmt werde; daß vielmehr der Begriff der Glückseligkeit selbst und die Begierde nach ihr, erst aus der sittlichen Natur des Menschen entsteht.—Nicht —das ist gut was glückselig macht; sondern — nur das macht glückselig was gut ist. Ohne Sittlichkeit ist keine Glückseligkeit möglich. Angenehme Gefühle zwar sind ohne sie, und selbst im Gegenstreite gegen sie möglich, und wir werden an seinem Orte sehen, warum? aber diese sind nicht Glückseligkeit, sondern oft widersprechen sie ihr sogar.

Alles vernunftlose sich zu unterwerfen, frei und nach seinem eigenen Gesetze es zu beherrschen, ist letzter Endzweck des Menschen; welcher letzte Endzweck völlig unerreichbar ist und ewig unerreichbar bleiben muß, wenn der Mensch nicht aufhören soll, Mensch zu sein, und wenn er nicht Gott werden soll. Es liegt im Begriffe des Menschen, daß sein letztes Ziel unerreichbar, sein Weg zu demselben unendlich sein muß. Mithin ist es nicht die Bestimmung des Menschen, dieses Ziel zu erreichen. Aber er kann und soll diesem Ziele immer näher kommen: und daher ist die Annäherung ins unendliche zu diesem Ziele, seine wahre Bestimmung als Mensch, d. i. als vernünftiges, aber endliches, als sinnliches, aber freies Wesen. — Nennt man nun jene völlige Uebereinstimmung mit sich selbst Vollkommenheit, in der höchsten Bedeutung des Wortes, wie man sie allerdings nennen kann: so ist Vollkommenheit das höchste unerreichbare Ziel des Menschen; Vervollkommnung ins unendliche aber ist seine Bestimmung. Er ist da, um selbst immer sittlich besser zu werden, und alles rund um sich herum sinnlich, und wenn er in der Gesellschaft betrachtet wird, auch sittlich besser, und dadurch sich selbst immer glückseliger zu machen.

51. — Ueber die Bestimmung des Menschen.
(Suite.)

Daß ich bestimmt sein sollte, ein Weiser und Guter, oder ein Thor und Lasterhafter, zu sein, daß ich an dieser Bestimmung nichts ändern, von dem ersteren kein Verdienst, und an dem letzteren keine Schuld haben sollte, — dies war es, was mich mit Abscheu und Entsetzen erfüllte. Jener Grund meines Seins und der Bestimmungen meines Seins **außer mir selbst**, dessen[1] Aeußerung wiederum durch andere Gründe außer ihm bestimmt wurde, — er war es, der mich so heftig zurückstieß. Jene Freiheit, die gar nicht **meine eigene, sondern die einer fremden Kraft außer mir**, und selbst an dieser nur eine **bedingte**, nur eine halbe Freiheit war, — sie war es, die mir nicht genügte. Ich selbst, dasjenige[2], dessen ich mir als meiner selbst, als meiner Person bewußt bin, und welches in jenem Lehrgebäude als bloße Aeußerung eines höhern erscheint, — ich selbst will selbstständig, — nicht an einem Andern und durch ein Anderes, sondern für mich selbst Etwas sein; und will, als solches, selbst der letzte Grund meiner Bestimmungen sein. Den Rang, welchen in jenem Lehrgebäude[3] jede ursprüngliche Naturkraft einnimmt, will ich selbst einnehmen, nur mit dem Unterschiede, daß die Weise meiner Aeußerungen nicht durch fremde Kräfte bestimmt sei. Ich will eine innere eigenthümliche Kraft haben, mich auf eine unendlich mannichfaltige Weise zu äußern, eben so wie jene Naturkräfte, und die sich nun gerade so äußere, wie sie sich äußert, schlechthin aus keinem andern Grunde, als weil sie sich so

[1] Dessen se rapporte à Grund.
[2] Dasjenige se rapporte à Ich.
[3] D'après lequel l'homme ne serait que la manifestation d'une force étrangère, de la force de la nature.

äußert; nicht aber wie jene Naturkräfte, weil es gerade unter diesen äußeren Bedingungen geschieht.

Welches soll nun diesem meinem Wunsche zufolge der eigentliche Sitz und Mittelpunkt jener eigenthümlichen Kraft des Ich sein? Offenbar nicht mein Körper: den ich, wenigstens seinem Sinn nach, wenn auch nicht nach seinen weitern Bestimmungen, für eine Aeußerung der Naturkräfte gern gelten lasse; auch nicht meine sinnlichen Neigungen, die ich für eine Beziehung dieser Kräfte auf mein Bewußtsein halte: — Sonach mein Denken und Wollen. Ich will nach einem frei entworfenen Zweckbegriffe mit Freiheit wollen, und dieser Wille, als schlechthin letzter, durch keinen möglichen höheren bestimmter Grund soll zunächst meinen Körper, und vermittelst desselben, die mich umgebende Welt bewegen und bilden. Meine thätige Naturkraft soll nur unter der Botmäßigkeit des Willens stehen, und schlechthin durch nichts anders in Bewegung zu setzen sein, außer durch ihn. — So soll es sich verhalten: — es soll ein Bestes geben nach geistigen Gesetzen; dieses mit Freiheit zu suchen, bis ich es finde, es dafür zu erkennen, wenn ich es gefunden habe, soll ich das Vermögen haben, und es soll meine Schuld sein, wenn ich es nicht gefunden. Dieses Beste soll ich wollen können, schlechthin weil ich es will; und wenn ich statt desselben etwas Anderes will, soll ich die Schuld haben. Aus diesem Willen soll meine Handlung erfolgen, und ohne ihn soll überhaupt durch mich keine Handlung erfolgen, indem es gar keine mögliche andere Kraft meiner Handlungen geben soll, als meinen Willen. Erst jetzt soll meine durch den Willen bestimmte, und in seiner Botmäßigkeit stehende Kraft in die Natur eingreifen. Ich will der Herr der Natur sein, und sie soll mein Diener sein; ich will einen meiner Kraft gemäßen Einfluß auf sie haben, sie soll aber keinen haben auf mich.

52. — Ueber die Bestimmung des Menschen.
(Suite.)

Dies ist der Inhalt meiner Wünsche und Forderungen. Völlig gegen diese hat eine Untersuchung gesprochen, die meinen Verstand befriedigt. Wenn ich der ersten zufolge unabhängig sein soll von der Natur, und überhaupt von irgend einem Gesetze, das ich mir nicht selbst gebe, so bin ich nach der zweiten ein durchaus bestimmtes Glied in der Kette der Natur. Ob nun eine solche Freiheit, wie ich sie wünsche, auch nur denkbar ist, und wenn sie es sein sollte, ob nicht in einem durchgeführten und vollständigen Nachdenken selbst Gründe liegen, die mich nöthigen, dieselbe als wirklich anzunehmen, und mir sie zuzuschreiben, — wodurch sonach der Ausgang der vorigen Untersuchung widerlegt würde, davon ist die Frage.

Ich will frei sein, auf die angegebene Weise, heißt: ich selbst will mich machen, zu dem, was ich sein werde. Ich müßte sonach, — dies ist das Höchstbefremdende, und dem ersten Anscheine nach völlig Widersinnige, was in diesem Begriffe liegt, — ich müßte, was ich werden soll, in gewisser Rücksicht schon sein, ehe ich es bin, um mich dazu auch nur machen zu können; ich müßte eine doppelte Art des Seins haben, von denen das erste den Grund einer Bestimmung des zweiten enthielte. Beobachte ich nun hierüber mein unmittelbares Selbstbewußtsein im Wollen, so finde ich folgendes. Ich habe die Kenntniß mannichfaltiger Handelsmöglichkeiten, unter denen allen, wie es mir scheint, ich auswählen kann, welche ich will. Ich durchlaufe den Umkreis derselben, erweitere ihn, kläre mir das Einzelne auf, vergleiche es gegen einander und wäge ab. Ich wähle endlich eins unter allen, bestimme darnach meinen Willen, und es erfolgt aus dem Willensentschlusse eine demselben gemäße Handlung. Hier bin ich nun allerdings im bloßen Denken meines Zwecks v o r h e r, was ich hernach, und zufolge dieses Denkens, durch Wollen und Handeln wirklich bin; ich bin vorher als Denkendes, was ich kraft des Denkens späterhin als Handelndes bin. Ich mache mich selbst: mein Sein durch mein Denken; mein Denken schlechthin durch das Denken. — Man kann auch dem bestimmten Zustande einer Aeußerung der bloßen Naturkraft, als etwa einer Pflanze, einen Zustand der Unbestimmtheit vorausdenken, in welchem ein reichhaltiges Mannichfaltiges von Bestimmungen gegeben ist, die sie, sich selbst überlassen, nanehmen könnte. Dieses mannichfaltige Mögliche ist nun allerdings in i h r, in ihrer eigenthümlichen Kraft gegründet; aber es ist nicht für sie, weil sie der Begriffe nicht fähig ist, sie kann nicht wählen, sie kann nicht durch sich selbst der Unbestimmtheit ein Ende machen; äußere Bestimmungsgründe müssen es sein, welche sie auf das Eine von allen möglichen einschränken, worauf sie selbst sich nicht einschränken kann. In ihr kann ihre Bestimmung nicht vor ihrer Bestimmung vorher stattfinden, denn sie hat nur Eine Weise bestimmt zu sein, — die ihrem wirklichen Sein nach. Daher kam es auch wohl, daß ich mich oben genöthigt fand, zu behaupten, daß die Aeußerung jeder Kraft ihre vollendete Bestimmung von außen erhalten müsse. Ich dachte ohne Zweifel nur an solche Kräfte, die sich lediglich durch ein Sein äußern, aber des Bewußtseins unfähig sind. Von ihnen gilt denn auch die obige Behauptung ohne die mindeste Einschränkung; bei Intelligenzen findet der Grund dieser Behauptung nicht statt, und es scheint sonach übereilt, auch über diese sie auszudehnen.

53. — Ueber die Bestimmung des Menschen.
(Suite et fin.)

Freiheit, wie sie oben gefordert wurde, ist nur in Intelligenzen denkbar, in ihnen aber ist sie es ohne Zweifel. Auch unter dieser Voraussetzung, ist der Mensch sowohl, als die Natur vollkommen begreiflich. Mein Leib, und mein Vermögen in der Sinnenwelt zu wirken, ist eben so, wie in dem obigen Systeme, Aeußerung beschränkter Naturkräfte; und meine natürlichen Neigungen sind die Beziehungen dieser Aeußerung auf mein Bewußtsein. Die bloße Erkenntniß dessen, was ohne mein Zuthun[1] da ist, entsteht unter dieser Voraussetzung einer Freiheit gerade so, wie in jenem Systeme; und bis auf diesen Punkt kommen beide überein. Nach jenem aber, — und hier hebt der Widerspruch beider Lehrgebäude an — nach jenem bleibt das Vermögen meiner sinnlichen Wirksamkeit unter der Botmäßigkeit der Natur, wird fortdauernd durch dieselbe Kraft in Bewegung gesetzt, die es auch hervorbrachte, und der Gedanke hat dabei überall nur das Zusehen[2]; nach dem gegenwärtigen fällt dieses Vermögen, nachdem es nur einmal vorhanden ist, unter die Botmäßigkeit einer über alle Natur erhabenen, und von den Gesetzen derselben gänzlich befreiten Kraft, der Kraft der Zweckbegriffe, und des Willens. Der Gedanke hat nicht mehr blos das Zusehen, sondern von ihm geht die Wirkung selbst aus. Dort sind es äußere, mir unsichtbare Kräfte, die meiner Unentschlossenheit ein Ende machen, und meine Wirksamkeit, so wie das unmittelbare Bewußtsein derselben, meinen Willen, auf Einen Punkt

---

[1] Zuthun, concours.
[2] Et la pensée n'y joue partout que le rôle de spectatrice.

beschränken; eben so wie die durch sich selbst unbestimmte Wirksamkeit der Pflanze beschränkt wird: hier bin Ich es selbst, unabhängig und frei vom Einflusse aller äußern Kräfte, der seiner Unentschlossenheit ein Ende macht, und durch die frei in sich hervorgebrachte Erkenntniß des Besten sich bestimmt.

Welche von beiden Meinungen soll ich ergreifen? Bin ich frei und selbstständig, oder bin ich nichts an mir selbst, und lediglich Erscheinung einer fremden Kraft?

Das System der Freiheit befriedigt[1], das entgegengesetzte tödtet und vernichtet mein Herz. Kalt und todt dastehen, und dem Wechsel der Begebenheiten nur zusehen, ein träger Spiegel der vorüberfließenden Gestalten — dieses Dasein ist mir unerträglich, ich verschmähe und verwünsche es. Ich will lieben, ich will mich in Theilnahme verlieren, mich freuen und mich betrüben. Der höchste Gegenstand dieser Theilnahme für mich bin ich selbst; und das Einzige an mir, womit ich dieselbe fortdauernd ausfüllen kann, ist mein Handeln. Ich will Alles aufs Beste machen; will mich meiner freuen, wenn ich recht gethan habe; will mich über mich betrüben, wenn ich Unrecht that; und sogar diese Betrübniß soll mir süß sein; denn es ist Theilnahme an mir selbst, und Unterpfand der künftigen Besserung. — In der Liebe nur ist das Leben, ohne sie ist Tod und Vernichtung.

Aber kalt und frech tritt das entgegengesetzte System hin, und spöttelt dieser Liebe. Ich bin nicht, und ich handle nicht, wenn ich dasselbe höre. Der Gegenstand meiner innigsten Zuneigung ist ein Hirngespinst, eine greiflich nachzuweisende grobe Täuschung. Statt meiner ist und handelt eine fremde mir ganz unbekannte Kraft; und es wird mir völlig gleichgültig, wie diese sich entwickle. Beschämt stehe

---

[1] Le développement qu'on va lire est cité comme un des plus beaux passages de la littérature philosophique.

ich da mit meiner herzlichen Neigung, und mit meinem guten Willen; und erröthe vor dem, was ich für das Beste an mir erkenne, und um wessen willen ich allein sein mag, als vor einer lächerlichen Thorheit. Mein Heiligstes ist dem Spotte preisgegeben.

54. — Reden an die deutsche Nation.

Die gewöhnliche Annahme, daß der Mensch von Natur selbstsüchtig sei, und auch das Kind mit dieser Selbstsucht geboren werde, und daß es allein die Erziehung sei, die demselben eine sittliche Triebfeder einpflanze, gründet sich auf eine sehr oberflächliche Beobachtung und ist durchaus falsch. Da aus Nichts sich nicht etwas machen läßt, die noch so weit fortgesetzte Entwicklung eines Grundtriebes aber ihn doch niemals zu dem Gegentheile von sich selbst machen kann; wie sollte doch die Erziehung vermögen, jemals Sittlichkeit in das Kind hineinzubringen, wenn diese nicht ursprünglich und vor aller Erziehung vorher in demselben wäre? So ist sie es denn auch wirklich in allen menschlichen Kindern, die zur Welt geboren werden; die Aufgabe ist blos, die ursprünglichste und reinste Gestalt, in der sie zum Vorschein kommt, zu ergründen.

Durchgeführte Speculation sowohl, als die gesammte Beobachtung stimmen überein, daß diese ursprünglichste und reinste Gestalt der Trieb nach Achtung sei, und daß diesem Triebe erst[1] das Sittliche, als einzig möglicher Gegenstand der Achtung, das Rechte und Gute, die Wahrhaftigkeit, die Kraft der Selbstbeherrschung, in der Erkenntniß aufgehe. Beim Kinde zeigt sich dieser Trieb zuerst als Trieb auch

[1] Erst..... in der Erkenntniß.

geachtet zu werden, von dem, was ihm die höchste Achtung einflößt; und es richtet sich dieser Trieb, zum sichern Beweise, daß keineswegs aus der Selbstsucht die Liebe stamme, in der Regel weit stärker und entschiedener auf den ernsteren, öfter abwesenden und nicht unmittelbar als Wohlthäter erscheinenden Vater, denn[1] auf die mit ihrer Wohlthätigkeit stets gegenwärtige Mutter. Von diesem will das Kind bemerkt sein, es will seinen Beifall haben; nur inwiefern dieser mit ihm zufrieden ist, ist es selbst mit sich zufrieden: dies ist die natürliche Liebe des Kindes zum Vater; keineswegs als zum Pfleger seines sittlichen Wohlseins, sondern als zu dem Spiegel, aus welchem ihm sein eigener Werth oder Unwerth entgegenstrahlt; an diese Liebe kann nun der Vater selbst schweren Gehorsam und jede Selbstverläugnung leicht anknüpfen; für den Lohn seines herzlichen Beifalls gehorcht es mit Freuden. Wiederum ist dies die Liebe, die es vom Vater begehrt, daß dieser bemerke sein Bestreben, gut zu sein, und es anerkenne, daß er sich merken lasse, es mache ihm Freude, wenn er billigen könne, und es thue ihm herzlich wehe, wenn er mißbilligen müsse, er wünsche nichts mehr, als immer mit demselben zufrieden sein zu können, und alle seine Forderungen an dasselbe haben nur die Absicht, das Kind selbst immer besser und achtungswürdiger zu machen; deren[2] Anblick wiederum die Liebe des Kindes fortdauernd belebt und verstärkt, und ihm zu allen seinen fernern Bestrebungen neue Kraft gibt. Dagegen wird diese Liebe ertödtet durch Nichtbeachtung oder anhaltendes unbilliges Verkennen; ganz besonders aber erzeugt es sogar Haß, wenn man in der Behandlung desselben Eigennützigkeit blicken läßt, und z. B. einen durch Unvorsichtigkeit desselben verursachten Verlust als ein Hauptverbrechen behandelt. Es

[1] Denn dans le sens de als.
[2] Deren Anblick se rapporte à Freude ou à Liebe.

sieht sich sodann als ein bloßes Werkzeug betrachtet, und dies empört sein zwar dunkles, aber dennoch nicht abwesendes Gefühl, daß es durch sich selbst einen Werth haben müsse.

55. — Reden an die deutsche Nation.
(Suite et fin.)

Um dies an einem Beispiele zu belegen. Was ist es doch, das dem Schmerze der Züchtigung beim Kinde noch die Scham hinzufügt, und was ist diese Scham? Offenbar ist sie das Gefühl der Selbstverachtung, die es sich zufügen muß, da ihm das Mißfallen seiner Eltern und Erzieher bezeugt wird. Daher denn auch in einem Zusammenhange, wo die Bestrafung von keiner Scham begleitet wird, es mit der Erziehung zu Ende ist; die Bestrafung erscheint dann als eine Gewaltthätigkeit, über die der Zögling mit hohem Sinne sich hinwegsetzt und ihrer spottet.

Dies also ist das Band, was die Menschen zur Einheit des Sinnes verknüpft und dessen Entwicklung ein Hauptbestandtheil der Erziehung zum Menschen ist, — keineswegs sinnliche Liebe, sondern Trieb zu gegenseitiger Achtung. Dieser Trieb gestaltet sich auf eine doppelte Weise: im Kinde, ausgehend von unbedingter Achtung für die erwachsene Menschheit außer sich, zu dem Triebe, von dieser geachtet zu werden, und an ihrer wirklichen Achtung, als seinem Maßstabe, abzunehmen, inwiefern es auch selbst sich achten dürfe. Dieses Vertrauen auf einen fremden und außer uns befindlichen Maßstab der Selbachtung ist auch der eigenthümliche Grundzug der Kindheit und Unmündigkeit, auf dessen Verhandensein ganz allein die Möglichkeit aller Belehrung und aller Erziehung der nachwachsenden Jugend zu vollendeten Menschen sich gründet. Der mündige Mensch hat den Maßstab seiner Selbstschätzung in ihm[1] selber, und will von andern geachtet sein, nur inwiefern sie selbst erst seiner Achtung sich würdig gemacht haben; und bei ihm nimmt dieser Trieb die Gestalt des Verlangens an, andere achten zu können, und Achtungswürdiges außer sich hervorzubringen. Wenn es nicht einen solchen Grundtrieb im Menschen gäbe, woher käme doch die Erscheinung, daß es dem auch nur erträglich guten Menschen wehe thut, die Menschen schlechter zu finden, als er sie sich dachte, und daß es ihn tief schmerzt, sie verachten zu müssen; da es ja der Selbstsucht im Gegentheile wohl thun müßte, über andere sich hochmüthig erheben zu können? Diesen letzten Grundzug der Mündigkeit nun soll der Erzieher darstellen, so wie auf den ersten bei dem Zöglinge sicher zu rechnen ist. Der Zweck der Erziehung in dieser Rücksicht ist es eben, die Mündigkeit in dem von uns angegebenen Sinne hervorzubringen, und nur, nachdem dieser Zweck erreicht ist, ist die Erziehung wirklich vollendet und zu Ende gebracht. Bisher sind viele Menschen ihr ganzes Leben hindurch Kinder geblieben: diejenigen, welche zu ihrer Zufriedenheit des Beifalls der Umgebung bedurften, und nichts Rechtes geleistet zu haben glaubten, als wenn sie dieser gefielen. Ihnen hat man entgegengesetzt, als starke und kräftige Charaktere, die wenigen, die über fremdes Urtheil sich zu erheben und sich selbst zu genügen vermochten, und hat diese in der Regel gehaßt, indeß man jene zwar nicht achtete, aber dennoch sie liebenswürdig fand.

[1] **Aujourd'hui on dit plutôt : in sich selber.**

XIII

SCHELLING

Frédéric-Guillaume-Joseph Schelling est né, en 1775, à Leonenberg, dans le Wurtemberg. Son père, un prêtre de village, devina le talent de son fils et lui fit faire des études sérieuses ; il le fit entrer à seize ans au séminaire théologique de Tubingue, où il fut initié en même temps aux études physiologiques et philosophiques. En 1796, il alla à Leipzig, où il étudia surtout les mathématiques et les sciences naturelles. Deux ans plus tard Gœthe le fit appeler à l'Université d'Iéna, où il enseigna la philosophie en même temps que Fichte et après la destitution de ce dernier. Il y épousa, en 1803, la femme de A. W. Schlegel, qui s'était séparée de son mari. Il fut alors nommé professeur de philosophie à Wurtzbourg, où il resta jusqu'en 1806. En même temps il devint membre et plus tard secrétaire perpétuel de l'Académie des sciences de Munich. De 1820 à 1826 il professa la philosophie à Erlangen, d'où il fut appelé à l'Université de Munich, qui venait d'être créée. Nommé en 1841 membre de l'Académie des sciences de Berlin, il fit pendant plusieurs années, à l'Université de cette ville, un cours de mythologie et de révélation, et renonça ensuite à l'enseignement. Il mourut en 1854 à la ville d'eaux de Ragaz en Suisse.

Ses principaux ouvrages sont : Sa thèse, *Antiquissimi de prima malorum origine philosophematis explicandi tentamen criticum* (1792). — *Ueber Mythen, historische Sagen und Philosopheme der ältesten Welt* (1793). — *Ueber die Möglichkeit einer Form der Philosophie überhaupt* (1795), écrit dans l'esprit de la doctrine de Fichte. — *Von dem Ich als Princip der Philosophie, oder über das Unbedingte im menschlichen Wesen* (1795), où il établit qu'il y a un moi absolu, infini, qui pose le moi fini, la personnalité et le non-moi. — *Philosophische Briefe über Dogmatismus und Criticismus* (1796), où il combat le dualisme de Kant et de ses disciples, en établissant que la matière, le monde sensible, n'est qu'un produit inconscient, qu'une pure représentation du moi. — *Abhandlungen zur Erläuterung des Idealismus der Wissenschaftslehre* (1797), où il combat la doctrine Kantienne de la réalité transcendante de la chose en *soi*, et donne raison à Fichte qui n'accorde aucune réalité à ce qui est en dehors du moi; *Ideen zu einer Philosophie der Natur* (1797); *Von der Weltseele* (1798); *Erster Entwurf eines Systems der Naturphilosophie* (1799) *System des transcendentalen Idealismus* 1800); *Bruno, ode über das natürliche und göttliche Princip der Dinge* (1802); *Vorlesungen über die Methode des akademischen Studiums* (1803), où il résume sa doctrine; *Verhältniss der bildenden Künste zur Natur* (1809); *Ueber die Gottheiten von Samothrake* (1815); *Vorrede zu Huber Becker's Ueber- setzung einer Schrift Victor Cousin's* (1834); *Zur Geschichte der neuern Philosophie; Schelling's Vorlesungen.*

Le système philosophique de Schelling, appelé le système de l'identité, n'est que le système de Fichte fondu avec celui de Spinoza. L'objet et le sujet, le réel et l'idéal, la nature et l'esprit sont identiques dans l'absolu, et cette identité nous la saisissons par une aperception toute intellectuelle. L'unité, dans laquelle la nature et l'esprit se confondent et que Schelling appelle l'*indifférent*, se dédouble pour former l'être positif ou idéal, c'est-à-dire l'esprit, et l'être négatif ou réel, c'est-à-dire la nature. L'idéal et le réel sont les deux *côtés* de l'absolu. La déduction du réel, de la nature (natura naturata) du sein de l'absolu, considéré comme créateur de la nature (natura naturans), est l'objet de la philosophie de la nature ; la déduction de l'idéal, de l'esprit (art, religion, philosophie) du sein de l'absolu, considéré comme créateur du principe idéal, constitue la philosophie de l'esprit. La nature, l'être négatif, a une âme que Schelling appelle l'âme de l'univers, et qui comprend et réunit en un seul tout les êtres organiques et les êtres inorganiques. Les forces de la nature inorganique se répètent dans la nature organique à une plus haute puissance, et l'âme de l'univers arrive à sa plus haute puissance dans l'homme; elle s'y réveille comme d'un sommeil et y devient consciente. Quant à l'être positif, l'esprit, il se développe théoriquement en mettant la matière dans la forme, pratiquement en donnant la forme à la matière, et artistiquement en fondant dans une unité absolue la forme et la matière. Dans la seconde partie de sa carrière, Schelling a déclaré que son système de l'identité demandait à être complété par une philosophie positive, par la philosophie de la mythologie et de la révélation. Il a formé ainsi une nouvelle philosophie syncrétique, mystique, une espèce de théosophie, dans laquelle il cherchait à fondre l'Église de saint-Pierre avec celle de saint-Paul dans une Église de saint-Jean, philosophie qui a eu peu de succès.

56. — Philosophie der Offenbarung oder Begründung der positiven Philosophie.

(Siebente Vorlesung.)

Die tiefste Stufe des Empirismus ist die, wo alle Erkenntniß auf die Erfahrung durch die Sinne beschränkt, alles Uebersinnliche entweder überhaupt, oder doch als möglicher Gegenstand der Erkenntniß geleugnet wird. Nimmt man den philosophischen Empirismus in diesem Sinne, so hat er mit der positiven Philosophie nicht einmal den Gegensatz gegen den Rationalismus gemein. Denn die positive Philosophie leugnet nur, daß das Uebersinnliche auf dem blos rationalen Wege erkennbar sei, jener aber behauptet, daß es weder auf diese, noch auf andere Weise erkennbar sei, ja am Ende, daß es nicht existire.

Eine höhere Stufe des philosophischen Empirismus aber ist die, welche behauptet, daß das Uebersinnliche wirklicher Gegenstand einer Erfahrung werden könne, wobei sich dann von selbst versteht, daß diese Erfahrung nicht bloß sinnlicher Art sein kann, vielmehr selbst etwas Geheimnißvolles, Mystisches an sich haben muß, weßhalb wir denn die Lehren dieser Art wohl überhaupt Lehren eines mystischen Empirismus nennen können. Unter diesen Lehren steht wohl wieder am tiefsten diejenige, welche uns der Existenz des Uebersinnlichen nur durch eine göttliche Offenbarung, die zugleich als äußeres Factum[1] gedacht ist, gewiß werden läßt. Die nächste Stufe ist eine Philosophie, welche zwar über alle äußere Thatsache hinweggeht, aber dagegen auf die innere Thatsache eines unwiderstehlichen Gefühls sich beruft, das uns von der Existenz Gottes überzeugt, während die Vernunft unvermeidlich auf Atheismus, Fatalismus, also ein blindes Nothwendigkeitssystem führe. Bekanntlich war dies die frühere Lehre Jacobi's, der, vielfach angegriffen wegen dieses Mysticismus, in späterer Zeit seinen Frieden mit dem Rationalismus zu machen suchte, und zwar auf eine ganz eigene Art, indem er an die Stelle des früher für blos individuell gegebenen Gefühls[2] die Vernunft setzte, und das

---

[1] C'est-à-dire qu'on comprend cette révélation, non comme une influence toute spirituelle, exercée par Dieu sur l'esprit de ceux auxquels il se révèle, mais bien comme un ensemble de faits matériels et extérieurs, par lesquels Dieu agit sur les sens de ceux auxquels il veut manifester sa volonté.

[2] L'auteur veut dire que Jacobi avait fini par substituer au sentiment invidual, considéré comme principe unique de notre connaissance, un principe universel, celui d'une raison intuitive, découvrant la vérité d'une manière immédiate et sans le secours de la science.

ganz Seltsame aufstellte, daß die Vernunft an sich, substantieller Weise, ohne allen Aktus, also auch vor aller Wissenschaft, das Gott Setzende und Wissende[1] sei.

---

57. — Philosophie der Offenbarung.
(Suite et fin).

In einer dritten Art des Empirismus ist das Uebersinnliche zu einem Gegenstand wirklicher Erfahrung gemacht, dadurch daß eine mögliche Verzückung[2] des menschlichen Wesens in Gott, und in Folge derselben ein nothwendiges, unfehlbares Schauen nicht blos in das göttliche Wesen, sondern auch in das Wesen der Schöpfung und in alle Vorgänge bei derselben angenommen wird. Diese Art ist der Theosophismus, der vorzugsweise spekulative, aber theoretische Mysticismus. Ueber diesen behalte ich mir vor, ausführlich zu sprechen. Einstweilen sei bemerkt, daß also hier Lehren und Systeme sich zeigen, die alle dem dogmatisirenden Rationalismus der früheren Metaphysik sich entgegenstellten, so daß letztere im Grunde doch nie ausschließlich geherrscht, sondern immer neben sich diese Systeme gehabt hat, die ich schon mit dem gemeinschaftlichen Namen als Lehren eines mystischen Empirismus bezeichnet habe. Denn auch die Ableitung[3] von Offenbarung, so wie von einem individuellen nicht weiter erklärbaren Gefühl, hat ja etwas Mystisches. Diese Systeme also bildeten gegen den Rationalismus einen mächtigen Gegensatz, der noch in keiner Zeit, auch bis

---

[1] Est ce qui pose Dieu et le connaît.
[2] Extase.
[3] Die Ableitung, sous-entendu : des Uebersinnlichen.

jetzt, überwunden worden ist. Dies¹ hätte nur geschehen können dadurch, daß ihm eine wahre Philosophie entgegen gestellt worden wäre. Denn die Forderung, die sich auch in diesen Systemen kundgibt, läßt sich nicht abweisen dadurch, daß man sie kurzweg als unwissenschaftlich behandelt. Dies sind sie freilich, aber damit ist die Forderung, die ihnen zum Grunde liegt, nicht erfüllt. Jedenfalls bezeugt die fortwährende Existenz solcher mystischen Lehren (die selbst das ganze Mittelalter hindurch der in den Schulen geltenden und von der Kirche genehmigten Scholastik zur Seite gingen, die bis ins Zeitalter der Reformation sich behaupteten, nach welcher sie abermals aufstanden und in Jakob Böhme² ihren Gipfel fanden), daß³ die Philosophie sich bis jetzt nicht in dem Stande gesehen hat, das⁴, was⁵ diese Lehren nur auf unwissenschaftliche Weise — der Theosophismus zugleich meist nur auf unverständliche Weise, zum Theil nicht ohne ins Mystische zurückzusinken — zu leisten versuchten⁶ oder

¹ Se rapporte au mot : überwunden.
² Jacob Bœhme (1575-1624), né dans la Haute-Lusace, mystique et théosophe, exerçait le métier de cordonnier. Il prétendait avoir des visions, dans lesquelles Dieu lui révélait des vérités surnaturelles. Il assure qu'un jour Dieu lui révéla la nature intime des choses, en lui faisant voir un vase d'airain qui lui apparut tout d'un coup. Il publia un très grand nombre d'ouvrages remplis de données astrologiques et alchimiques, dont le premier était "Aurora oder die Morgenröthe im Aufgang" (1612). Il soutient dans ses œuvres, fort obscures d'ailleurs, qu'il y a un principe de connaissance supérieur à la raison ; ce principe c'est la lumière mystique surnaturelle. Jacobi ramena l'attention des philosophes sur les œuvres oubliées de Bœhme, et Hegel en fit le père de la philosophie nouvelle. On ne peut nier, en effet, qu'il existe une certaine connexion entre les idées de Bœhme et celles de Sipnoza, de Schelling et de Hegel.
³ Dépend de : bezeugt.
⁴ Complément direct de : überzeugende Weise zu leisten.
⁵ Complément direct de : zu leisten versuchten, oder zu leisten vorgaben.
⁶ A pour sujet : diese Lehren.

zu leisten vorgaben, eben das[1] auf eine wissenschaftliche, allgemein einleuchtende, die Vernunft selbst überzeugende Weise zu leisten; aber eben darum enthalten diese Lehren die wenn auch von ihnen selbst unerfüllte Forderung einer positiven Philosophie; sie sind das was in der neueren Zeit die Stelle dieser zweiten Philosophie (δευτέρα φιλοσοφία) vertreten hat, sie legen Zeugniß ab, um auf meine anfängliche Behauptung zurückzukommen, daß bis in die letzte Zeit die zwei Linien der Philosophie wenigstens der Forderung nach)[2] oder potentia immer neben einander vorhanden gewesen sind.

---

58. — Philosophie der Mythologie.
(Zwanzigste Vorlesung.)

In dem großen Gewirre von Vorstellungen und Erscheinungen, welches nicht nur eine einzelne Mythologie, sondern die verschiedenen Mythologien darbieten, in diesem haben uns die gleich anfangs aufgestellten Principien niemals verlassen. Ich darf wohl hinzusetzen, daß bis jetzt keine Theorie der Mythologie existirt, durch welche diese so bestimmt[3] nicht blos im Allgemeinen, sondern bis in alle Zweige und Züge erklärt wird. Soll ich nun ein Wort darüber sagen, wie dies möglich geworden, so kann ich mich darüber so ausdrücken: das einfache Geheimniß unseres Verfahrens ist die Voraussetzung, daß die Mythologie ihre eigene Geschichte enthalte, daß es keiner außer ihr selbst liegenden Voraussetzungen bedürfe, sondern sie allein sich selbst vollkommen erkläre, daß also dieselben Principien, welche materiell ge=

---

[1] Répétition du : das de plus haut.
[2] Par le besoin qui s'en faisait sentir.
[3] Que dans celle de l'auteur.

8.

nommen ihren Inhalt ausmachen, auch die formellen Ur=
sachen ihrer ersten Bildung und Entstehung seien.

Es ist für die Naturforschung endlich allgemein anerkannt,
daß jeder Gegenstand derselben aus sich selbst erklärt werden
müsse, d. h. daß alle Entstehungsgründe seines Werdens und
Entstehens an und in ihm selbst gefunden und entdeckt wer=
den können. Dasselbe muß aber auch von geistigen Erzeug=
nissen gelten, die durch ihre innere Nothwendigkeit und
gesetzmäßige Entwickelung Naturerzeugnissen gleichzustellen
sind, und daß dem so sei, habe ich eben an dem Beispiele
der Mythologie dargethan, indem es Jedermann[1] offenbar
ist, daß weder ein Prinzip zur Erklärung, noch irgend ein
Moment ihrer Entstehung angenommen worden, der nicht
sofort in ihr selbst nachgewiesen worden wäre.

Wenn ich nun diesem beifüge, daß die Principien, welche
eigentlich den Schlüssel der ganzen Mythologie enthalten,
am Bestimmtesten und Reinsten in der griechischen Mytho=
logie angetroffen worden, so ist mir nicht unbekannt, daß
ich damit etwas von den jetzt geltenden Ansichten sehr Ab=
weichendes behaupte, indem man fast durchaus in der helle=
nischen Mythologie nur die verdorbene und verfälschte
Nachahmung einer ursprünglich reineren Lehre und Erkennt=
niß sehen will. Aber ich habe gezeigt, daß für eine solche
reinere Lehre in der frühern Zeit kein Raum ist, und daß
gerade der reine, von seinem Gegensatz völlig freie hellenische
Polytheismus der nothwendige Uebergang zu der wirklich
besseren, reineren und höheren Erkenntniß war. Wenn
daher von allen Götterlehren die hellenische die letzten Prin=
cipien aller Mythologie in der größten Reinheit enthält, so
ist dies eben darum, weil sie die jüngste, demnach die am
meisten zur Besinnung und zum Bewußtsein gekommene ist,
also auch die in den früheren Momenten noch blind durch=

[1] Au datif.

einander wirkenden, sich gegenseitig verdunkelnden und bekämpfenden Principien in der reinsten Geschiedenheit und Auseinandersetzung zeigt. Ich hätte es also wohl niemals wagen können, über den bloßen Stoff und das Aeußere hinaus auf das Innere, die erzeugenden Principien der Mythologie und das Gesetz ihrer Bildung und Fortschreitung zu gehen, wenn ich diese[1] nicht so rein entfaltet und dargestellt in der griechischen Mythologie gewußt hätte, die von allen thatsächlichen[2] Beweisen unserer Theorie die entschiedenste Bestätigung derselben[3] enthält.

So manches materiell Neue Sie indeß vielleicht diesen Vorlesungen verdanken, es ist nicht das Wesentliche; das Wesentliche ist, daß Sie Gelegenheit hatten, an einem großen Beispiel die Kraft der wissenschaftlichen Methode kennen zu lernen, und welcher Unterschied ist, zwischen einer bloßen Reihe von Einfällen und einer Folge gesetzmäßig, von einem ersten Keim aus, organisch sich entwickelnder Gedanken; das Wesentliche ist, daß die Methode, welche Sie hier in einer besondern Anwendung kennen lernten, allgemeine Bedeutung hat, indem sie zugleich die der Philosophie ist — der Philosophie, inwiefern sie nicht an die Stelle des reellen Zusammenhangs die bloße Filigranarbeit des Begriffs setzt[4], allgemeine Bedeutung[5] auch für andere nicht weniger verwickelte Gegenstände, deren sie bei gehöriger Anwendung sich ebenso mächtig erweisen würde[6], wie wir vermittelst derselben der Mythologie mächtig geworden sind.

[1] Diese (Principen und Gesetze).
[2] Preuves fournies par les faits de mythologie.
[3] De la théorie.
[4] Si elle ne s'applique pas à découper artistement et artificiellement les idées, au lieu d'en montrer l'ensemble tel qu'il est conforme à la réalité.
[5] Répétition des mots : allgemeine Bedeutung de plus haut.
[6] Dont elle aurait tout aussi bien raison.

XIV

HEGEL

Georges-Guillaume-Frédéric Hegel, né à Stuttgart, en 1770, était le fils d'un modeste fonctionnaire. Il étudia la théologie et la philosophie à l'Université de Tubingue, où il soutint, après y avoir terminé ses études, la thèse : *Ueber das Urtheil des gemeinen Menschenverstandes über Objectivität und Subjectivität* (1793). Mais les différents incidents de la Révolution française, ainsi que la littérature tant ancienne que contemporaine paraissent l'avoir occupé à Tubingue plus que ses études. Aussi sentit-il le besoin de continuer activement ses études théologiques et philosophiques, une fois qu'il eut obtenu une place de précepteur à Berne. Deux ans après sa thèse, il écrivit la *Vie de Jésus*, dans laquelle il expliqua, les mystères de la religion chrétienne, au point de vue de la philosophie, comme l'avait fait Lessing. Puis il accepta une nouvelle place de précepteur à Francfort-sur-le-Mein, qu'il quitta en 1801 pour se rendre à Iéna, où il publia un livre intitulé : *Differenz des Fichte'schen und Schelling'schen Systems der Philosophie* (1801). « L'idéalisme de Fichte, y dit-il, est purement subjectif, parce que l'objet n'y est que le produit du sujet; celui de Schelling est subjectif-objectif, parce qu'il reconnaît l'identité du sujet et de l'objet. » Il collabora d'abord avec Schelling au *Journal critique de la philosophie* et enseignait, de concert avec Schelling, la philosophie de ce dernier, à l'Université d'Iéna ; mais après le départ de son collègue, il combattit une partie de ses opinions, principalement dans le grand ouvrage : *Phaenomenologie des Geistes* (1806). Les combats livrés par l'armée française autour d'Iéna le forcèrent de quitter cette ville. Il rédigea alors le *Journal de Bamberg* jusqu'à ce qu'il fut nommé, en 1808, directeur du gymnase de Nüremberg, poste qu'il occupa jusqu'en 1816. Il y écrivit son ouvrage *Wissenschaft der Logik*. Nommé alors professeur à l'Université de Heidelberg, il y publia entre autres travaux : *Encyclopädie der Wissenschaften im Grundrisse* (1817). Un an après il fut appelé à Berlin, où il exposa, dans ses cours, l'ensemble de son système philosophique. Il y écrivit en 1821 : *Grundlinien der Philosophie des Rechts,* et y collabora à la Revue philosophique *Jahrbücher für wissenschaftliche Kritik*, qui devint l'organe du hégelianisme. Le choléra l'emporta en 1831.

Les autres ouvrages principaux de Hegel, que nous n'avons pas encore mentionnés sont : *Vorlesungen über die Philosophie der Geschichte,* publiées en 1837 — *Vorlesungen über die Aesthetik* (1838) — *Vorlesungen über die Philosophie der Religion* (1832) — *Vorlesungen über die Geschichte der Philosophie* (1836) — *Philosophische Propädeutik* (1840).

Dans le système philosophique de Hegel, appelé le système de l'idéalisme absolu, et qu'il forma en appliquant au principe d'identité de Schelling la rigueur de la méthode dialectique de Fichte, les objets du monde extérieur ne sont pas, comme dans l'idéalisme subjectif de ce dernier, des *phénomènes* qui n'existent que dans notre conscience, dans la pensée du sujet, mais bien des phénomènes réels dont la nature est de n'être que des phénomènes, parce que la raison de leur existence n'est pas en eux-mêmes, mais dans la raison absolue, d'où le nom donné à son système. La raison absolue est la substance même de la nature et de l'esprit ; elle est elle-même la *thèse ;* elle sort d'elle-même pour former la nature qui est l'*antithèse ;* et de la nature elle revient à elle-même et engendre l'esprit qui est la *synthèse.* La philosophie comprend donc trois parties ; l'étude de la raison absolue proprement dite, considérée comme *prius* de la nature et de l'esprit, ce qui constitue la *logique*; l'étude de la nature qui constitue la *philosophie naturelle*, et l'étude de l'esprit qui constitue la *philosophie de l'esprit*. La logique examine 1° l'être (*das Sein*), qui comprend l'étude de la qualité, de la quantité et de la mesure, ayant elles-mêmes d'autres subdivisions ; 2° l'essence (*das Wesen*), qui comprend l'étude de l'essence en tant que raison de l'existence, l'étude de l'apparence et celle de la réalité ; 3° la conception (*der Begriff*), qui comprend l'étude de la conception subjective, l'étude de l'objet et celle de l'idée. La philosophie naturelle comprend la mécanique, la physique et l'étude de la nature organique, c'est-à-dire des plantes et des animaux. Dans les plantes l'individuel (*das Einzelne*) disparaît complètement sous l'espèce ; dans l'animal, l'individuel s'accuse davantage et arrive à ce que Hegel appelle la subjectivité animale, qui se sent et se contemple, mais ne se pense pas. Le sujet ne pense que dans l'esprit dont l'étude est l'objet de la philosophie de l'esprit. Cette étude comprend : 1° celle de l'esprit subjectif se subdivisant en anthropologie, phrénologie et psychologie ; 2° l'étude de l'esprit objectif qui se réalise dans le droit, la morale et la science sociale ; 3° l'étude de l'esprit absolu, comprenant celle de l'art qui est la raison absolue, se contemplant elle-même comme idéal dans une forme sensible, celle de la religion, qui est la représentation de l'absolu dans la conscience, et celle de la philosophie qui est le vrai sous la forme de la vérité. Dieu n'est autre chose que le développement éternel de l'idée logique parcourant les différents degrés de la triple évolution que nous venons de décrire. L'âme est immortelle. L'individu meurt, mais l'esprit, dans son essence, est éternel, et pense l'universel.

59. — Encyklopädie der philosophischen Wissenschaften.

Für den Anfang, den die Philosophie zu machen hat, scheint sie im Allgemeinen eben so mit einer subjektiven Voraussetzung wie die anderen Wissenschaften zu beginnen, nemlich einen besondern Gegenstand, wie anderwärts Raum, Zahl u. s. f., so hier das Denken zum Gegenstande des Denkens machen zu müssen[1]. Allein es ist dies der freie Akt des Denkens sich auf den Standpunkt zu stellen, wo es für sich selber ist[2] und sich hiermit seinen Gegenstand selbst erzeugt und gibt. Ferner muß der Standpunkt, welcher so als unmittelbarer erscheint, innerhalb der Wissenschaft sich zum Resultate und zwar zu ihrem letzten machen, in welchem sie ihren Anfang wieder erreicht und in sich zurückkehrt. Auf diese Weise zeigt sich die Philosophie als ein in sich zurückkehrender Kreis, der keinen Anfang im Sinne anderer Wissenschaften hat, so daß der Anfang nur eine Beziehung auf das Subjekt, als welcher[3] sich entschließen will zu philosophiren, nicht aber auf die Wissenschaft als solche[4] hat. Oder was dasselbe ist, der Begriff der Wissenschaft und somit der erste, — und weil er der erste ist, enthält er die Trennung, daß das Denken Gegenstand für ein (gleichsam äußerliches) philosophirendes Subjekt ist, — muß von der Wissenschaft selbst erfaßt werden. Dies ist sogar ihr einziger Zweck, Thun und Ziel[5], zum Begriffe ihres Begriffes und so zu ihrer Rückkehr und Befriedigung zu gelangen.

[1] Dépend de : scheint sie.
[2] Où il a son existence propre et indépendante.
[3] Als welcher, en tant qu'il...
[4] Als solche, en tant que science.
[5] Sous-entendu : nemlich.

Wie von einer Philosophie nicht eine vorläufige allgemeine Vorstellung gegeben werden kann, denn nur das Ganze der Wissenschaft ist die Darstellung der Idee, so kann auch ihre Eintheilung nur aus dieser ¹ begriffen werden; sie ist wie diese, aus der sie zu nehmen ist, etwas Anticipirtes; die Idee aber erweist sich als das schlechthin mit sich identische Denken und dieß zugleich als die Thätigkeit sich selbst, um für sich zu sein, sich gegenüber zu stellen ² und in diesem andern ³ nur bei sich selbst zu sein. So zerfällt die Wissenschaft in drei Theile: I. die Logik, die Wissenschaft der Idee an und für sich, II. die Naturphilosophie, als die Wissenschaft der Idee in ihrem Anderssein, III. die Philosophie des Geistes, als der Idee, die aus ihrem Anderssein in sich zurückkehrt.

---

60. — Das Wesen ⁴.

Die Wahrheit des Seyns ist das Wissen. Indem das Wissen das Wahre erkennen will, was das Seyn an und für sich ist, so bleibt es nicht beim Unmittelbaren ⁵ und dessen Bestimmungen stehen, sondern dringt durch dasselbe hindurch mit der Voraussetzung, daß hinter diesem Seyn noch etwas anderes ist, als das Seyn selbst, daß dieser Hintergrund ⁶

¹ Aus dieser, c'est-à-dire aus der Darstellung der Idee.
² De faire de soi-même l'objet de sa pensée.
³ Dans ce qui est devenu l'objet de sa pensée. Il y a donc : 1° l'idée considérée en elle-même ; 2° l'idée sortie d'elle-même et devenue l'objet de l'idée en *soi* ; 3° l'idée sortie d'elle-même et rentrée dans l'idée en *soi*.
⁴ Das Wesen, l'essence ; das Seyn, l'être ; das Dasein, l'existence.
⁵ Beim unmittelbaren (Seyn), que nous connaissons sans intermédiaire.
⁶ Qui est l'essence (das Wesen).

die Wahrheit des Seyns ausmacht. Diese Erkenntniß ist ein vermitteltes Wissen, denn sie befindet sich nicht unmittelbar beim und im Wesen, sondern beginnt von einem Andern, dem Seyn, und hat einen vorläufigen Weg, den Weg des Hinausgehens über das Seyn oder vielmehr des Hineingehens in dasselbe zu machen. Erst indem das Wissen sich aus dem unmittelbaren Seyn erinnert[1], durch diese Vermittelung findet es das Wesen. — Die Sprache hat im Zeitwort „Seyn", das Wesen in der vergangenen Zeit „gewesen" behalten; denn das Wesen ist das Vergangene, aber zeitlos vergangene Seyn.

Diese Bewegung[2], als Weg des Wissens vorgestellt[3], so erscheint dieser Anfang vom Seyn und der Fortgang, der es aufhebt und beim Wesen als einem Vermittelten anlangt, eine Thätigkeit des Erkennens zu sein, die dem Seyn äußerlich sei und dessen eigene Natur nichts angehe.

Aber dieser Gang ist die Bewegung des Seyns selbst. Es zeigte sich an diesem, daß es durch seine Natur sich erinnert, und durch dies Insichgehen zum Wesen wird.

Wenn also das Absolute zuerst als Seyn bestimmt war, so ist es jetzt als Wesen bestimmt. Das Erkennen kann überhaupt nicht bei dem mannigfaltigen Daseyn[4], aber auch nicht bei dem Seyn, dem reinen Seyn stehen bleiben; es dringt sich unmittelbar die Reflexion auf, daß dieß reine Seyn, die Negation alles Endlichen, eine Erinnerung und Bewegung voraussetzt, welche das unmittelbare Daseyn zum reinen Seyn gereinigt hat. Das Seyn wird hiernach als Wesen

---

[1] Se recueille, rentre en lui-même, se souvient.
[2] Ce mouvement de l'esprit à travers l'être pour arriver à l'essence.
[3] Étant représenté.
[4] L'existence, qui est quelque chose de plus concret que l'être, et qui se manifeste sous les formes les plus variées.

bestimmt, als ein solches Seyn, an dem alles Bestimmte und Endliche negirt ist[1]. So ist es die bestimmungslose, einfache Einheit, von der das Bestimmte auf eine äusserliche Weise hinweggenommen worden; dieser Einheit war das Bestimmte selbst ein Aeusserliches, und es bleibt ihr nach diesem Wegnehmen noch gegenüber stehen: denn es ist nicht an sich, sondern relativ nur in Beziehung auf diese Einheit aufgehoben worden[2]. — Es wurde oben schon erinnert, daß, wenn das reine Wesen, als Inbegriff aller Realitäten bestimmt wird, diese Realitäten gleichfalls der Natur der Bestimmtheit und der abstrahirenden Reflexion unterliegen und dieser Inbegriff sich zur leeren Einfachheit reduzirt. Das Wesen ist auf diese Weise nur Produkt, ein Gemachtes. Die äusserliche Negation, welche Abstraktion[3] ist, hebt die Bestimmtheiten des Seyns nur hinweg von dem, was als Wesen übrig bleibt; es stellt sie gleichsam immer nur an einen andern Ort, und läßt sie als seiende nach wie vor. Das Wesen ist aber auf diese Weise weder an sich, noch für sich selbst, es ist durch ein Anderes, die äusserliche, abstrahirende Reflexion[4]; und ist für ein Anderes, nämlich für die Abstraktion und überhaupt für das ihm gegenüber stehen bleibende Seyende. In seiner Bestimmung ist es daher die in sich todte, leere Bestimmungslosigkeit[5].

Das Wesen aber, wie es hier geworden, ist das, was es

---

[1] Car l'essence en soi est l'indéterminé et l'infini.

[2] Le déterminé n'a pas été détruit en lui-même, mais seulement par rapport à l'essence, à l'unité pure.

[3] Parce qu'elle abstrait, elle nie de l'essence le fini et le déterminé.

[4] L'essence est le produit de la réflexion qui le découvre derrière l'être.

[5] Dans sa détermination il est l'indéterminé, c'est-à-dire quand on veut le déterminer de plus près, préciser ce qu'il est, on s'aperçoit qu'il est l'indéterminé vide et sans vie.

ist, nicht durch eine ihm fremde Negativität, sondern durch seine eigene, die unendliche Bewegung des Seyns. Es ist ein An- und Fürsichseyn: absolutes Ansichsein, indem es gleichgültig gegen alle Bestimmungen des Seyns ist, das Andersseyn[1] nur in Beziehung auf Anderes schlechthin aufgehoben worden ist. Es ist aber nicht nur dies Ansichseyn[2]; als bloßes Ansichseyn wäre es nur die Abstraktion des reinen Wesens, sondern es ist eben so wesentlich Fürsichsein[3]; es ist diese Negativität, das sich Aufheben des Andersseins und der Bestimmtheit.

---

61. — Philosophie des Rechts.
Das Eigenthum.

Die Person muß eine äußere Sphäre ihrer Freiheit geben, um als Idee zu sein. Weil die Person, der an und für sich seiende unendliche Wille, in dieser ersten noch ganz abstrakten Bestimmung ist, so ist dies von ihm Unterschiedene, was die Sphäre seiner Freiheit ausmachen kann, gleichfalls als das von ihm unmittelbar Verschiedene und Trennbare bestimmt.

Zusatz. Das Vernünftige des Eigenthums liegt nicht in der Befriedigung der Bedürfnisse, sondern darin, daß sich die bloße Subjektivität der Persönlichkeit aufhebt. Erst im Eigenthum ist die Person als Vernunft. Wenn auch die erste Realität meiner Freiheit in einer äußerlichen Sache, somit eine schlechte Realität ist, so kann die abstrakte Persönlichkeit eben in ihrer Unmittelbarkeit kein anderes Dasein als in der Bestimmung der Unmittelbarkeit haben.

Das von dem freien Geiste unmittelbar Verschiedene ist

---

[1] Das Andersseyn, sous-entendu : und (das Anderesein).
[2] Mais l'essence n'existe pas seulement par elle-même.
[3] Mais elle existe encore pour elle-même.

für ihn und an sich das Aeußerliche überhaupt, — eine Sache, ein Unfreies, Unpersönliches und Rechtloses.

Sache hat wie das Objektive die entgegengesetzten Bedeutungen; das eine Mal, wenn man sagt: **das ist die Sache, es kommt auf die Sache**, nicht auf die Person an — die Bedeutung[1] des Substantiellen; das andere Mal ist die Sache das Gegentheil des Substantiellen, das seiner Bestimmung nach nur Aeußerliche[2]. Was für den freien Geist, der vom bloßen Bewußtsein wohl unterschieden werden muß, das Aeußerliche ist, ist es an und für sich, darum ist die Begriffsbestimmung der Natur dieß, das **Aeußerliche an ihr selbst** zu sein.

Zusatz. Da der Sache die Subjektivität abgeht, ist sie nicht bloß dem Subjekte, sondern sich selbst das Aeußerliche. Raum und Zeit sind auf diese Weise äußerlich, räumlich, zeitlich. Ich, indem ich sinnliche Anschauungen habe, habe sie von Etwas, das sich selbst äußerlich ist. Das Thier kann anschauen, aber die Seele des Thieres hat nicht die Seele, nicht sich selbst zum Gegenstand, sondern ein Aeußerliches.

· ·

Die Person hat das Recht, in jede Sache ihren Willen zu legen, welche dadurch die Meinige ist, zu ihrem[3] substantiellen Zwecke, da sie[4] einen solchen nicht in sich selbst hat, und ihre Bestimmung durch meinen Willen erhält.

Die junge sogenannte Philosophie, welche den unmittelbaren einzelnen Dingen, dem Unpersönlichen, Realität im Sinne von Selbstständigkeit und wahrhaftem Für- und Insichsein zuschreibt, ebenso diejenige, welche versichert, der Geist könne die Wahrheit nicht erkennen und nicht wissen,

---

[1] Complément direct de : Sache hat.
[2] Comme dans le cas présent.
[3] Ihrem se rapporte à Person.
[4] Sie se rapporte à Sache.

was das Ding an sich ist, wird von dem Verhalten des
freien Willens gegen diese Dinge unmittelbar widerlegt[1].
Wenn für das Bewußtsein, für das Anschauen und Vor=
stellen die sogenannten Außendinge den Schein von Selbst=
ständigkeit haben, so ist dagegen der freie Wille des Idealis=
mus die Wahrheit solcher Wirklichkeit[2].

Zusatz. Alle Dinge können Eigenthum des Menschen
werden, weil dieser freie Wille als solcher an und für sich ist,
das Entgegenstehende aber diese Eigenschaft nicht hat. Jeder
hat also das Recht, seinen Willen zur Sache zu machen[3],
oder die Sache zu seinem Willen, d. h. mit andern Worten,
die Sache aufzuheben und zu der seinigen umzuschaffen;
denn die Sache als Aeußerlichkeit hat keinen Selbstzweck, ist
nicht die unendliche Beziehung ihrer[4] auf sich selbst, sondern
sich selbst ein Aeußerliches. Ein solches Aeußerliche ist auch
das Lebendige (das Thier), und insoferne selber eine Sache.
Nur der Wille ist das Unendliche gegen alles Andere, wäh=
rend das Andere seiner Seits nur relativ ist. Sich zueignen
heißt im Grunde somit nur die Hoheit meines Willens
gegen die Sache manifestiren und aufweisen, daß diese nicht
an und für sich, nicht Selbstzweck ist. Diese Manifestation
geschieht dadurch, daß ich in die Sache einen andern Zweck
lege, als sie unmittelbar hatte: ich gebe dem Lebendigen
als meinem Eigenthume eine andere Seele, als es hatte;

---

[1] Car si les objets existent an und für sich, ont une existence
propre et indépendante, comment notre volonté peut-elle les
absorber à notre profit; si, d'un autre côté, notre esprit ne pouvait connaître les objets en eux-mêmes, comment notre volonté y
mettrait-elle, en nous les appropriant, le sceau de notre personnalité?

[2] C'est-à-dire la volonté par le fait même qu'elle s'approprie
les objets extérieurs, leur donne cette réalité que les idéalistes
leur contestent.

[3] C'est-à-dire d'incorporer notre volonté à une chose.

[4] Ihrer, génitif féminin singulier.

ich gebe ihm meine Seele. Der freie Wille ist somit der Idealismus, der die Dinge nicht, wie sie sind, für an und für sich hält, während der Realismus dieselben für absolut erklärt, wenn sie sich auch nur in der Form der Endlichkeit befinden. Schon das Thier hat nicht mehr diese realistische Philosophie, denn es zehrt die Dinge auf und beweist dadurch, daß sie nicht absolut selbstständig sind.

XV

SCHLEIERMACHER

Frédéric-Ernest Schleiermacher, le fils d'un aumônier réformé, naquit à Breslau, en 1768. Il fut d'abord élevé par la *Communauté des Frères* dont il faisait partie. Quand, à l'âge de dix-sept ans, il s'aperçut que ses convictions religieuses différaient de celles de la *Communauté*, il la quitta ; mais il ne put jamais s'affranchir complètement des idées qu'elle lui avait inculquées. Il fréquenta ensuite le Pédagogium de Niesky, le séminaire de l'*Union des Frères de Barby*, et alla étudier la théologie à l'Université de Tubingue. De 1790 à 1793 il fut le précepteur des enfants du comte Dona-Schlobitten ; de 1794 à 1796, prédicateur-adjoint à Landesberg ; de 1796 à 1802, prédicateur à l'hospice de la Charité et à l'Hôtel des Invalides de Berlin. Schlegel et Henriette Herz l'y initièrent à l'école romantique. De 1802 à 1804 il fut prédicateur de la cour à Stolpa, et de 1804 à 1806, prédicateur de l'Université de Halle, et professeur de théologie et de philosophie dans la même ville. Il quitta Halle à l'approche des armées françaises et retourna à Berlin, où il travailla avec Fichte à relever les esprits découragés par les revers de la guerre. Stein et Humboldt le firent entrer au ministère de l'instruction publique, où il rendit de grands services. En 1809 il fut nommé prédicateur à l'Église de la Trinité et professeur de théologie et de philosophie à l'Université de Berlin, au moment où elle fut fondée ; il garda ces deux postes jusqu'à sa mort (1834).

Jusqu'en 1796 Schleiermacher s'était principalement occupé de la philosophie de Kant et de Jacobi ; plus tard il étudia celles de Fichte, de Schelling, de Spinoza, puis celle d'Aristote et surtout celle de Platon, pour lequel il avait une espèce de culte. En 1811 il devint membre de l'Académie des sciences de Berlin, et en 1814 secrétaire de la section philosophique. Il fit alors plusieurs travaux importants sur l'histoire de la philosophie ancienne. En 1817 il présida le synode convoqué dans cette ville à l'effet de fondre ensemble les Églises luthérienne et réformée. A cette occasion il se brouilla avec le Gouvernement dont il s'était d'ailleurs déjà aliéné la sympathie par les idées politiques trop libérales qu'il avait émises en 1824, sous le pseudonyme de *Pacificus Sincerus*, dans une brochure où il établissait, entre autres, les droits de l'État et de l'Église. Ce ne fut que vers la fin de sa vie qu'il rentra en grâce.

Schleiermacher était un théologien éminent, un prédicateur éloquent, un helléniste distingué et un philosophe dont les opinions sont encore fort goûtées aujourd'hui. La richesse de ses idées, la perfection de la forme dont il excellait à les revêtir et surtout sa profonde piété, jointes à une dialectique sûre et à une critique indépendante, réunirent autour de lui un grand nombre de disciples, enthousiastes de ses doctrines. Schleiermacher s'est nourri surtout des idées de Kant, de Spinoza et de Platon. Il est à la fois idéaliste et réaliste. L'idéal et la réalité existent, selon lui, au même titre et forment une seule unité ; ses opinions se rapprochent ici de celles de Schiller sur le même sujet. Nous percevons, dit-il, par l'intermédiaire des sens, les objets, qui existent réellement ; car le temps, l'espace, la causalité existent en toute réalité en dehors du sujet pensant, et non seulement comme formes de la pensée. La pensée travaille sur les données de l'expérience ; la fonction intellectuelle s'ajoute à la fonction organique. L'univers est la totalité de toutes les existences ; et l'unité, le lien de toutes ces existences est Dieu. Toutes nos affirmations concernant la divinité ne peuvent être que négatives ou des anthrpomorphismes. Chaque partie de l'univers est à la fois active et passive ; en tant qu'actifs, nous nous sentons libres, en tant que passifs, nous nous sentons dépendants. De ce sentiment de dépendance vis-à-vis de l'infini naît le sentiment religieux. Ce sentiment de dépendance absolue constitue la conscience que nous avons de la divinité et sa présence dans notre esprit. La religion est affaire de sentiment et ne doit être ni l'esclave ni la maitresse de la philosophie, qui a son domaine à part. L'éthique de Kant avait sacrifié l'individu à la généralité, Schleiermacher revendique les droits de l'individu. Le but de l'homme doit être le bien moral, sa vie est la marche progressive vers une perfection qu'il n'atteint jamais. Le devoir est la loi qui nous montre ce but, et la vertu la force qui nous y pousse. La vieillesse n'atteint que le corps, elle ne saurait atteindre l'esprit ; par son activité et une volonté bien trempée, l'homme de bien peut s'assurer une jeunesse d'esprit qui ne finit qu'avec la vie.

Le système philosophique de Schleiermacher ne forme d'ailleurs pas un tout complet et il en faut recueillir les éléments épars dans ses différents ouvrages.

Ses principaux ouvrages sont : *Ueber die Religion; Reden an die Gebildeten unter ihren Verehrern* (1799); *Grundlehren einer Kritik der bisherigen Sittenlehre* (1803); *Monologen* (1800); *Vertraute Briefe über F. Schlegel's Lucinde* (1800), qui valent plus que le roman philosophique qu'elles commentent; *Philosophische und vermischte Schriften : Geschichte der Philosophie; Dialektik; Entwurf eines Systems der Sittenlehre; Psychologie; Aesthetik; Erziehungslehre; Platon's Werke*, traduits et commentés; *Predigten; Grundriss der philosophischen Ethik*. Ces derniers ouvrages ont été publiés avant ou après sa mort par ses disciples.

62. — **Monologen.**

Jugend und Alter.

Wie der Uhren Schlag mir die Stunden, der Sonne Lauf mir die Jahre zuzählt: so leb' ich, ich weiß es, immer näher dem Tode entgegen. Aber dem Alter auch? dem schwachen stumpfern Alter auch, worüber alle so bitter klagen, wenn unvermerkt ihnen entschwunden ist die Lust der frohen Jugend, und der innern Gesundheit und Fülle übermüthiges Gefühl[1]? Warum lassen sie verschwinden die goldene Zeit, und beugen dem selbstgewählten[2] Joch seufzend den Nacken? Auch ich glaubte schon einst, daß nicht länger dem Manne geziemten die Rechte der Jugend; leiser und bedächtig wollt' ich einhergehen, und durch der Entsagung weisen Entschluß mich bereiten zur trüberen Zeit. Aber es wollten nicht dem Geiste die engeren Grenzen genügen, und es gereute mich bald des verkümmerten nüchternen Lebens. Da kehrte auf den ersten Ruf die freundliche Jugend zurück, und hält mich immer seitdem umfaßt mit schützenden Armen[3]. Jetzt, wenn ich wüßte, daß sie mir entflöhe, wie die Zeiten entfliehen, ich stürzte mich lieber bald dem Tode freiwillig entgegen, damit nicht die Furcht vor dem sicheren Uebel mir jegliches Gute bitter vergällte, bis ich mir endlich doch durch unfähiges Dasein ein schlechteres Ende verdient.

Doch ich weiß, daß es nicht also sein kann; denn es soll nicht. Wie? das geistige Leben, das freie, das ungemessene müßte mir eher verrinnen, als das irdische, welches beim

---

[1] Construisez : und das übermüthige Gefühl der inneren Gesundheit und Fülle.

[2] Selbstgewählten, car l'auteur va prouver que la vieillesse ne flétrit que ceux qui se laissent abattre par elle.

[3] L'auteur avait alors trente-deux ans.

erstam Schlage des Herzens schon die Keime des Todes ent=
hielt? Nicht immer sollte mir mit der vollen gewohnten
Kraft auf's Schöne gerichtet die Phantasie sein,[1]? nicht
immer so leicht der heitere Sinn, und so rasch zum Guten
bewegt und liebevoll das Gemüth? Bange sollt' ich horchen
den Wellen der Zeit, und sehen müssen, wie sie mich ab=
schliffen und aushöhlten, bis ich endlich zerfiele? Sprich
doch, Herz, wie viele Male dürft' ich, bis das alles käme,
noch zählen die Zeit, die mir jetzt eben verging bei dem
Jammergedanken? Gleich wenig wären mir, wenn ich's ab=
zählen könnte, tausende oder eins. Daß du ein Thor wärest[2],
zu weissagen aus der Zeit auf die Kraft des Geistes, dessen
Maß jene nimmer sein kann! Durchwandeln doch die Ge=
stirne nicht in gleicher Zeit dasselbe von ihrer Bahn, sondern
ein höheres Maß mußt du suchen, um ihren Lauf zu ver=
stehen; und der Geist sollte dürftigeren Gesetzen folgen als
sie? Auch folgt er nicht. Frühe sucht manchen das Alter
heim, das mürrische, dürftige, hoffnungslose, und ein feind=
licher Geist bricht ihm ab die Blüthe der Jugend, wenn sie
kaum sich aufgethan; lange bleibt andern der Muth, und das
weiße Haupt heben noch und schmücken Feuer des Auges und
des Mundes freundliches Lächeln. Warum soll ich nicht
länger noch, als der am längsten dastand in der Fülle des
Lebens, mir im glücklichen Kampf abwehren den verborgenen
Tod? Warum nicht ohne die Jahre zu zählen und des Kör=
pers Verwittern zu sehen, durch des Willens Kraft festhalten
bis an den letzten Athemzug die geliebte Göttin der Jugend?
Was denn soll diesen Unterschied machen, wenn es der Wille
nicht ist? Hat etwa der Geist sein bestimmtes Maß und
Größe, daß er sich ausgeben kann und erschöpfen? Nutzt sich

[1] Construisez: die Phantasie auf's Schöne gerichtet sein.
[2] Daß du ein Thor wärest! Mais quelle folie!

ab seine Kraft durch die That, und verliert etwas bei jeder Bewegung? Die des Lebens sich lange freuen, sind es nur die Geizigen, welche wenig gehandelt haben? Dann träfe Schande und Verachtung jedes frohe und frische Alter; denn Verachtung verdient, wer Geiz übt[1] in der Jugend.

---

63. — Monologen.

Jugend und Alter (*Suite*).

Wäre so des Menschen Loos und Maß: dann möcht' ich lieber zusammendrängen was der Geist vermag, in einen engen Raum; kurz möcht' ich leben, um jung zu sein und frisch, so lange es währt! Was hilft's die Strahlen des Lichts dünn ausgießen über die große Fläche? Es offenbart sich nicht die Kraft und richtet nichts aus. Was hilft haushalten mit dem Handeln, und ausdehnen in die Länge, wenn du schwächen mußt den innern Gehalt, wenn doch am Ende deß nicht mehr ist, was du gehabt hast? Lieber gespendet in wenig Jahren das Leben in glänzender Verschwendung, daß du dich freuen könnest deiner Kraft, und übersehen, was du gewesen bist. Aber es ist nicht so unser Loos und Maß; es vermag nicht solch irdisch Gesetz unter seine Formeln zu bannen den Geist. Woran sollte sich brechen seine Gewalt? Was verliert er von seinem Wesen, wenn er handelt und sich mittheilt? Was gibt's, das ihn verzehrt? Klarer und reicher fühl' ich mich jetzt nach jedem Handeln, stärker und gesunder; denn bei jeder That eigne ich etwas mir an von dem gemeinschaft= lichen Nahrungsstoffe der Menschheit, und wachsend bestimmt sich genauer meine Gestalt. Ist's nur so, weil ich jetzt

---

[1] Qui est avare d'action, d'activité.

noch in die Höhe des Lebens hinaufsteige? wohl; aber wann kehrt sich denn plötzlich um das schöne Verhältniß? Wann fang' ich an durch die That nicht zu werden, sondern zu vergehen? Und wie wird sich mir verkünden die große Verwandlung? Kommt sie, so muß ich sie erkennen; und erkenne ich sie, so ist mir lieber der Tod, als in langem Elend anzuschauen an mir selbst der Menschheit nichtiges Wesen.

Ein selbstgeschaffenes Uebel ist das Verschwinden des Muthes und der Kraft; ein leeres Vorurtheil ist das Alter, die schnöde Frucht von dem trüben Wahn, daß der Geist abhänge vom Körper. Aber ich kenne den Wahn, und es soll mir nicht seine schlechte Frucht das gesunde Leben vergiften. Bewohnt denn der Geist die Faser des Fleisches, oder ist er eins mit ihr, daß auch er ungelenk zur Mumie wird, wenn diese verknöchert? Dem Körper bleibe, was sein ist. Stumpfen die Sinne sich ab, werden schwächer die Bilder von den Bildern der Welt: so muß auch stumpfer werden die Erinnerung, und schwächer manches Wohlgefallen und manche Lust. Aber ist dies das Leben des Geistes? dies die Jugend, deren Ewigkeit ich anbetete? Wie lange wär' ich schon des Alters Sklave, wenn dies den Geist zu schwächen vermöchte! Wie lange hätte ich schon der schönen Jugend das letzte Lebewohl zugerufen! Aber was noch nie mich gestört hat im kräftigen Leben, soll es auch nimmer vermögen. Wozu haben denn andere neben mir besseren Leib und schärfere Sinne? Werden sie mir nicht immer gewärtig sein zum liebreichen Dienst wie jetzt? Daß ich trauern sollte über des Leibes Verfall, wäre mein letztes [1]. Was kümmert er mich? Und welches Unglück wird es denn sein, wenn ich nun vergesse [2], was gestern geschah? Sind

---

[1] Serait la dernière chose dont je m'aviserais.

[2] Par suite de l'affaiblissement de la mémoire, causé par la vieillesse.

eines Tages kleine Begebenheiten meine Welt oder die Vorstellungen des Einzelnen und Wirklichen aus dem engen Kreise, den des Körpers Gegenwart umfaßt, die ganze Sphäre meines innern Lebens? Wer so in niedrigem Sinn die höhere Bestimmung verkennt, wem die Jugend nur lieb war, weil sie dieses besser gewährt, der klage mit Recht über das Elend des Alters! Aber wer wagt es zu behaupten, daß auch die Kraft und Fülle der großen heiligen Gedanken, die aus sich selbst der Geist erzeugt, abhänge vom Körper, und der Sinn für die wahre Welt von der äußeren Glieder Gebrauch? Brauch' ich, um anzuschauen die Menschheit, das Auge, dessen Nerve sich jetzt schon abstumpft in der Mitte des Lebens? Oder muß, auf daß ich lieben könne, die es werth sind, das Blut, das jetzt schon langsam fließt, sich in rascherem Lauf drängen durch die engen Kanäle? Oder hängt mir des Willens Kraft an der Stärke der Muskeln? am Mark gewaltiger Knochen? oder der Muth am Gefühl der Gesundheit? Es[1] betrügt ja doch, die es haben; in kleinen Winkeln verbirgt sich der Tod, und springt auf einmal hervor, und umfaßt sie mit spottendem Gelächter. Was schadet's denn, wenn ich schon weiß, wo er wohnt? Oder vermag der wiederholte Schmerz, vermögen die mancherlei Leiden niederzudrücken den Geist, daß er unfähig wird zu seinem innersten eigensten Handeln? Ihnen widerstehen ist ja auch sein Handeln, und auch sie rufen große Gedanken zur Anwendung hervor ins Bewußtsein. Dem Geist kann kein Uebel sein, was sein Handeln nur ändert.

[1] Es (das Gefühl der Gesundheit).

64. — Monologen.

Jugend und Alter (Suite).

Ja, ungeschwächt will ich ihn in die späteren Jahre bringen, nimmer soll der frische Lebensmuth mir vergehen; was mich jetzt erfreut, soll mich immer erfreuen; stark soll mir bleiben der Wille und lebendig die Phantasie, und nichts soll mir entreißen den Zauberschlüssel, der die geheimnißvollen Thore der höhern Welt mir öffnet, und nimmer soll mir verlöschen das Feuer der Liebe. Ich will nicht sehen die gefürchteten Schwächen des Alters; kräftige Verachtung gelob' ich mir gegen jedes Ungemach, welches das Ziel meines Daseins nicht trifft, und ewige Jugend schwör' ich mir selbst.

Doch verstoß' ich auch nicht mit dem Schlechten das Gute? Ist denn das Alter, entgegengestellt der Jugend, nur Schwäche? Was verehren denn die Menschen an den greisen Häuptern, auch an denen, die keine Spur haben von der ewigen Jugend, der schönsten Frucht der Freiheit? Ach oft ist es nichts, als daß die Luft, die sie einathmeten, und das Leben, das sie führten, wie ein Keller war, worin ein Leichnam sich länger erhält, ohne die Verwesung zu sehen, und dann verehrt sie als heilige Leiber das Volk. Wie das Gewächs des Weinstocks ist ihnen der Geist, von dem sie glauben, sei es auch schlechter Natur, es werde doch besser und höher geschätzt, wenn es alt wird. Doch nein! sie reden gar viel von den eigenen Tugenden der höheren Jahre, von der nüchternen Weisheit, von der kalten Besonnenheit, von der Fülle der Erfahrung, und von der bewunderungslosen gelassenen Vollendung in der Kenntniß der bunten Welt. Nur der Menschheit vergängliche Blüthe sei die reizende

Jugend; aber die reife Frucht sei das Alter, und was dieses dem Geiste bringt. Dann sei erst auf's höchste geläutert durch Luft und Sonne der Geist, dann in Reife versprechender Gestalt vollendet und zum köstlichen Genuß für die Verständigen bereitet das Innerste der menschlichen Natur. O der nordischen Barbaren, die nicht das schönere Klima kennen, wo zugleich glänzt die Frucht und die Blüthe, und in reichem Wetteifer immer beide sich vereinigen! Ist denn die Erde so kalt und unfreundlich, daß der Geist sich nicht zu dieser höhern Schönheit und Vollendung erheben dürfte? Wol besitzt nicht jeder alles Schöne und Gute; aber unter die Menschen sind die Gaben vertheilt, nicht unter die Zeiten[1]. Ein ander Gewächs ist jeder; aber wie er ist, kann er blühen zugleich und Früchte tragen immerdar. Was sich in demselben vereinigen kann, das alles kann derselbe auch neben einander haben und erhalten, kann es und soll es auch.

63. — Monologen.

Jugend und Alter (Suite).

Wie kommt dem Menschen die besonnene Weisheit und die reife Erfahrung? Wird sie ihm gegeben von oben herab und ist's höhere Bestimmung, daß er sie nicht eher erhält, als wenn er beweisen kann, daß seine Jugend verblüht ist? Ich fühle, wie ich sie jetzt erwerbe; es ist eben der Jugend treibende Kraft und das frische Leben des Geistes, was sie hervorbringt. Umschauen nach allen Seiten, aufnehmen alles in den innersten Sinn, besiegen einzelner Gefühle

---

[1] Il n'y a pas tels dons de l'esprit afférents à tel ou tel âge (Zeiten).

Gewalt, daß nicht die Thräne, sei's der Freude oder des Kummers, das Auge der Seele trübe und verdunkle seine Bilder; rasch sich von einem zum andern bewegen und, unersättlich im Handeln, auch fremdes Thun noch innerlich nachahmend abbilden: das ist das muntere Leben der Jugend, und eben das ist das Werden der Weisheit und der Erfahrung. Je beweglicher die Phantasie, je schneller die Thätigkeit des Geistes: desto eher wachsen und werden beide. Und wenn sie geworden sind, dann sollte dem Menschen nicht mehr ziemen jenes muntere Leben, das sie erzeugt hat? Sind sie denn je vollendet die hohen Tugenden? Und wenn sie durch die Jugend und in ihr geworden sind, bedürfen sie nicht immer derselben Kraft, um noch mehr zu werden und zu wachsen? Aber mit leerer Heuchelei betrügen sich die Menschen um ihr schönstes Gut, und auf den tiefsten Grund der beschränktesten Unwissenheit ist die Heuchelei gebaut. Der Jugend Beweglichkeit, meinen sie, sei das Treiben dessen, der noch sucht, und suchen zieme nicht mehr dem, der schon an des Lebens Ende steht; er müsse sich schmücken mit weiser Stille, dem verehrten Symbol der Vollendung, mit Ruhe des Herzens, dem Zeichen von der Fülle des Verstandes; so müsse der Mensch einhergehen im Alter, daß er nicht wenn er noch immer zu suchen scheine, unter dem Gelächter des Spottes über das eitle Unternehmen hinabsteigen müsse in den Tod. So jene[1], aber ihre weise Stille ist nur träge Unbeweglichkeit, und ein leeres ist ihr ruhiges Herz. Nur wer Schlechtes und Gemeines suchte, dem sei es ein Ruhm, alles gefunden zu haben! Unendlich ist, was ich erkennen und besitzen will, und nur in einer unendlichen Reihe des Handelns kann ich mich selbst ganz bestimmen. Von mir soll nie weichen der Sinn, der den Menschen vorwärts

---

[1] So jene: ainsi parlent ces hommes-là.

treibt, und das Verlangen, das nie gesättigt von dem, was gewesen ist, immer Neuem entgegen geht. Das sei der Ruhm, den ich suche, zu wissen, daß unendlich mein Ziel ist, und doch nie still zu stehen im Lauf; zu wissen, daß eine Stelle kommt auf meinem Weg, die mich verschlingt, und doch an mir und um mich nichts zu ändern, wenn ich sie sehe, und doch nicht zu verzögern den Schritt. — Darum ziemt es dem Menschen, immer in der sorglosen Heiterkeit der Jugend zu wandeln. Nie werd' ich mich alt dünken, bis ich auch fertig wäre; aber nie werd' ich fertig sein, weil ich weiß und will, was ich soll. Auch kann es nicht sein, daß des Alters Schöne und der Jugend[1] einander widerstrebe; denn nicht nur wächst in der Jugend, weshalb[2] sie das Alter rühmen; es nährt auch wieder das Alter der Jugend frisches Leben. Besser gedeiht ja, wie alle sagen, der junge Geist, wenn das reife Alter sich seiner annimmt; so verschönt sich auch des Menschen eigene innere Jugend, wenn er schon errungen hat, was dem Geiste das Alter gewährt. Schneller übersieht, was da ist, der geübte Blick, leichter faßt jedes[3], wer schon viel Aehnliches kennt, und wärmer muß die Liebe sein, die aus einem höhern Grade eigener Bildung hervorgeht. So soll mir bleiben der Jugend Kraft und Genuß bis an's Ende. Bis an's Ende will ich stärker werden und lebendiger durch jedes Handeln, und liebender durch jedes Bilden an mir selbst. Die Jugend will ich dem Alter vermählen, daß auch dies habe die Fülle und durchdrungen sei von der belebenden Wärme. Was ist's denn, worüber sie klagen im Alter? Es sind nicht die nothwendigen Folgen der Erfahrung, der Weisheit und der Bildung. Macht der Schatz der bewahrten Gedanken stumpf des Menschen Sinn, daß

[1] Der Jugend, complément de Schöne.
[2] Suppléez: dasjenige (weßhalb).
[3] Complément direct de faßt.

ihn nicht reizt weder Neues noch Altes? Wird die Weisheit mit ihrem festen Wort zuletzt banger Zweifel, der jedes Handeln zurückhält? Ist die Bildung ein Verbrennungsgeschäft, das in todte Massen den Geist verwandelt? Was sie klagen, ist nur, daß ihnen die Jugend fehlt. Und die Jugend, warum fehlt sie ihnen? Weil in der Jugend ihnen das Alter gefehlt hat. Doppelt sei die Vermählung. Jetzt schon sei im starken Gemüthe des Alters Kraft, daß sie dir erhalte die Jugend, damit später die Jugend dich schütze gegen des Alters Schwäche. Wie sie es theilen, soll gar nicht das Leben getheilt sein. Es erniedrigt sich selbst, wer zuerst jung sein will, und dann alt, wer zuerst allein herrschen läßt, was sie rühmen als jugendlichen Sinn, und dann allein folgen, was ihnen der Geist des Alters scheint; es verträgt nicht das Leben diese Trennung seiner Elemente. Ein doppeltes Handeln des Geistes ist es, das vereint sein soll zu jeder Zeit; und das ist die Bildung und die Vollkommenheit, daß beider sich immer inniger bewußt werde der Mensch in ihrer Verschiedenheit und daß er in Klarheit sondere eines jeden eigenes Geschäft.

---

66. — Monologen.

Jugend und Alter (*Suite et fin*).

Für die Pflanze selbst ist das Höchste die Blüthe, die schöne Vollendung des eigenthümlichen Daseins; für die Welt ist ihr Höchstes die Frucht, die Hülle für den Keim des künftigen Geschlechts, das Geschenk, was jedes eigene Wesen darbieten muß, daß die fremde Natur es mit sich vereinigen möge. So ist auch für den Menschen das muntere Leben der Jugend das Höchste, und weh ihm, wenn es von ihm weicht;

aber die Welt will, er soll alt sein, damit Früchte reifen je
eher je lieber. Also ordne dir das Leben einmal für immer.
Was also spät erst die Menschen das Alter lehrt, wohin
gewaltsam in ihren Fesseln die Zeit sie führt, das sei jetzt
schon aus des kräftigen Willens freier Wahl, deine Weise in
allem, was der Welt gehört. Wo die Blüte des Leben
aus freiem Willen eine Frucht ansetzt, da werde sie ein
süßer Genuß der Welt; und verborgen liege darin ein be=
fruchteter Keim, der sich einst entwickle zu eigenem neuen
Leben. Was du der Welt bietest, sei leicht sich ablösende
Frucht. Opfere nicht den kleinsten Theil deines Wesens
selbst in falscher Großmuth! Laß dir kein Herz[1] ausbrechen,
kein Blättchen abpflücken, welches Nahrung dir einsaugt
aus der umgebenden Welt! Aber treibe auch nicht zornigen
Gemüthes gleich hervor täuschenden Auswuchs, ungestaltet
und ungenießbar, wo etwa ein verderbliches Thierchen dich
sticht[2], sondern alles, was nicht für dich selbst ist Wachs=
thum der Gestalt oder Bildung neuer Organe, das sei
wahre Frucht, aus der inneren Liebe des Geistes erzeugt, als
freie That seines jugendlichen Lebens Denkmal. Hat sie
aber eigenes Leben gewonnen, so trete sie allmählich hervor
aus ihren Umhüllungen; und dann werde sie weiter gebildet
nach des äußern Handelns Gesetz. Dann sei Klugheit um
sie geschäftig und nüchterne Besonnenheit, daß auch wirklich
der Welt zu Gute komme, was freigebig die Liebe ihr zuge=
dacht hat. Dann wäge bedachtsam Mittel und Zweck, sorge
und schaue umher mit weiser Furcht, halte zu Rathe Kraft

---

[1] Herz: cotylédon.

[2] Certaines plantes, les feuilles du chêne par exemple, produisent des excroissances là où un insecte les a piquées. L'auteur
compare ces excroissances aux œuvres hâtives et précoces des
jeunes gens, qui ne laissent pas à leur esprit le temps de mûrir,
et veulent être vieux à vingt ans.

und Arbeit, lege hoch an deine Mühe, und harre geduldig und unverdrossen des glücklichen Augenblicks.

Wehe, wenn die Jugend in mir, die frische That, die alles zu Boden wirft, was sie einzwängen will, der leichte Sinn, der immer weiter strebt, sich je beimengte mit des Alters Geschäft, und mit schlechtem Erfolg auf dem fremden Gebiete des äußeren Thuns die Kraft verschwendete, die sie dem innern Leben entzöge! So mögen nur die untergehen, die den ganzen Reichthum des Lebens nicht kennen, und also mißverstehend den heiligen Trieb jugendlich sein wollen im äußeren Thun. Im Augenblick soll eine Frucht reifen, wie eine Blüthe sich entfaltet in einer Nacht; es drängt ein Entwurf den andern und keiner gedeiht; und im raschen Wechsel widersprechender Mittel zerstört sich jedes angefangene Werk. Haben sie so in vergeblichen Versuchen die schöne Hälfte des Lebens verschwendet, und nichts gewirkt noch gethan, wo Wirken und Thun ihr ganzer Zweck war; so verdammen sie den leichten Sinn und das rasche Leben, und es bleibt ihnen allein das Alter zurück, schwach und elend, wie es sein muß, wo die Jugend verscheucht und verzehrt ist. Daß sie mir nicht auch fliehe, will ich sie nicht mißbrauchen; sie soll mir nicht dienen auf fremdem Gebiete zu ungebührlichem Geschäft; in den Grenzen ihres Reichs will ich sie halten, daß ihr kein Verderben nahe. Da aber soll sie mir walten jetzt und immer in ungestörter Freiheit; und kein Gesetz, welches nur dem äußern Thun gebieten darf, soll mir das innere Leben beschränken.

XVI

SCHOPENHAUER

Arthur Schopenhauer, né à Dantzig, en 1788, avait pour mère Jeanne Schopenhauer, l'amie de Gœthe et qui s'était fait une place marquante dans la littérature allemande, en publiant des romans et des récits de voyage estimés. Ses sœurs publièrent également des contes et des romans. Son père, un riche négociant, le destinait au commerce, et lui fit faire, dans cette intention, des voyages en France et en Angleterre, en compagnie de sa mère. Mais, après la mort de son père, il se mit, à l'âge de vingt et un ans, à étudier la philosophie à l'Université de Gœttingue, où il eut pour professeur le sceptique G. E. Schulze, qui lui conseilla de lire, de préférence à tous les autres philosophes, Kant et Platon. En 1811 il se rendit à Berlin pour y assister aux cours de Fichte, dont le système, toutefois, ne le satisfit pas. Aussi ne tarda-t-il pas à se rendre à Iéna, où il soutint la thèse : *Ueber die vierfache Wurzel des Satzes vom zureichenden Grunde* (fiendi, cognoscendi, essendi, agendi). Puis il alla rejoindre, à Weimar, sa mère, qui lui fit faire la connaissance de Gœthe. Celui-ci travaillait alors à sa *Théorie des couleurs*, et Schopenhauer qui fit lui-même un peu plus tard un traité d'optique, donna toute son approbation aux vues que Gœthe lui exposait. Il se livra alors avec ardeur à des études sur l'Inde ancienne, et c'est certainement à ces études qu'il faut faire remonter l'origine des tendances mystiques et ascétiques de son système. Il se fixa ensuite à Dresde où il composa son œuvre capitale : *Die Welt als Wille und Vorstellung* (1819). De retour d'un voyage qu'il fit à Rome et à Naples, il fut reçu professeur à Berlin, où il fit des cours privés de philosophie jusqu'en 1831. Pendant ce temps il avait fait un nouveau voyage en Italie. Le choléra et le peu de succès de son enseignement lui firent quitter Berlin ; il alla s'établir à Francfort-sur-le-Mein, où il fit des cours privés et travailla à compléter son système. Jaloux des succès obtenus par Hegel et Schelling à l'Université de Berlin, où lui-même avait échoué, il se mit alors à critiquer amèrement et à persifler, fort spirituellement d'ailleurs, les philosophes-professeurs. Il insinuait malicieusement que les efforts qu'ils faisaient pour concilier la philosophie avec la religion manquaient de sincérité et étaient dictés seulement par le désir de garder leur poste et le traitement qui y était attaché. La finesse de ces critiques, et la facile beauté de son style populaire firent goûter ses écrits, qui, jusque-là, avaient eu peu de lecteurs. Les travaux de Frauenstædt, surnommé le *Doctor indefatigabilis*, contribuèrent beaucoup à mettre en relief les écrits de Schopenhauer, qui se vantait d'être « oligographe ». Peu de temps avant sa mort, qui eut lieu en 1860, ses ouvrages avaient trouvé un grand nombre de lecteurs en dehors du monde savant et étaient devenus à la mode.

Sa thèse contient le fondement de sa Logique. Ses autres ouvrages les plus remarquables, outre son œuvre capitale, sont : *Ueber den Willen in der Natur* (1836), qui contient sa philosophie naturelle ; *Die beiden Grundprobleme der Ethik* (1841), qui traitent de la pitié comme fondement de l'éthique et de la liberté de la volonté. L'ouvrage qui jouit surtout d'une vogue extraordinaire, fut le recueil intitulé : *Parerga und Paralipomena* (1851), qui contient entre autres ses attaques contre les philosophes-professeurs ; *Ueber das Geistersehen*, où se manifestent ses tendances mystiques. Ses œuvres complètes ont été publiées en 1873-74.

Le système de Schopenhauer est plein de contradictions plus ou moins apparentes, mais il contient beaucoup d'opinions vraies et des aperçus pleins de finesse. Son système se rattache immédiatement à celui de Kant dans la *Critique de la raison pure*, non à l'élément réaliste, mais à l'élément idéaliste de ce système. Comme Kant, il regarde les choses qui sont dans l'espace et le temps comme de simples phénomènes (*Erscheinungen*), et l'espace et le temps comme des formes subjectives pures et *a priori*. Mais, conformément à l'opinion de Fichte, et contrairement à celle de Kant, il n'admet pas qu'on puisse légitimement conclure de ces phénomènes à l'existence réelle des choses qui les ont produits. Cette conclusion, en effet, s'appuie sur le principe de causalité qui, d'après Kant, n'est qu'une forme subjective de notre jugement sans aucune valeur objective. Le monde extérieur n'est donc, pour Schopenhauer comme pour Fichte, qu'une simple représentation, (*die Welt als Vorstellung*, titre de son principal ouvrage), une fiction (*Hirngespinnst*). Mais par suite d'une contradiction dans son système, il arrive, par une autre voie, non seulement à admettre avec Kant que l'objet en soi existe, mais il va encore jusqu'à prétendre que nous en connaissons la qualité, non par l'intelligence, mais par une intuition immédiate; il soutient que nous connaissons le monde extérieur comme *volonté* (*die Welt als Wille*, second titre de son ouvrage capital). Par ce mot il entend non seulement le vouloir, le désir conscient, mais encore le désir inconscient, l'instinct et jusqu'aux forces de la nature inorganique. Le corps de l'homme est le vouloir objectivé de sa volonté. Mais entre la volonté et les individus, Schopenhauer place les idées, comprises à la manière de Platon. Les idées sont les degrés d'objectivité de la volonté ; elles sont exprimées dans d'innombrables individus dont elles sont les modèles irréalisables. Chaque organisme ne représente l'idée dont il est l'image que lorsqu'on le contemple affranchi de la lutte qu'il soutient contre les idées subalternes, qui lui disputent la matière. L'art est la représentation pure de l'idée dans l'individu. Ce n'est que dans les plus hauts degrés d'objectivité de la volonté que la conscience se révèle ; dans les degrés inférieurs la volonté est *sotte* et *aveugle*. Quand la conscience s'est réveillée, l'intelligence s'aperçoit qu'elle n'est que la servante de la volonté de vivre, qui lui impose toutes sortes de souffrances ; mais dans les hommes de génie, l'intelligence s'affranchit de cette servitude. Si à l'objectivité de la volonté de vivre se rattachent tant de souffrances et de maux, c'est que ce monde est non pas le meilleur, mais le pire possible. Il n'y a que deux manières de remédier à ces maux ; l'un de ces remèdes est la pitié, la compassion qui peut consoler bien des misères ; mais le remède le plus efficace c'est l'ascétisme, ce que appelle Schopenhauer le *repos de la volonté*, qui tue la sensibilité, la volonté de vivre, sans pousser néanmoins au suicide, et qui conduit l'homme à une espèce de quiétude, de béatitude inconsciente, au moyen du renoncement aux sens ; il aboutit ainsi à l'ascétisme bouddhique ou à l'ascétisme monacal du christianisme.

67. — Ueber die Universitäts-Philosophie.

'Η ατιμια φιλοσοφια διὰ ταυτα προσπεπτωκεν, ὅτι οὐ κατ' ἀξίαν αὐτῆς ἅπτονται· οὐ γὰρ νόθους ἔδει ἅπτεσθαι, ἀλλὰ γνησίους.

PLATO, de rep. VII.

Daß die Philosophie auf Universitäten gelehrt wird, ist ihr allerdings auf mancherlei Weise ersprießlich. Sie erhält damit eine öffentliche Existenz und ihre Standarte ist aufgepflanzt vor den Augen der Menschen, wodurch stets von Neuem ihr Dasein in Erinnerung gebracht und bemerklich wird. Der Hauptgewinn hieraus wird aber sein, daß mancher junge und fähige Kopf mit ihr bekannt gemacht und zu ihrem Studium auferweckt wird. Inzwischen muß man zugeben, daß der zu ihr Befähigte und aber daher ihrer Bedürftige sie auch wohl auf anderen Wegen antreffen und kennen lernen würde. Denn was sich liebt und für einander geboren ist, findet sich leicht zusammen; verwandte Seelen grüßen sich schon aus der Ferne. Einen Solchen nämlich wird jedes Buch irgend eines ächten Philosophen, das ihm in die Hände fällt, mächtiger und wirksamer anregen, als der Vortrag eines Katheterphilosophen, wie ihn der Tag gibt, es vermag. Auch sollte auf den Gymnasien der Plato fleißig gelesen werden, als welcher [1] das wirksamste Erregungsmittel des philosophischen Geistes ist. Ueberhaupt aber bin ich allmählich der Meinung geworden, daß der erwähnte Nutzen der Katheterphilosophie von dem Nachtheil überwogen werde, den die Philosophie als Profession der Philosophie als freier Wahrheitsforschung, oder die Philosophie im Auftrage der Regierung der Philosophie im Auftrage der Natur und der Menschheit bringt.

Zuvörderst wird eine Regierung nicht Leute besolden, um dem, was sie durch tausend von ihr angestellte Priester oder Religionslehrer von allen Kanzeln verkünden läßt, direkt oder auch nur indirekt zu widersprechen, da dergleichen in dem Maaße, als es wirkte, jene erstere Veranstaltung unwirksam machen müßte. Denn bekanntlich heben Urtheile einander nicht allein durch den kontradiktorischen, sondern auch durch den blos konträren Gegensatz auf; z. B. dem Urtheile „die Rose ist roth" widerspricht nicht allein dieses „sie ist nicht roth", sondern auch schon dieses „sie ist gelb", als welches hierin eben so viel, ja mehr leistet [2]. Daher der Grundsatz:

---

[1] Als welcher... ist, comme étant.
[2] Le jugement « la rose est jaune » est plus efficace pour détruire le jugement « la rose est rouge » que le jugement « la rose n'est pas rouge ; » d'abord parce que le premier ne se contente pas de nier simplement, mais remet dans l'esprit une autre affir-

improbant secus docentes. Durch diesen Umstand gerathen aber die Universitätsphilosophen in eine ganz eigenthümliche Lage, deren öffentliches Geheimniß hier einmal Worte finden mag[1]. In allen anderen Wissenschaften nämlich haben die Professoren derselben blos die Verpflichtung, nach Kräften und Möglichkeit zu lehren, was wahr und richtig ist. Ganz allein bei den Professoren der Philosophie ist die Sache cum grano salis zu verstehen[2]. Hier nämlich hat es mit derselben ein eigenes Bewandtniß, welches darauf beruht, daß das Problem ihrer Wissenschaft dasselbe ist, worüber auch die Religion in ihrer Weise Aufschluß ertheilt; deshalb ich diese als die Metaphysik des Volkes bezeichnet habe. Demnach nun sollen zwar auch die Professoren der Philosophie allerdings lehren, was wahr und richtig ist aber eben dieses muß im Grunde dasselbe sein, was die Landesreligion auch lehrt, als welche ja ebenfalls wahr und richtig ist. Hieraus entsprang jener naive, schon in meiner Kritik der Kant'schen Philosophie, angezogene Ausspruch eines ganz reputirlichen Philosophieprofessors im Jahre 1840: „Leugnet eine Philosophie die Grundideen des Christenthums, so ist sie entweder falsch, oder wenn auch wahr doch unbrauchbar." Man sieht daraus, daß in der Universitätsphilosophie die Wahrheit nur eine sekundäre Stelle einnimmt und, wenn es gefordert wird, aufstehen muß, einer

mation positive ; ensuite parce qu'on se met en garde contre une contradiction formelle, comme « la rose n'est pas rouge, » tandis qu'on accepte avec moins de réserve une proposition qui ne contredit pas formellement nos idées reçues et qui pourra peut-être, après examen, subsister parallèlement aux propositions auxquelles nous avons donné notre assentiment.

[1] Doit enfin trouver ici son expression, doit être révélé ici.
[2] L'auteur veut dire que „was wahr und richtig ist" doit être entendu *cum grano salis*, quand il s'agit de l'enseignement philosophique ; il faut entendre par ces mots : ce qui est orthodoxe, conforme à la foi orthodoxe.

andern Eigenschaft¹ Platz zu machen. Dies also unterscheidet auf den Universitäten die Philosophie von allen andern daselbst kathedersäßigen² Wissenschaften.

In Folge hiervon wird, so lange die Kirche besteht, auf den Universitäten stets nur eine solche Philosophie gelehrt werden dürfen, welche, mit durchgängiger Rücksicht auf die Landesreligion abgefaßt, dieser im Wesentlichen parallel läuft und daher stets allenfalls kraus³ figurirt, seltsam verbrämt und dadurch schwer verständlich gemacht, — doch im Grunde und in der Hauptsache nichts Anderes, als eine Paraphrase und Apologie der Landesreligion ist. Den unter diesen Beschränkungen Lehrenden bleibt sonach nichts Anderes übrig, als nach neuen Wendungen und Formen zu suchen, unter welchen sie den in abstrakte Ausdrücke verkleideten und dadurch fade gemachten Inhalt der Landesreligion aufstellen, der alsdann Philosophie heißt⁴. Will jedoch Einer oder der Andere außerdem noch etwas thun, so wird er entweder in benachbarte Fächer divagiren⁵, oder seine Zuflucht zu allerlei unschuldigen Pößchen nehmen, wie etwan schwierige analytische Rechnungen über das Aequilibrium der Vorstellungen im menschlichen Kopfe auszuführen, und ähnliche Späße.

¹ Mot à mot, la vérité doit faire place à une autre *qualité*, c'est-à-dire à une autre qualité que le *vrai*, au *faux*.

² Siégeant dans des chaires, c'est-à-dire enseignées dans des chaires.

³ Confus, embrouillé…

⁴ Allusion à la philosophie religieuse de Hegel.

⁵ Faire des digressions.

68. — Den Intellekt überhaupt und in jeder Beziehung betreffende Gedanken.

Wie wenig geeignet zum philosophischen Nachdenken der menschliche Verstand in der Regel sei, zeigt unter anderm sich darin, daß auch jetzt nach allem, was seit Cartesius darüber gesagt worden, immer noch dem Idealismus der Realismus getrost entgegentritt mit der naiven Behauptung, die Körper wären als solche nicht blos in unserer Vorstellung, sondern auch wirklich und wahrhaft vorhanden. Aber gerade diese Wirklichkeit selbst, diese Art und Weise der Existenz sammt Allem, was sie enthält, ist es ja, von der wir behaupten, daß sie nur in der Vorstellung vorhanden ist und außerdem nirgends anzutreffen sei; weil sie nur eine gewisse nothwendige Ordnung der Verknüpfung unserer Vorstellungen ist. Bei Allem[1], was frühere Idealisten, zumal Berkeley[2] gelehrt haben, erhält man die recht gründliche Ueberzeugung davon doch erst durch Kant; weil er die Sache nicht mit einem Schlage abthut, sondern ins Einzelne geht, das Apriorische ausscheidet und dem empirischen Element überall Rechnung trägt. Wer nun aber die Idealität der Welt einmal begriffen hat, dem erscheint die Behauptung, daß solche, auch wenn Niemand sie vorstellte, doch vorhanden sein würde, wirklich unsinnig; weil sie einen Widerspruch aussagt: denn ihr Vorhandensein bedeutet eben nur ihr Vorgestelltwerden. Ihr Dasein selbst liegt in der Vorstellung des Subjekts[3]. Dies eben besagt der Ausdruck: sie ist Ob-

---

[1] Malgré tout.
[2] Voir plus haut, page 72, la note sur Berkeley.
[3] Schaue ich irgend einen Gegenstand, etwa eine Aussicht, an, und denke mir, daß in diesem Augenblick mir der Kopf abgeschlagen würde; — so weiß ich, daß der Gegenstand unverrückt und unerschüttert stehen bleiben würde: — das implicirt aber im tiefsten

10.

jekt. Demgemäß legen auch die edleren, älteren und besseren Religionen, also Brahmanismus und Buddhaismus ihren Lehren durchaus den Idealismus zum Grunde, dessen Anerkennung sie mithin sogar dem Volke zumuthen. Das Judenthum hingegen ist eine rechte Concentration und Consolidation des Realismus [1].

Eine von Fichte eingeführte und seitdem habilitirte Erschleichung [2] liegt im Ausdruck „das Ich". Hier wird nämlich durch die substantive Redeform und den vorgesetzten Artikel das wesentlich und schlechthin Subjektive zum Objekt umgewandelt. Denn in Wahrheit bezeichnet Ich das Subjektive als solches, welches daher gar nie Objekt werden kann, nämlich das Erkennende [3] im Gegensatz und als Bedingung alles Erkannten. Dies hat die Weisheit aller Sprachen dadurch ausgedrückt, daß sie Ich nicht als Substantiv behandelt; daher eben Fichte der Sprache Gewalt anthun mußte, um seine Absicht durchzusetzen.

Grunde, daß auch ich ebenso noch dasein würde. Dies wird Wenigen einleuchten, aber für diese Wenigen sei es gesagt.

(*Note de l'Auteur.*)

[1] Cela n'est vrai, jusqu'à un certain point, que du mosaïsme. Loin, en effet, de prêcher le renoncement aux biens de ce monde, comme le brahmanisme, le bouddhisme et d'autres religions plus modernes, Moïse fait souvent du bien-être physique la sanction de la vertu et de l'observance de la Loi. Mais cela n'est plus vrai du judaïsme proprement dit, c'est-à-dire de la religion de Moïse, telle qu'elle se transforma durant et après l'exil de Babylone; car, à partir de cette époque, le dogme de l'immortalité de l'âme, se développant chez les Juifs, les détacha peu à peu de cet amour excessif du bien-être physique et les porta à ne voir la sanction de la loi morale que dans les rémunérations toutes spirituelles de la vie à venir. Dès le premier siècle avant l'ère chrétienne, il y avait déjà parmi les Israélites de nombreuses sectes, telles que celle des Esséniens, dont les membres menaient une vie ascétique.

[2] L'auteur emploie le mot Erschleichung (subreption) pour dire que Fichte a introduit l'expression : Das Ich, furtivement, subrepticement dans la langue allemande.

[3] Suppléez : nämlich (das Ich bezeichnet) das Erkennende, etc.

69. — Skizze einer Geschichte der Lehre vom Idealen und Realen.

Kartesius gilt mit Recht für den Vater der neuen Philosophie, zunächst und im Allgemeinen, weil er die Vernunft angeleitet hat, auf eigenen Beinen zu stehen, indem er die Menschen lehrte, ihren eigenen Kopf zu gebrauchen, für welchen bis dahin die Bibel einerseits und der Aristoteles anderseits funktionnirten; im besondern aber und engern Sinne, weil er zuerst das Problem zum Bewußtsein gebracht hat[1], um welches seitdem alles Philosophiren sich hauptsächlich dreht: das Problem vom Idealen und Realen, d. h. die Frage, was in unserer Kenntniß objektiv und was darin subjektiv sei, also was darin etwanigen[2], von uns verschiedenen Dingen, und was uns selber zuzuschreiben sei. In unserm Kopfe nämlich entstehen, nicht auf innern — etwa von der Willkür oder dem Gedankenzusammenhange ausgehenden[3], folglich auf äußern Anlaß, Bilder. Diese Bilder allein sind das nur unmittelbar Bekannte, das Gegebene. Welches Verhältniß mögen sie haben zu Dingen, die völlig gesondert und unabhängig von uns existirten und irgendwie Ursache dieser Bilder würden? Haben wir Gewißheit, daß überhaupt solche Dinge nur sind? und geben in diesem Falle die Bilder uns auch über deren Beschaffenheit Aufschluß? — Dies ist das Problem und in Folge desselben ist, seit 200 Jahren, das Hauptstreben der Philosophen, das Ideale, d. h. das, was unserer Erkenntniß allein und als solcher[4] angehört, von dem Realen, d. h. dem unabhängig von ihr Vor-

---

[1] Parce que le premier il a eu conscience du problème...
[2] Pour etwaigen.
[3] Adjectif de Anlaß.
[4] En tant que connaissance.

handenen rein zu sondern, durch einen in der rechten[1] Linie wohlgeführten Schnitt, und so das Verhältniß beider zu einander festzustellen.

Wirklich scheinen weder die Philosophen des Alterthums, noch auch die Skolastiker zu einem deutlichen Bewußtsein dieses philosophischen Urproblems gekommen zu sein, wiewohl sich eine Spur davon, als Idealismus, ja auch als Lehre von der Idealität der Zeit, im Plotinos[2] finde und zwar Enneas III. lib. 7 c. 10, woselbst er lehrt, die Seele habe die Welt gemacht, indem sie aus der Ewigkeit in die Zeit getreten sei. Da heißt es z. B. ου γαρ τις αυτου τουτου του παντος τοπος, η ψυχη (neque datur alius hujus universi locus, quam anima), wie auch δει δε ουχ εξωθεν της ψυχης λαμβανειν τον χρονον, ωσπερ ουδε τον αιωνα εχει εξω του οντος (oportet autem ne quaquam extra animam tempus accepere, quemadmodum neque æternitatem ibi extra id, quod ens apellatur), womit eigentlich schon Kants Idealität der Zeit ausgesprochen ist. Und im folgen-

---

[1] Non pas la ligne droite, mais la ligne qu'il faut, la ligne juste.

[2] Plotin, le plus célèbre des néoplatoniciens, était né à Lycopole, en Égypte, en 205. Élève du philosophe Alexandrin Ammonias Saccas, il accompagna l'empereur Gordien dans son expédition en Perse, pour étudier en Perse et dans l'Inde les sources de la philosophie antique. A la mort de l'empereur, il se fixa à Rome où il enseigna la philosophie. Il y menait une vie ascétique et passait pour faire des miracles. Il conçut le projet de fonder en Campanie un État sur le modèle de la République de Platon ; mais la mort de l'empereur Gallien fit avorter ce projet. Après sa mort (270), son élève Porphyre publia ses œuvres en six parties, dont chacune contenait neuf livres (Ennéades). D'après Plotin, l'univers est l'émanation du contingent du sein de l'absolu. Le but de l'homme est de s'élever par la vertu et par la science du monde matériel au monde intellectuel pour s'abimer finalement au sein de l'absolu. Plotin croit à la métempsycose, aux démons, aux dieux. Les mystiques modernes ont presque tous puisé dans les œuvres de ce théosophe.

den Kapitel οὑτος ὁ βιος τον χρονον γεννᾳ διο και ειρηται ἁμα τῳδε τῳ παντι γεγονεναι, ὁτι ψυχη αυτον μετα τουδε του παντος ἐγεννησεν (haec vita nostra tempus gignit: quamobrem dictum est, tempus simul cum hoc universo factum esse: quia anima tempus una cum hoc universo progenuit). Dennoch bleibt das deutlich erkannte und deutlich ausgesprochene Problem das charakteristische Thema der neuern Philosophie, nachdem die hierzu nöthige Besonnenheit in Kartesius zuerst erwacht war, als welcher ergriffen wurde von der Wahrheit, daß wir zunächst auf unser eigenes Bewußtsein beschränkt sind und die Welt nur allein als Vorstellung gegeben ist: durch sein bekanntes dubito, cogito, ergo sum wollte er das allein Gewisse des subjektiven Bewußtseins im Gegensatz des problematischen alles Uebrigen hervorheben und die große Wahrheit aussprechen, daß das Einzige, wirklich und unbedingt Gegebene das Selbstbewußtsein ist. Genau betrachtet ist sein berühmter Satz das Aequivalent dessen, von welchem ich ausgegangen bin: „die Welt ist meine Vorstellung". Der alleinige Unterschied ist, daß der seinige die Unmittelbarkeit des Subjekts, der meinige die Mittelbarkeit des Objekts hervorhebt[1]. Beide Sätze drücken das Selbe von zwei Seiten aus, sind Kehrseiten von einander, stehen also in demselben Verhältniß, wie das Gesetz der Trägheit und das der Kausalität, gemäß meiner Darlegung in der Vorrede zur Ethik. Allerdings hat man seitdem seinen Satz unzählige Male nachgesprochen, im bloßen Gefühl seiner Wichtigkeit un ohne vom eigentlichen Sinn und Zweck desselben ein deutliches Verständniß zu haben. Er also deckte die Kluft auf,

---

[1] Il y a encore une autre différence, qui est capitale, c'est que la proposition de Descartes, dans son admirable précision, contient en même temps sa preuve, tandis qu'il n'en est nullement ainsi de celle de l'auteur.

welche zwischen dem Subjektiven oder Idealen und dem Ob=
jektiven oder Realen liegt. Diese Einsicht kleidete er in den
Zweifel an der Existenz der Außenwelt; allein durch seinen
dürftigen Ausweg aus diesem — daß nämlich der liebe Gott
uns doch wohl nicht betrügen werde — zeigte er, wie tief
und schwer zu lösen das Problem sei. Inzwischen war durch
ihn dieser Skrupel in die Philosophie gekommen und mußte
fortfahren, beunruhigend zu wirken, bis zu seiner gründ=
lichen Erledigung. Das Bewußtsein, daß ohne gründliche
Kenntniß und Aufklärung des dargelegten Unterschieds kein
sicheres und genügendes System möglich sei, war von dem
an vorhanden, und die Frage konnte nicht mehr abgewiesen
werden.

70. — Von der Erkennbarkeit[1] eines Dinges an sich.

Was ist Erkenntniß? — Sie ist zunächst und wesentlich
Vorstellung. — Was ist Vorstellung? — Ein sehr kom=
plizirter philosophischer Vorgang im Gehirne eines Thieres,
dessen Resultat das Bewußtsein eines Bildes ebendaselbst
ist. Offenbar kann die Beziehung eines solchen Bildes auf
etwas von dem Thiere, in dessen Gehirn es dasteht gänzlich
Verschiedenes nur eine sehr mittelbare sein. Dies ist viel=
leicht die einfachste und faßlichste Art, die tiefe Kluft zwischen
dem Idealen und Realen aufzudecken. Diese[2] nämlich ge=
hört zu den Dingen, deren man, wie der Bewegung der
Erde, nicht unmittelbar inne wird. Darum hatten die Alten
sie, wie eben auch diese, nicht bemerkt. Hingegen, von Kar=

[1] Possibilité d'être connu.
[2] Diese (Kluft).

tesius zuerst ein Mal nachgewiesen, hat sie seitdem den Philosophen keine Ruhe gegönnt. Nachdem aber zuletzt Kant die völlige Diversität des Idealen und Realen am allergründlichsten dargethan, war es ein so kecker wie absurder, jedoch auf die Urtheilskraft des philosophischen Publikums in Deutschland ganz richtig berechneter und daher von glänzendem Erfolg gekrönter Versuch, durch auf angebliche intellektuelle Anschauung sich berufende Machtsprüche, die absolute Identität beider behaupten zu wollen.

Die Wahrheit hingegen ist ein subjektives und ein objektives Dasein, ein Seyn, für sich und ein Seyn für Andere, ein Bewußtsein des eigenen Selbst und ein Bewußtsein von anderen Dingen, uns unmittelbar gegeben, und beide sind es auf so grundverschiedene Weise, daß keine andere Verschiedenheit dieser gleich kommt. Von sich weiß jeder unmittelbar, von allem Andern nur sehr mittelbar. Dies ist die Thatsache und das Problem.

XVII

HERBART

Jean-Frédéric Herbart naquit, en 1776, à Oldenbourg, où son père était conseiller de justice. Il fit ses premières études au gymnase de cette ville ; et comme il se sentait beaucoup de goût pour la philosophie, il ne tarda pas à étudier les systèmes de Wolff et de Kant. A l'âge de dix-huit ans, il alla compléter ses études philosophiques à l'Université d'Iéna, où il suivit les cours de Fichte dont le système toutefois ne le contenta pas ; il n'approuvait pas davantage les idées de Schelling, exprimées dans son ouvrage : *Vom Ich*. Il résolut dès lors de ne pas s'arrêter aux résultats auxquels étaient arrivés les philosophes qui l'avaient précédé, mais de soumettre leurs principes à un examen sévère et de donner la démonstration mathématique pour base aux études psychologiques. En 1794 et 1796 il publia quelques critiques qui contiennent déjà en germe les principales parties de sa doctrine. De 1797 à 1800 il fut précepteur de la famille de Steiger à Interlaken. Il enseigna d'abord à ses élèves la poésie et les mathématiques, jugeant que la morale et l'histoire ne devaient être enseignées que plus tard. Vers cette époque il se lia avec Pestalozzi dont il a reproduit un grand nombre de vues dans ses œuvres pédagogiques. Mais l'enseignement qu'il donnait ne le détourna pas de ses études philosophiques, et il se mit à étudier avec ardeur la philosophie ancienne, surtout celle de Socrate et de Platon. Rappelé en 1802 en Allemagne par des affaires de famille, il fut reçu professeur à Gœttingue, où il fit d'abord des cours privés de philosophie et de pédagogie et où il fut nommé professeur extraordinaire en 1805. Quatre ans plus tard, G. de Humboldt le fit appeler à la chaire de philosophie et de pédagogie à Kœnigsberg ; il y fonda et dirigea en même temps un séminaire pédagogique (école normale primaire). Mais le désir de se trouver dans une ville plus centrale, dans l'intérêt même de son enseignement philosophique, lui fit accepter en 1833 la place de professeur de philosophie à Gœttingue. Il y fut nommé conseiller de cour et y mourut en 1841.

Le système philosophique de Herbart, à la fois original et profond, est un des plus considérables de la philosophie nouvelle. La philosophie, en général, dit-il, ne s'occupe pas d'un objet particulier, mais de l'ensemble de toutes les idées essentielles de l'intelligence humaine ; et sa spécialité consiste seulement dans la manière dont elle étudie ces idées. Elle ne doit pas descendre de la pensée à l'être, mais elle doit chercher sa base dans l'expérience, qui est la seule source certaine de toute connaissance. Aussi a-t-il appelé lui-même son système « le réalisme » ; il y fait entrer en même temps les opinions de l'école d'Élée, celles de Platon, de Leibniz et de Kant. Comme l'expérience est donc le seul point de départ certain de la connaissance, la philosophie n'a d'autre but que de travailler sur les idées ou notions fournies par l'expérience (*Bearbeitung der Begriffe*) ; et c'est précisément de la nature de ce travail sur les idées que découlent les trois grandes divisions que comporte la philosophie : la philosophie formelle ou la logique, la philosophie théorique ou la métaphysique, et la philosophie pratique ou l'esthétique, qui renferme aussi l'éthique.

La logique a pour but la clarté des idées, leur combinaison en tant qu'elle donne lieu à des jugements, et la réunion des jugements qui constitue le raisonnement. D'ailleurs, la logique que Herbart expose sommairement est tout à fait celle de Kant.

La métaphysique a pour but de corriger les idées ; car, dit Herbart, les idées fournies par l'expérience sont pleines de contradictions, principalement l'idée d'un sujet un malgré la diversité des attributs, l'idée du changement au sein d'un sujet qui demeure identique, enfin l'idée du moi, c'est-à-dire l'idée d'un être qui a conscience de lui-même, qui a conscience d'avoir cette conscience, et ainsi de suite à l'infini. Et cependant l'expérience nous fournit ces données, qui ne peuvent être trompeuses ; car, supposé même qu'elles ne soient que des apparences empiriques, toujours est-il que chaque apparence répond certainement à quelque chose de réel et en est le reflet. Le but de la métaphysique est précisément de concilier ces contradictions en ajoutant à ces idées ce que Herbart appelle leur « complément ». La métaphysique est donc la science de l'intelligibilité de l'expérience ; elle corrige les formes de l'expérience qui donnent lieu à des contradictions, elle rétablit l'harmonie entre le monde extérieur et le monde intérieur, entre les données des sens et celles de l'esprit. Et voici comme elle concilie les trois ordres de contradictions dont il a été question : un objet n'est qu'une collection de plusieurs entités simples (monades), dont chacune a sa qualité ; ce qui résout la première contradiction. Pour ce qui est de l'unité subsistant dans la modification, Herbart admet que les entités simples qui constituent un objet modifient cet objet en se pénétrant réciproquement, et que l'objet a une force de conservation propre qu'il oppose constamment à cette modification, à cette pénétration réciproque. Quant aux contradictions dans les représentations du moi, Herbart établit qu'il faut distinguer entre les représentations perçues (*apercepirten*) et percevantes (*apercepirenden*) ; mais l'unité même de ces représentations démontre la simplicité de l'âme.

L'âme, selon Herbart, est un être simple, ne pouvant être déterminé ni par l'espace, ni par le temps, et ne possédant pas de facultés distinctes ; la sensibilité, l'imagination, la raison de l'âme ne sont que des inventions des psychologues. Quant à dire ce qu'elle est en elle-même, ce qu'est sa monade, ni la philosophie empirique, ni la philosophie spéculative ne sauraient le faire. Il ajoute cependant que le siège de l'âme est dans un point unique au milieu du cerveau. Si les sens sont affectés et que l'ébranlement subi se propage par les nerfs jusqu'au cerveau, l'âme est pénétrée des êtres réels qui l'entourent et se les représente. Mais alors la force de conservation propre qu'elle possède au même titre que tout autre être réagit contre les impressions reçues et les représentations qui en sont la suite, pour maintenir son unité. Toutes ces représentations persistent même après que les sens ne sont plus affectés. Mais quand elles se contredisent totalement ou partiellement, elles ne peuvent subsister ensemble, et chacune perd de son intensité une partie telle que la somme des pertes égale la somme des intensités de chacune, moins l'intensité de la plus forte. De là la possibilité, la nécessité même d'appliquer les formules mathématiques à la psychologie et de créer ce qu'il appelle la « statique et la mécanique de l'esprit ».

Mais il y a une autre classe d'idées qui ne demandent pas, il est vrai, à être modifiées et complétées, mais qui appellent des jugements d'approbation ou d'improbation ; la science, qui a pour objet ces idées, est l'esthétique. Les jugements esthétiques naissent du plaisir ou du déplaisir causés par certains rapports, comme par exemple les jugements de plaisir et de déplaisir causés par les rapports de la volonté. Si ces rapports sont en harmonie entre eux, si la volonté de l'un s'accorde avec la volonté de l'autre, ils donnent naissance à l'idée de *bienveillance* ou d'*amour*. Au besoin d'éviter toute collision entre des volontés qui se dirigent dans le même sens se rapporte l'idée *du droit* ; à la disparition de toute inégalité entre celui qui souffre et celui qui fait souffrir, se rapporte l'idée de la *rémunération*. L'État est chargé d'appliquer, de réaliser les données de l'esthétique.

Herbart prouve l'existence de Dieu par l'argument théologique. L'idée de Dieu gagne à être associée aux attributs fournis par l'éthique, à la sainteté, la toute-puissance, l'amour et la justice. L'adoration de Dieu est un besoin moral. La foi religieuse est plus ancienne que la philosophie et se trouve plus profondément inculquée dans l'esprit humain que cette dernière; elle n'a besoin d'aucun fondement scientifique.

Les principaux ouvrages de Herbart sont : *Ueber Pestalozzi's neueste Schrift (Gertrude)* (1802); *Pestalozzi's Idee eines ABC der Anschauung* (1802) ; *De Platonici systematis fundamento commentatio* (1805); *Allgemeine Pädagogik* (1806); *Hauptpunkte der Logik* (1808) ; *Allgemeine praktische Philosophie* (1708); *Psychologie, Untersuchung über die Stärke einer gegebenen Vorstellung ; Theoriæ de attractione elementorum principia metaphysica* (1812) ; *Lehrbuch zur Einleitung in die Philosophie* (1813) ; *Lehrbuch zur Psychologie* (1816); *Gespräche über das Böse* (1817); *De attentionis mensura* (1822) ; *Ueber die Möglichkeit und Nothwendigkeit Mathematik auf Psychologie anzuwenden* (1825) ; *Allgemeine Metaphysik* (1819) ; *Kurze Encyclopädie der Philosophie* (1831) ; *De principio logico exclusi medii inter contradictoria non negligendo* (1833) ; *Umriss pädagogischer Vorlesungen* (1833) ; *Zur Lehre von der Freiheit des menschlichen Willens* (1836) ; *Analytische Beleuchtung des Naturrechts und der Moral* (1836) ; *Psychologische Unternehmungen* (1840).

---

71. — Von den Schwierigkeiten der Aesthetik im Allgemeinen.

Das Schöne und Häßliche, insbesondere das Löbliche und Schändliche, besitzt eine ursprüngliche Evidenz, vermöge deren es klar ist, ohne gelernt und bewiesen zu sein. Allein die Evidenz durchdringt nicht immer die Nebenvorstellungen, welche theils begleitend, theils von jenem selbst verursacht, sich einmischen, daher bleibt es oftmals unbemerkt; oft wird es gefühlt, aber nicht unterschieden, oft durch Verwechslungen und falsche Erklärungen entstellt. Es bedarf also herausgehoben und in ursprünglicher Reinheit und Bestimmtheit gezeigt zu werden.

Dieses vollständig zu leisten, und die [1], theils unmittelbar gefallenden, theils durch die Aufgabe das Mißfallende zu meiden herbeigeführten Musterbegriffe (Ideen) geordnet zusammenzustellen, ist die Sache der allgemeinen Aesthetik, worauf die verschiedenen Kunstlehren sich stützen müssen, welche Anleitung geben, wie, unter Voraussetzung eines bestimmten Stoffes, durch Verbindung ästhetischer Elemente, ein gefallendes Ganzes [2] könne gebildet werden. Die Einleitung in die Aesthetik hat das Geschäft, die ersten Schwierigkeiten hinwegzuräumen, welche entstehen, wenn sich die verschiedenen, hier in Betracht kommenden, Reihen von Begriffen verwirren. Das Geschäft ist also, das Logische der Auseinandersetzung und Anordnung.

Erstlich nun liegt das Schöne im allgemeinsten Sinne (das καλόν, welches das sittliche Gute unter sich befaßt), in einer Reihe anderer Begriffe, welche auch ein Vorziehen und Verwerfen ausdrücken; von diesen muß es gesondert werden.

Hat man es aus diesen herausgehoben, so ist der genauen Kenntniß wegen nöthig, gewisse Ausdrücke subjektiver Gemüthszustände zu bemerken, welche Irrthum veranlassen, wenn in ihnen eine Erkenntniß des Schönen gesucht wird. Die Reihe der Erregungen muß abgesondert werden.

Ferner ist bei Seite zu setzen, was sich auf den Standpunkt des Zuschauers, als Bewunderers oder Kritikers,

---

[1] Die est l'article de „Musterbegriffe."
[2] Ganzes garde, comme substantif, la terminaison de l'adjectif.

bezieht, der¹, im letztern Falle², Vorschriften, Imperative³, aufzustellen unternimmt. Alsdann erst kann auf die wahren Elemente des Schönen hingewiesen, und von den Kunstlehren übersichtlich Etwas hinzugefügt werden.

Der gemeinen Verwechselung des Schönen und Guten mit dem Nützlichen und Angenehmen muß zuerst Erwähnung geschehen. Obgleich diejenigen davor beinahe sicher sind, welche mit irgend einer Kunst oder Wissenschaft sich gehörig, d. h. deren innere Vortrefflichkeit anerkennend, beschäftigen. Das Nützliche hat einen außer ihm liegenden Beziehungspunkt; es setzt irgend etwas anderes voraus, wozu es nütze.

Anmerkung. Bei älteren Schriftstellern, auch bei den klassischen Alten ist nichts gewöhnlicher als die Verwechselung oder Vermengung des Nützlichen mit dem Guten. Man findet diese Verwechselung als herrschenden Hauptgedanken in Xenophon's Memorabilien; Platon und Aristoteles erheben sich über sie mit einiger Anstrengung; und die Stoiker sieht man theilweise wieder darin zurückgleiten. Des Aristoteles Meinung von der Tugend als einem Mittleren zwischen zwei Extremen gehört zwar nicht hierher; sie trifft gar nicht das eigentliche Wesen des Sittlichen, sondern sie ist eine Art mathematischer Bemerkung darüber, daß die menschlichen Handlungen und Gewöhnungen ein Maximum ihrer Angemessenheit haben, jenseits dessen sie sich von dem Löblichen sowohl durch ein Zuviel als durch ein Zuwenig entfernen können. Zu dem Angenehmen im weitern Sinne wird die Befriedigung der Begierden mit gerechnet; welche sich von dem Schönen und Guten als einem stätigen und sich gleich bleibenden Gegenstande sehr leicht unterscheidet, indem

---

[1] Der a pour antécédent Zuschauer.
[2] C'est-à-dire comme critique.
[3] Des règles impératives.

die Befriedigung eine Begehrung voraussetzt, das Begehren aber ein zeitlich wechselnder zufälliger Zustand ist.

---

72. — Von den Schwierigkeiten der Aesthetik im Allgemeinen.
(Suite et fin.)

Allein das Angenehme und sein Gegentheil im engeren Sinne ist in der That mit dem Gefallenden und Mißfallenden sehr nahe verwandt. Es besteht nämlich in derjenigen unmittelbaren Empfindung, vermittelst deren wir ein Empfundenes, ohne weiteren Grund, und selbst ohne Begierde oder Abscheu vorziehen oder verwerfen.

Man kann sogar das Unangenehme, z. B. einen elektrischen Schlag, begehren (während man experimentirt), das Angenehme dagegen verabscheuen (aus Furcht vor üblen Folgen); und bei aller Lebhaftigkeit jener Begierde und dieses Abscheues dennoch des Angenehmen und Unangenehmen als solchen[1] sich bewußt bleiben. Zu der unwillkürlichen Beurtheilung, wodurch das Schöne und Gute erkannt wird, fehlt hier[2] nichts weiter, als ein Gegenstand der Beurtheilung, der uns gegenüber trete[3]; denn das Angenehme und Unangenehme schreiben wir als ein Gefühl uns selbst zu. Das nämliche ereignet sich bei jeder mangelhaften Auffassung des Schönen, wo wir auch nicht wissen, was uns eigentlich gefallen habe. Daher auf der einen Seite die Leichtigkeit

---

[1] Au génitif.
[2] Dans l'agréable.
[3] Car le beau existe en dehors de nous, est indépendant de notre sentiment personnel, de notre sensibilité, tandis que l'agréable est une modification de notre sensibilité, c'est un sentiment, quelque chose de tout à fait subjectif.

der Verwechselung¹, während auf der anderen Seite doch der nämliche Umstand auch die Unterscheidung² erleichtert. Denn wer das Schöne schärfer betrachtet, der findet allemal einen Gegenstand, welcher ihm zu denken giebt, das Angenehme hingegen bleibt immer nur gegenwärtig in augenblicklichen Gefühlen³, aus denen sich weiter nichts machen läßt, und über welche man eben deshalb durch's Nachdenken sich mehr oder minder hinweggesetzt findet.

Anmerkung. Manche bedienen sich auch beim Nützlichen und Angenehmen des Ausdrucks: es gefällt⁴. Dabei ist zuerst zu erinnern, daß das Nützliche, welches zwar nicht gefällt, aber doch vorgezogen wird, nur mittelbar⁵ und nicht wie hier allenthalben vorausgesetzt wird, unmittelbar einen Vorzug vor seinem Gegentheil, dem Schädlichen, hat. Was aber das Angenehme anlangt, so verwechselt man es gewöhnlich mit dem, was die Begierden befriedigt; und im Zuge dieser Verwechselung mag dann auch Jemand, der im Kartenspiel gewinnt, wohl sagen, das Spiel sei ihm angenehm, und: es gefalle ihm, wo beides gleich unrichtig gesprochen ist. Nimmt man das Angenehme in seinem wahren Sinne, so kommt es dem Schönen, wie schon oben gesagt, allerdings nahe. Dennoch wird auch hier der Sprachgebrauch verwirrt, wenn Jemand sagt, der Geruch der Hyacinthe gefällt mir besser als der Geruch der Lilie. Denn bei dem Ausdrucke:

---

[1] De la confusion du beau avec l'agréable, parce que, comme il vient de le dire, la conception fausse du beau a des points de ressemblance avec la conception de l'agréable.

[2] La distinction entre le beau et l'agréable.

[3] Dont la réflexion nous fait tenir plus ou moins compte, envers lesquels la réflexion nous rend plus ou moins indifférents.

[4] Expression qui ne convient qu'au beau.

[5] Une telle chose nous est utile à telle ou telle fin, et elle sert d'*intermédiaire* entre cette fin et nous.

es gefällt mir, wird Etwas, das da gefalle, als etwas
bestimmt vor Augen zu Stellendes vorausgesetzt. Niemand
aber kann den Geruch einer Blume, der eine Empfindung
in ihm ist, Andern mittheilen, noch darauf als auf ein
Objekt der Betrachtung hinweisen.

Uebrigens ist im ästhetischen Gebiete die Sprachverwirrung
so groß, daß täglich vom schönen Wetter statt vom angeneh=
men Wetter geredet, auch von einer Medicin gesagt wird,
sie schmecke häßlich. Doch aber macht es der gemeine Sprach=
gebrauch nicht so arg wie manche, die sogar den assensus
logicus auf deutsch mit „Beifall", anstatt mit „Zustimmung"
übersetzen. Niemand sagt, ein viereckiger Cirkel mißfällt
mir, — oder gar, es gefällt mir, daß der Cirkel rund ist.

———

73. — Von der Erziehungskunst.

Diejenigen, die keine richtigen psychologischen Einsichten
haben, begreifen selten etwas von den pädagogischen Regeln.
Sie haben etwa die alte Meinung, in der Seele seien ge=
wisse Kräfte oder Vermögen; diese müsse man üben, gleich=
viel woran und wodurch, ungefähr wie gymnastische Uebun=
gen, welcher Art sie auch seien, die Muskeln des Leibes
stärken und schmeidigen, weil es nämlich nur einerlei Mus=
keln sind, und der Mensch eben keine anderen hat. In der
That findet sich das, was man Phantasie, Gedächtniß, Ver=
stand nennt, in jeder einzelnen Vorstellungsmasse[1], doch nicht
in allen gleichmäßig; sondern es kann sehr leicht und sehr
gewöhnlich in einem und dem nämlichen Menschen eine ge=
wisse Vorstellungsmasse verständiger, eine andere phantasie=
reicher, eine dritte gedächtnißmäßiger ausgebildet sein. In

[1] Ensemble de représentations (d'idées).

der einen kann tiefe Empfindung, in einer anderen Kälte herrschen und so fort. Daher wäre das, was die Pädagogen formelle Bildung nennen, ein völliges Unding, wenn es in einer Uebung solcher Kräfte zu suchen wäre, die nur in der Einbildung existiren. Aber oftmals leistet eine Vorstellungsmasse der andern Hülfe, nach allgemeinen Sätzen der Reproduktion[1], einen Gegenstand[2] den wir hier in einem Beispiele suchen müssen vor Augen zu stellen.

Wenn ein Knabe Latein lernt, so hat er schon seine Muttersprache in gehöriger Verbindung mit seinem gemeinen Erfahrungskreise gesetzt oder sollte es wenigstens gethan haben. Jetzt bekommen auch die lateinischen Worte für ihn Bedeutung. Dies aber geschieht großentheils durch Vocabeln, d. h. durch Complication[3] der Vorstellung einzelner lateinischer Worte mit einzelnen deutschen. Aber das Ziel dieses Lernens liegt in der Ferne. Dereinst soll der Jüngling und Mann lateinisch denken, d. h. mit seinem Gedankenflusse sollen ohne Vermittlung der Muttersprache die römischen Redensarten und Redeformen sich verbinden, und der ganze Einfluß, welchen eine gebildete Sprache auf die Gedanken selbst ausübt, soll nun von der Muttersprache unabhängig und von der römischen Sprache allein ausgeübt werden. Dies setzt voraus, daß inzwischen die Form der Verbindung unter den Vorstellungen sich sehr bedeutend geändert habe. Die Kenntniß der lateinischen Grammatik wird sich zu einer eigenen und sehr ausgebildeten Vorstellungsmasse erhoben haben, welche jeden Augenblick in die Rede bestimmend eingreift. Die Vorstellungen der lateinischen Wortstämme werden

---

[1] De la reproduction des idées.

[2] Accusatif dépendant d'un verbe sous-entendu, comme dans : guten Morgen, guten Appetit, expressions dans lesquelles on sous-entend : Ich wünsche. Ici on peut suppléer par : da haben wir, ou quelque autre phrase analogue.

[3] A ici le sens de combinaison.

überdies nicht blos mit den Gedanken, die man dadurch bezeichnet, sondern auch unter einander in die engste Verbindung getreten sein; sonst wäre eine geläufige Rede nicht möglich, sondern es würde das Lächerliche begegnen, was bei allen Anfängern, wenn sie zu früh versuchen zu sprechen, wirklich geschieht, daß mit den Gedanken sich da, wo ein fremdes Wort fehlt, schnell ein deutsches einschiebt, und die Rede sich aus den bunten Lappen verschiedener Sprachen zusammensetzt. Was wäre dann wohl geschehen, wenn man zuvor französisch oder griechisch gelehrt hätte und alsdann latein? „Dann wäre, fährt man fort, die formelle „Bildung vom Französischen oder Griechischen ausgegangen „und auf's Latein übertragen worden. Und dies, behauptet „man weiter, wäre nicht besser noch schlechter als jenes, es „kommt nur darauf an, die Kraft zu wecken; über den Weg, „den man hiezu nimmt, lohnt es nicht zu streiten, der übliche „ist der beste, denn er ist einmal eingeführt; auf einem neuen „Wege aber könnte man sich ganz ohne Noth und Nutzen „verirren."

74. — Von der Erziehungskunst.
(Suite et fin.)

Dies Letztere mag insofern wahr sein, als die Philologen, wenn sie von einer andern Sprache ausgehen sollten, sich erst einige Mühe geben müßten, damit ihnen dieser Unterricht eben so geläufig würde, wie jetzt der lateinische, in welchem alle Schritte abgemessen sind. Was aber die Kraft anlangt, die man wecken will, so setzt dies voraus, es gebe eine schlafende Kraft, die man wecken könne. Aus der Rhetorik werden wir zwar den Schlaf und das Aufwecken als metaphorische Redensarten niemals verbannen können, so wenig wie Aufgang und Untergang der Sonne.

Aber jene Behauptung, es sei einerlei, ob man durch griechisch, lateinisch, französisch die Kraft wecke, ist ein Schlagbaum, durch welchen man den Weg der Untersuchung sperrt. Wäre nun die griechische Sprache nichts weiter als nur der Thon, woraus die römische Sprache entstanden ist, so möchten sie Recht haben. Allein die Vorstellungsmassen, die mit dem Französischen, mit dem Lateinischen, mit dem Griechischen in die Seele des Jünglings einziehen, sind keineswegs die nämlichen. Die Ordnung und Folge, worin sie sich nach einander fortsetzen, ist nicht gleichgültig. Gerade auf dieser Ordnung und Folge beruht die Construction[1] und nachmalige Wirksamkeit der Vorstellungsreihen. Und was man Kraft nennt, die man wecken wollte, das wird wesentlich ein Anderes, wenn die Ordnung und Folge, worin ursprünglich die Vorstellungen sich verknüpfen, verändert wird.

Ein französischer, ein deutsche und ein englischer Gelehrter sind drei verschiedene Menschen, die sich ihr Leben lang bemühen können, einander gleich zu werden, so wie ihre Wissenschaften an sich gleich sind; sie werden aber eine verschiedenartige Mühe anwenden müssen, und nie ganz damit zu Stande kommen. Denn die Muttersprachen, von denen sie ausgingen und die damit verknüpften Gedankenkreise waren verschieden.

Hiemit vergleichbar ist bei recht fähigen Köpfen der Unterschied, ob mit dem Griechischen oder Lateinischen oder Französischen der Sprachunterricht begonnen wird. Der deutsche, der französische und der englische Gelehrte könnten mit einander disputiren, welchem von ihnen es leichter war, sich zu der allgemeinen Wissenschaftlichkeit[2], die keinen Landesunterschied kennt, zu erheben. Ein Unbefangener würde ihnen sagen, sie alle drei seien im Besitz des Vortheils

---

[1] Le groupement des différents ordres d'idées.
[2] Wissenschaftlichkeit: culture scientifique.

den sie suchten, vorausgesetzt, daß jeder in dem Lande seiner Geburt bleibe und lebe; denn für jeden müsse die Wissenschaft doch einheimisch werden; das aber sei sie schon geworden, durch den Anfangspunkt seines Wegs. Und dies würde von der Wahrheit nicht weit abweichen. Anders aber verhält sich's beim Unterricht in alten Sprachen. Wir sind weder Griechen noch Römer; jede Besorgniß¹, als könne eine Lehrmethode uns dazu machen oder auch nur machen wollen, ist lächerlich. Gerade deshalb nun, weil wir weder in Athen noch in Rom zu Hause sind, kommt alles blos auf das Verhältniß zweier für uns fremder Vorstellungsmassen an², die wir uns historisch aneignen wollen.

Die Bedingungen dieser Aktivität oder Passivität zeigt die Psychologie in den Untersuchungen über die Schwellen³ des Bewußtseins und über die Reproduktionsgesetze.

75. — Spinoza's Attribut.

Spinoza sagt: Jedes Attribut einer Substanz muß für sich selbst gedacht werden⁴; denn es bestimmt die Essenz derselben. Hätte Spinoza beweisen wollen, man müsse die Essenz aus mehreren Attributen zusammensetzen, so wäre er hier im rechten Zuge⁵ gewesen. Denn gesetzt es seien dieser Attribute ursprünglich mehrere, so bestimmt jedes so gut als das andere die Essenz, keines wird vom Anderen abgeleitet. Auf die Frage:

¹ Préoccupation.
² C'est-à-dire tout dépend du rapport qu'ont avec notre langue maternelle les deux groupes d'idées qui nous sont étrangers, celui du latin et celui du grec.
³ Die Schwellen: le seuil, le premier éveil.
⁴ Chaque attribut d'une substance doit être considéré comme ayant une existence à part; car si les attributs ne pouvaient exister que dans la substance, il y aurait autant de substances que d'attributs.
⁵ Il eût été ici en bonne voie.

was ist das Seiende? erhält man durch jedes der Attribute eine selbstständige, für sich zulängliche Antwort; und auf die Frage, wie viel ist des Seienden? sind nur so viele Antworten vorhanden als Attribute, folglich so viel Dinge als Attribute. Die Voraussetzung eines Dinges aber ist aufgehoben, und der Begriff der Einheit wird leer. Was aber setzt nun Spinoza an die Stelle dieses richtigen Schlusses? Die Frage: Ist es erlaubt, in einem Seienden eine zusammengesetzte Qualität anzunehmen? fiel[1] ihm noch weniger ein, als Leibnitzen, der ihr durch Berufung auf Erfahrung zu entgehen meinte. Aber die Folge des begangenen Fehlers fand er wirklich, nämlich, daß von mehreren Attributen, die man gleicher Weise einer Essenz zuschreibt, jedes selbstständig sein werde. Statt nun gewarnt zu sein und seinen Weg rückwärts zu gehen[2], behauptet er mit klaren Worten, man dürfe nicht schließen, daß jene mehreren selbstständigen Attribute nun auch mehrere Dinge oder Substanzen seien; denn das liege nun einmal in der Natur der Substanz, daß jedes ihrer Attribute für sich zu denken sei. Er hätte eben so gut sagen können, es liege in der Natur einer Substanz, daß sie eine Summe mehrerer Substanzen sei.

[1] A pour sujet : die Frage.
[2] Et de voir qu'il fallait rebrousser chemin.

XVIII

BENEKE

Frédéric-Édouard Beneke, né à Berlin en 1798, fit ses premières études au Frédéricanum de cette ville, sous la direction de Bernardi. En 1815, il s'engagea comme volontaire dans un régiment de chasseurs et prit part à la guerre contre la France. La paix faite, il alla étudier la théologie à l'Université de Halle, qu'il quitta en 1817 pour se rendre à Berlin, où Schleiermacher l'initia aux études philosophiques. En dehors des cours qu'il suivait, il lisait les philosophes écossais, Kant, Jacobi, Schopenhauer et surtout les œuvres de son maître Schleiermacher, auquel il dédia ses premiers ouvrages. Son système philosophique se dessine déjà dans ses premières publications : *Erfahrungsseelenlehre als Grundlage alles Wissens* ; *Erkenntnisslehre nach dem Bewusstsein der reinen Vernunft in ihren Grundzügen dargestellt*, et *De veris philosophiæ initiis* (1820). Ce fut alors qu'il étudia avec ardeur le système de Herbart, qu'il regardait comme le plus profond des philosophes de son temps et dont les idées ont laissé des traces profondes dans ses œuvres. Bientôt après, il se fit recevoir professeur à Berlin, où il enseigna la philosophie dans des cours privés. Mais comme il faisait ombrage à Hegel et à ses disciples, qui ne voulaient tolérer à l'Université de Berlin que les partisans de leur doctrine, et que, d'un autre côté, il publia en 1822 son ouvrage *Grundlage zur Physik der Sitten*, qui semblait dénoter en lui des tendances matérialistes, le gouvernement prussien lui interdit de continuer ses cours. Le ministre Altenstein dissuada même le gouvernement saxon d'accorder à Beneke une chaire de philosophie, qui lui avait été promise. A ceux qui l'accusaient de matérialisme il répondit par sa brochure *Schutzschrift für meine Grundlegung zur Physik der Sitten* (1823). Malgré cela, il n'y eut que l'Université de Gœttingue qui l'accueillit et lui permit d'y continuer ses cours. En 1827, il put reprendre son enseignement à Berlin, et à la mort de Hegel (1832), il fut nommé professeur de philosophie à l'Université de cette ville. Il disparut en mars 1854 et son cadavre fut retrouvé en juin 1856 dans le canal de navigation près de Charlottenbourg. On croit que sa mort fut une mort volontaire.

La base du système philosophique de Beneke est la psychologie. Comme Herbart, il n'admet pas que l'âme ait des facultés : l'âme les puise dans l'expérience. La méthode psychologique est celle des sciences naturelles et, comme celle-ci, purement empirique. Mais l'expérience à laquelle nous devons nos idées est celle de notre for intérieur. Nous ne connaissons, dit-il, parfaitement que les faits internes relevant de la conscience que nous avons de nous-mêmes ; nous n'avons au contraire qu'une connaissance imparfaite du monde extérieur, dont nos sens ne peuvent nous révéler l'existence qu'avec le secours de notre esprit, qui nous fait croire à une analogie entre les phénomènes extérieurs et les faits de notre conscience. Beneke déduit avec beaucoup de profondeur toutes les opérations psychiques de quatre opérations fondamentales qui sont : 1° celle par laquelle notre âme perçoit ce qui affecte nos sens ; 2° celle par laquelle notre âme puise ses facultés dans les impressions mêmes que nous recevons des sens, de même que les corps organiques puisent des forces dans les sucs qu'ils s'assimilent ; 3° celle par laquelle certaines images, venues à notre esprit par le canal des sens, perdent une partie de leurs éléments au point de n'être plus que des traces, tandis que d'autres images, renforcées par ces images devenues disponibles, deviennent conscientes si elles étaient inconscientes, ou acquièrent un plus haut degré de confiance si elles étaient déjà conscientes ; 4° celle par laquelle les images semblables s'attirent et se confondent. Le bien moral est pour Beneke le fait moral qui a le plus de valeur. Le principe de la morale est de faire ce qu'une appréciation équitable, à la fois subjective et objective, nous désigne comme ce qu'il y a de meilleur. La liberté morale est constituée par une prépondérance telle du sentiment moral que celui-ci détermine seul notre volonté et notre action. Sur la psychologie et l'éthique repose la pédagogie, à laquelle Beneke a consacré une grande partie de ses écrits. Sa philosophie religieuse est dominée par l'idée que la science et la foi ont des domaines distincts.

Ses principaux ouvrages, outre ceux qui ont été mentionnés, sont : *Neue Grundlage zur Metaphysik* (1822) ; *Seelenkrankheitskunde* (1824) ; *Psychologische Skizzen* (1825-27) ; *Grundsätze der Civil- und Criminalgesetzgebung* (1830) ; *Kant und die philosophische Aufgabe unserer Zeit* (1832) ; *Lehrbuch der Logik als Kunstlehre des Denkens* (1832) ; *Lehrbuch der Psychologie als Naturwissenschaft* (1833) ; *Die Philosophie in ihrem Verhältniss zur Erfahrung*, etc. (1833) ; *Erziehungs- und Unterrichtslehre* (1835-36) ; *Erläuterungen über die Natur und Bedeutungen meiner psychologischen Grundhypothesen* (1836) ; *Unsere Universitäten und was ihnen Noth thut* (1836) ; *System der Metaphysik und Religionsphilosophie* (1840) ; *System der Logik* (1842) ; *Die neue Psychologie* (1845) ; *Die Reform und Stellung unserer Schulen* (1848) ; *Pragmatische Psychologie* (1850) ; *Lehrbuch der pragmatischen Psychologie* (1853) ; *Archiv der pragmatischen Psychologie* (1851-53).

76. — Vorläufige Orientirung über die Natur und den Ursprung des Moralischen.

Wie verschieden auch die Ansichten über die Natur und den Ursprung des Moralischen sonst sein mögen : darüber sind so ziemlich alle mit einander einig, daß dasselbe der praktischen Seite des Menschen angehöre. Wir haben freilich gesehen, wie man sich dessen ungeachtet vielfach bestrebt hat, dasselbe auf theoretische Verhältnisse zurückzuführen, oder wenigstens als mit gewissen theoretischen Verhältnissen in strenger Parallele stehend nachzuweisen. Auch hat man eben so wenig in der specielleren Ausführung jene Bestimmung consequent festgehalten. So sehen wir (um nur Einiges anzuführen) die eine der vier Kardinaltugenden, welche die Griechen σοφία oder φρόνησις nannten, nicht selten als Klugheit oder wohl gar als wissenschaftliche Erkenntniß gedeutet [1]: wo denn Manche, indem ihnen dieser Mangel an Folgerichtigkeit zum Bewußtsein kam, und mit Recht als so arg erschien, daß er unmöglich geduldet werden könne, lieber sich entschlossen haben, jene Scheidewand [2] gänzlich niederzureißen, und das Gebiet der moralischen Tugenden für alle Vollkommenheiten der Erkenntniß zu öffnen.

Dies aber heißt denn von Anfang an auf jede bestimmtere und genauere Auffassung [3] Verzicht leisten: nicht nur wie sie von der Wissenschaft gefordert wird, sondern selbst wie man sie schon im gewöhnlichen Leben instinktartig ausübt, und möchte [4] bei sonst so scharfsinnigen Männern nur daraus zu erklären sein, daß auch im Gebiete des Erkennens eine gewisse Ueberspannung nicht selten dieselbe Wirkung hat, wie eine zu geringe Spannung [5]. Im Gegensatze hiermit nun halten wir nach dem klaren Zeugnisse unseres Bewußt-

---

[1] Das letztere ist z. B. von Cicero geschehen (De Officiis, I, c. 6), das erstere von Garve, in dessen „Philosophischen Anmerkungen zu Cicero's Büchern von den Pflichten" (6=te Ausgabe, 1819, erster Theil, Seite 55 und folgende).

[2] Scheidewand, entre la vertu et la science.

[3] Auffassung (der moralischen Tugenden).

[4] Möchte a pour sujet: dies.

[5] Spannung (des forschenden Geistes).

seins jene Unterscheidung in ihrer ganzen Schärfe fest.
Klugheit und Erkenntniß sind mir dann moralische Tugenden,
Unklugheit, Unwissenheit und Irrthum nur dann moralische
Untugenden, wenn sie praktischen Ursprungs sind. Die
Klugheit hat etwa Wirkungen von Besonnenheit, Uner=
schrockenheit, Mäßigung der Leidenschaften, die Unklugheit
und der Irrthum von Unbesonnenheit und Leidenschaftlich=
keit. Und selbst in diesem Falle sind sie, genau genommen,
eben nur Wirkungen oder Zeichen der genannten moralischen
Vollkommenheiten und Unvollkommenheiten, nicht[1] selbst
als solche geltend zu machen. Das moralische also stammt
von der praktischen Seite her; dies können wir, als über
allen Zweifel erhaben, bei unseren folgenden Betrachtungen
zum Grunde legen. Darüber hinaus aber stoßen wir gleich
auf einen sehr bedeutenden Gegensatz der Ansichten, welcher
vielleicht eben so alt, wie die moralische Forschung überhaupt,
noch immer die philosophischen Denker in zwei große Par=
theien theilt. Neben den moralischen Interessen und Anfor=
derungen nämlich finden wir eine große Anzahl von andern,
welche auf Gutes und Uebel, Förderungen und Hemmungen,
Steigerungen und Herabstimmungen gehen. Man hat diese
im Gegensatze mit den moralischen, meistentheils physische
oder natürliche genannt. Aber dieselben erstrecken sich weit
über die gewöhnlichen, sogenannten physischen Bedürfnisse
hinaus; beziehen sich ebenso auf das Intellektuelle, Aesthe=
tische und nicht etwa blos auf Genüsse und Zustände, son=
dern auch auf die Erwartung von bleibenden Vollkommen=
heiten. Von Anderen sind sie, dem Kantischen Sprachgebrauch
gemäß, als materiale (im Gegensatz mit den formalen) be=
zeichnet worden, weil sie auf gewisse Gegenstände oder auf
eine Materie des Begehrens gehn. Aber auch dieser Aus=

---

[1] Nicht selbst, suppléez: (sie sind aber) nicht selbst.

druck ist mannigfach der Mißdeutung fähig, und so möchte denn wohl die zuerst gebrauchte Bezeichnung [1] die angemessenste sein. Die große Frage ist nun die, ob die moralischen Interessen und Anforderungen mit dieser auf Güter und Uebel gehenden aus einer und derselben Grundwurzel, aus denselben psychischen Grundlagen hervorgehen, oder aus verschiedenen, ja entgegengesetzten.

---

77. — Grundlinien des Naturrechts.
Beurtheilung des Rechts.

Das Recht ist, wir wissen nicht, wenn wir die Erfahrung fragen, sollen wir sagen, das am leichtesten oder das am schwersten Zu-Bestimmende. Auf der einen Seite traut sich Jeder eine Entscheidung darüber zu; schon Kinder bei ihren Spielen sprechen eine solche mit Zuversicht aus, und nichts ist häufiger ein Gegenstand der Beurtheilung im gewöhnlichen Gespräche auch unter nicht wissenschaftlich Gebildeten. Nicht nur dies aber, sondern beinahe jedes unter diesen Umständen gefällte Urtheil tritt mit einem Anspruche auf Allgemein-Gültigkeit auf; und man glaubt beinahe durchgängig in demjenigen, welcher diesen nicht anerkennen will, mehr oder weniger bösen Willen voraussetzen zu können.

Auf der andern Seite aber entstehen bekanntlich kaum über irgend einen andern Gegenstand mehr Streitigkeiten: so daß ja zur Schlichtung dieser ein besonderer zahlreicher Stand hat gestiftet werden müssen, welcher nach den bisherigen Erfahrungen keineswegs zu fürchten nöthig haben

---

[1] Die zuerst gebrauchte Bezeichnung, c'est-à-dire celle de : auf Güter und Uebel... gehende Interessen.

möchte, daß es ihm jemals an Beschäftigung fehlen werde.
Und wenn man meinen sollte, unter den diesem Stande
Angehörigen wenigstens, und zwischen solchen, welche ihr
ganzes Leben hindurch mit der Ergründung des Rechtes sich
beschäftigt haben, und den Interessen der Streitenden un=
partheiisch gegenüber stehen, könne die Entscheidung nicht
zweifelhaft sein: so finden wir auch hievon augenscheinlich
das Gegentheil. Wo verschiedene Instanzen stattfinden,
wird in der zweiten nicht selten das Urtheil der ersten um=
gestoßen, und die dritte kommt auf dieses letztere[1] zurück
oder entscheidet auch wohl von beiden verschieden: daß es
in manchen Fällen als ein bloßer Zufall erscheinen muß,
daß zuletzt die eine oder die andere Parthei Recht behält.
Oder will man das hier in einzelnen und beschränkten Ver=
hältnissen Hervortretende noch mehr im Großen und Ganzen
anschauen, so blicke man zurück auf die Geschichte der Kriege:
wo es doch nicht an Beispielen fehlt, daß auf beiden Seiten
Hunderttausende in das Feld gezogen sind mit gleich begei=
sterter Ueberzeugung, daß sie für das Recht kämpften.

---

78. — Was Recht und sittlich ist.

An jede Handlung, an jedes Lebensverhältniß, an jede
Einrichtung, welche in Frage kommen können, zeigen sich
durch ihre Natur gewisse Güter und Uebel geknüpft; Güter,
welche dadurch erworben, Uebel, welche dadurch vermieden
oder auch herbeigeführt werden können. Diese aber werden
verschieden eintreten, je nachdem wir so oder so handeln,
das Verhältniß in dieser oder jener Art feststellen. Man

---

[1] Auf dieses letztere, c'est-à-dire: auf das erstere.

betrachte z. B. die Ehe: so ist es augenscheinlich, an diese Verbindungen können sich für die dieselben Eingehenden und für die sonst dadurch Berührten (Aeltern oder andere Verwandte) mancherlei äußerliche oder innerliche, unmittelbar oder in längerer oder kürzerer Vermittlung eintretende, physische, intellektuelle, gemüthliche, moralische Förderungen anschließen, so wie dadurch manchen Hemmungen und Entbehrungen begegnet[1], und vielleicht manche andere bewirkt werden können. Diese Förderungen und Hemmungen aber werden ihrer Zahl und ihrer Art nach verschieden und überdies mit verschiedener Wahrscheinlichkeit zu erwarten sein, je nachdem wir unsere Handlungsweise oder je nachdem wir die Gesetze, welche dieses Verhältniß rechtlich bestimmen, so oder anders einrichten. Oder man nehme ein vorübergehendes Verhältniß[2], einen Vertrag etwa über einen Kauf oder einen zu leistenden Dienst. Es fragt sich: Sollen wir diesen Vertrag eingehen oder nicht eingehen (dies könnte vielleicht der Sittlichkeit entgegen sein)? Sollen wir das Eingehen desselben (als Gesetzgeber) gestatten oder nicht gestatten? Und wenn Umstände hinzukommen, durch welche die Verwirklichung des im Vertrage Bestimmten gehindert wird; z. B.[3] die Sache, um die es sich handelt, verloren geht oder verdirbt, das Thun[4], in welchem der versprochene Dienst besteht, irgendwie physisch unmöglich wird, wie sollen wir den unter diesen Umständen unvermeidlichen Verlust auf die rechte Weise vertheilen?

Das Verhältniß ist wieder das gleiche. Auch hier wird sich mit jeder Handlungsweise, mit jeder Einrichtung eine gewisse Gruppe von Gütern und Uebeln in Verbindung zeigen,

---

[1] Begegnet (werden können), peuvent être prévenus, évités.
[2] Non comme le mariage, qui est un bleibendes Verhältniß.
[3] Sous-entendu: wenn.
[4] Das Thun, l'acte

welche¹, als mit überwiegender Wahrscheinlichkeit von ihnen² aus zu erwarten³, gewissermaßen als dafür wesentlich⁴, oder als ihre Natur konstituirend betrachtet werden können.

Diese Güter und Uebel nun, oder (um es mit einem allgemeineren Ausdrucke zu bezeichnen) diese Interessen bilden die Materie für die praktische Entscheidung. Man konstruire sie für jede mögliche Handlungsweise, für jede mögliche Einrichtung, und vergleiche die dadurch gebildeten Gruppen mit einander. Was sich hiebei als das allseitig⁵ Beste ergiebt, d. h. das möglich größte Gute verheißt, bei der möglich geringsten Wahrscheinlichkeit von Uebeln, das ist in jedem Falle sittlich und recht. Aber diese Abwägung⁶ ist nicht zu vollziehen nach der individuellen Neigung, nach dem persönlichen oder sonstwie beschränkten Vorurtheile, sondern völlig unpartheiisch nach derjenigen Schätzung der Werthe⁷, welche für alle Menschen in gleicher Art gültig ist. Diese Abwägung oder die allgemein gültige Norm, nach welcher sie erfolgt, bildet die Form für die Entscheidung über Sittlichkeit und Recht. Eben dadurch, daß die Entscheidung nach dieser Norm geschieht, wird sie zu einer (im höhern Sinne) richtigen oder sittlichen.

¹ Welche se rapporte à Güter und Uebel.
² Ihnen se rapporte à Handlungsweise et Einrichtung.
³ Zu erwarten (betrachtet werden können).
⁴ Welche gewissermaßen als dafür wesentlich betrachtet werden können. Dafür se rapporte à Handlungsweise et Einrichtung.
⁵ Sous tous les rapports.
⁶ Abwägung : pondération.
⁷ De la valeur de chacun des groupes de biens et de maux.

XIX

TRENDELENBURG

Frédéric-Adolphe Trendelenburg, né à Eutin, en 1802, fit ses études à Kiel, à Leipzig et à Berlin. En 1833, il fut nommé professeur à l'Université de cette dernière ville; il devint aussi membre de l'Académie, et en 1847 secrétaire perpétuel de la section philosophique. Il aida à reconstituer les Universités de la Prusse dans un esprit favorable aux idées conservatrices. Il mourut en 1872.

Trendelenburg était un grand admirateur d'Aristote, dont il remit en honneur les écrits et les doctrines, en y ajoutant ses vues propres. Il critique la logique de Kant et de Hegel, il excelle à en montrer les côtés faibles, et s'inspire lui-même de la logique d'Aristote. Le monde extérieur, dit-il, et le monde intérieur, le monde des êtres et le monde de la pensée poursuivent la réalisation d'une même fin par l'action d'un même mécanisme, de telle sorte que dans le monde de la conscience, qui est comme un reflet du monde extérieur, la pensée produit *a priori*, comme reflet du mouvement extérieur, mais en conformité nécessaire avec la réalité, l'espace, le temps et les catégories. L'obligation morale de l'homme est de réaliser l'idée de son être. Le droit assure les conditions nécessaires à la réalisation du but moral. Trendelenburg applique ce principe au droit privé et au droit des gens. Ses critiques sévères de la dialectique de Hegel et du réalisme de Herbart ont exercé une influence durable sur l'étude ultérieure de leurs systèmes.

Ses principales œuvres sont : *Elementa logices Aristotelicæ* (1837); *Erläuterungen zu den Elementen der aristotelischen Logik* (1842); *Aristotelis de anima, mit Commentar*

(1840); *Logische Untersuchungen* (1840); *Die sittliche Idee des Rechts* (1849); *Niobe* (1846); *Der Kölner Dom* (1853); *Kuno Fischer und sein Kant* (1869), livre dans lequel il défend son interprétation de la doctrine de Kant contre celle de Kuno Fischer ; *Das Naturrecht auf dem Grunde der Ethik* (1868); *Historische Beiträge zur Philosophie* (1846-1867), où se trouvent des études excellentes des systèmes de Spinoza et de Herbart.

79. — Logische Untersuchung.
Raum und Zeit.

Seit Aristoteles diese Begriffe im vierten Buche der Physik behandelt, haben sich die Schwierigkeiten von System zu System mehr gehäuft, als aufgehellt. In der neueren Zeit glaubte man sich eine Zeitlang von der Last befreit, seit Kant Raum und Zeit für subjective Formen der Anschauung und zwar den Raum für die Form des äußeren, die Zeit für die Form des inneren Sinnes erklärt hatte. So lange man den Raum und die Zeit als etwas äußerliches Daseiendes genommen hatte, waren beide wie mit wunderlichen Widersprüchen behaftet erschienen. Der Raum, dies ruhende Wesen soll unendlich sein und zwar nach den entgegengesetzten Richtungen hin, unendlich ausgedehnt und unendlich theilbar. Ein solches Wesen faßt kein Gedanke; es ist wie ein Ungeheuer, das weder die tiefsinnigen kosmogonischen Mythen bändigten, noch die verständig überlegende Metaphysik des vorigen Jahrhunderts zähmte.

Die Zeit, die sich selbst gebiert und sich selbst verzehrt, die sich setzt und zugleich wieder aufhebt, ist ein Wesen, das vor seinem eigenen Dasein gespenstisch flieht. Denn die Gegenwart steht nicht, die Vergangenheit ist nicht mehr und die

Zukunft ist noch nicht da. Wie soll die Reflexion dies Wesen erfassen, das an sein eigenes Dasein nicht glaubt?

Es lag daher der Gedanke nahe, Raum und Zeit für nichts anderes als die Hypothese subjektiver Formen zu erklären, also für etwas, das in der Natur der Dinge, nichts für sich ist[1]. Schon Aristoteles hielt die Zeit für nichts Anderes, als für die Zahl an der Bewegung und die Zahl für nichts ohne die zählende Seele[2].

Die ganze Kantische Richtung geht darauf hin, in aller Erkenntniß das Unabhängige des Gegenstandes und die Abhängigkeit von den Bedingungen des Anschauenden und denkenden Geistes zu unterscheiden. Indem daher bei Kant der Gegensatz des Subjectiven und Objectiven eine strenge Herrschaft übt, so wird von ihm der wissenschaftliche Beweis versucht[3], daß Raum und Zeit subjektive Formen seien. Wenn die Gründe darthun, was sie darthun sollen, so muß sich auch die Ansicht über die Bewegung ändern.

Kant erörtert Raum und Zeit auf eine solche Weise, daß sich die Gründe bei beiden einander entsprechen. Die Beweise sind, kurzgefaßt diese:

a) Raum und Zeit sind keine empirischen Begriffe, die von äußeren Erfahrungen abgezogen werden. Denn um sich verschiedene Oerter vorzustellen und Erscheinungen als zugleich oder nacheinander aufzufassen, — was durch die Erfahrung geschieht, — muß die allgemeine Vorstellung des Raumes und der Zeit schon zu Grunde liegen.

b) Raum und Zeit sind nothwendige Vorstellungen, die den Anschauungen zu Grunde liegen, und zwar der Raum den äußeren, die Zeit allen Anschauungen. Denn man

---

[1] N'est rien par lui-même.
[2] Phys. IV, 14.
[3] Kritik der reinen Vernunft, 2-te Auflage, Seite 37 und folgende.

kann sich denken, daß nichts im Raume wäre, aber vom Raume selbst kann man sich nicht losketten; man kann sich denken, daß es überhaupt keine Erscheinungen gäbe; aber von der Zeit selbst als der allgemeinen Bedingung ihrer Möglichkeit kann sich niemand losmachen.

c) Raum und Zeit sind nicht discursive, oder wie man sagt, allgemeine Begriffe von Verhältnissen überhaupt, sondern reine Anschauungen[1]. Ein discursiver Begriff läßt sich in Merkmale als seine Bestandtheile auflösen. Verschiedene Räume und verschiedene Zeiten sind indessen nur Theile eines und desselbigen Raumes, einer und derselbigen Zeit. Man kann sich nur einen einigen Raum und eine einige Zeit vorstellen. Das Mannigfaltige in ihnen, mithin auch der allgemeine Begriff von Räumen und Zeiten, beruht lediglich auf Einschränkungen[2]. Die Vorstellung, die nur durch einen einzigen Gegenstand gegeben werden kann, ist Anschauung[3].

d) Raum und Zeit werden als unendlich gegebene Größen vorgestellt. Das Wahre des Begriffs ist Bestimmtheit und kein Begriff als ein solcher kann so gedacht werden, als ob er eine unendliche Menge von Vorstellungen in sich enthielte. Also ist die ursprüngliche Vorstellung vom Raume und von der Zeit Anschauung a priori und nicht Begriff.

Aus diesen vier Gründen gewinnt Kant für den Raum und die Zeit die Bestimmung des a priori, des Nothwendigen und der Anschauung: Raum und Zeit theilen diese drei Kennzeichen.

[1] L'auteur va expliquer la différence entre Begriff et Anschauung.
[2] Et n'est donc ni le temps ni l'espace véritables.
[3] Comme cela a lieu pour l'espace et le temps.

XX

KARL VOGT

Karl Vogt, né à Giessen, en 1817, étudia la médecine dans sa ville natale. En 1835, il suivit à Berne son père, qui venait d'y être nommé professeur de clinique. Il y publia entre autres : *Lehrbuch der Geologie und Petrefactenkunde* (1846); *Psychologische Briefe* (1845). Il vécut à Paris de 1844 à 1846, et, de retour d'un voyage en Italie, il fut nommé professeur à l'Université de Giessen. Elu député par la ville de Giessen, en 1848, il joua, au parlement de Francfort-sur-le-Mein, un rôle politique très-important ; il y siégeait à l'extrême gauche. Ses opinions politiques lui firent perdre sa chaire à l'Université. En 1861, il dirigea une expédition maritime au cap Nord.

Karl Vogt prit une part active à la lutte des doctrines matérialistes contre les spiritualistes. Les tendances ultra-spiritualistes de Schelling avaient éloigné de lui un grand nombre d'esprits plus froids, initiés aux nouvelles découvertes dans les sciences naturelles et habitués à la méthode sévère de ces sciences. Déjà Feuerbach avait modifié la doctrine de Hegel dans un sens tout à fait naturaliste, et les opinions matérialistes commençaient à gagner du terrain. Rodolphe Wagner prit en main la défense du spiritualisme et fit une violente sortie contre les matérialistes. Karl Vogt riposta avec non moins d'âpreté dans *Köhlerglaube und Wissenschaft* ; il y employa surtout l'arme d'une satire mordante. C'est dans cet opuscule que se trouve cette phrase si souvent citée et qui résume d'une manière énergique, trop énergique même pour nos oreilles françaises, la doctrine matérialiste : « La pensée est avec le cerveau dans le même rapport que la bile avec le foie ou l'urine avec les reins.» Dans ses autres ouvrages, Vogt développe scientifiquement les principes matérialistes. Mais c'est Büchner qui les réunit en un système.

Ses principaux écrits, tant scientifiques que philosophiques, sont : *Zoologische Briefe* (1851); *Ocean und Mittelmeer* (1848); *Untersuchungen über Thierstaaten* (1851) (une satire); *Köhlerglaube und Wissenschaft*; *Grundriss der Geologie* (1860); *Vorlesungen über den Menschen, seine Stelle in der Schöpfung und in der Geschichte der Erde* (1863).

80. — Vorlesungen über den Menschen.

Gewiß giebt es keinen anregenderen Gegenstand der Forschung, Untersuchung und Beobachtung, als den Menschen selbst. Unwillkürlich übertragen wir in alle unsere Thätigkeit, welcher Art sie auch sein möge, die Kenntniß der Menschen, welche schon das Orakel von Delphi forderte [1], als die Grundlage, von welcher wir ausgehen, und als den Maaßstab, mit welchem wir die Erscheinungen, die uns in der Natur gegenübertreten, zu messen pflegen. Wie es aber häufig dem Bewohner von Gegenden zu gehen pflegt, daß er den Ort, an welchem er geboren und auferzogen wurde, als etwas Bekanntes voraussetzt und die Merkwürdigkeit, zu welcher der Fremde von weit herpilgert, unbesucht läßt, in der Ueberzeugung, daß er sie doch einmal gelegentlich besuchen werde; so geht es auch den Meisten, wenn es sich darum handelt, die Menschennatur näher zu ergründen und in der Forschung über dieselbe die festere Grundlage zu weiterm Fortschritte zu finden. Nur wenige giebt es, welche den

[1] Par les mots écrits au-dessus de la porte du temple : γνῶθι σεαυτόν.

Menschen wirklich suchen, freilich nicht mit der Laterne auf dem Markte, wie jener Philosoph des Alterthums, sondern überall wo er sich findet, und noch Wenigere wagen es, offen und ungeschmückt das Resultat ihrer Untersuchungen darzulegen[1]. Die Meisten sehen sich selber als die Fleischwerdung des Gattungsbegriffes Mensch an und bleiben in der angenehmen Täuschung, daß sie doch am Ende sich selber am besten kennen müssen[2].

Die Geschichte der Wissenschaft weist uns nach, daß in ihrem Gebiete ganz die gleiche Erscheinung Platz greift[3]. Man begnügte sich im Alterthume wesentlich nur eine einzelne Funktion des Menschen, die Thätigkeit seines Gehirns und auch diese nur in einzelnen Gebieten zu erforschen. Die materielle Grundlage[4] kam nur gelegentlich in Betracht und wurde ebenso obenhin behandelt, wie die Gegend und das Land, worin der Mensch sich befand. Nur mit größter Mühe lesen wir aus allen Schriftstellern hier und da einige dürftige Notizen heraus, welche einiges Licht über die Fragen verbreiten könnten, die heutzutage von höchster Wichtigkeit erscheinen. Die Eröffnung eines einzigen Grabes mit wohl erhaltenem Skelette und beigefügten Waffen und Schmucksachen belehrt uns häufig mehr über die physische Beschaffenheit und Culturzustand der Volkes, dem der Begrabene angehörte, als zehn Schriftsteller des Alterthums, die uns von denselben berichten.

[1] L'auteur fait allusion aux conclusions matérialistes auxquelles quelques-uns arrivent sans oser les communiquer au public.
[2] Et par conséquent ils jugent superflu de s'étudier davantage eux-mêmes ou l'humanité en général dont ils sont l'incarnation.
[3] A lieu.
[4] C'est-à-dire l'homme matériel, l'homme physique.

XX

BUCHNER

Frédéric-Charles-Chrétien-Louis Büchner, né à Darmstadt, en 1824, fit ses premières études dans sa ville natale. Puis il se rendit à Giessen, où il étudia la philosophie et la médecine. Il alla compléter ses études à Strasbourg, à Wurzbourg et à Vienne et revint exercer la médecine à Darmstadt. En 1854, il se fit recevoir professeur à l'Université de Tubingue, où il fit des cours privés. Dès l'année suivante, il y publia son ouvrage capital *Kraft und Stoff*, qui passionna longtemps l'Allemagne entière, donna lieu à des polémiques d'une rare véhémence et qui est devenu comme l'évangile du matérialisme moderne. En butte aux attaques les plus violentes, Büchner dut quitter sa chaire à l'Université de Tubingue et renoncer à l'enseignement. Il retourna dans sa ville natale, où il exerça de nouveau la médecine. Il y publia encore : *Natur und Geist* (1857) ; *Physiologische Bilder* (1861) ; *Aus Natur und Wissenschaft* (1862). Il remania aussi l'ouvrage de Lyell : *Das Alter des Menschengeschlechts* (1864). Sa sœur Louise a publié des poésies et des romans estimés. Son frère Alexandre a été professeur à Valenciennes et à Laon et a fait entre autres ouvrages une histoire de la poésie anglaise.

Le système de Büchner ne tendait à rien moins qu'à bouleverser, au nom de la science moderne, non seulement toutes les croyances des religions positives, mais encore toutes les vérités constituant la religion naturelle. S'appuyant sur les données les plus positives des sciences physiques et naturelles, il prétendait démontrer que l'existence indépendante d'une force, et par conséquent d'une substance spirituelle quelconque, comme le serait Dieu ou l'âme, est impossible ; qu'une force ne peut exister en dehors d'une matière, pas plus qu'une matière sans force ; que la force et la matière, l'esprit et la nature ne font qu'un seul et même tout indissoluble. On comprend dès lors les colères que ce système souleva de toutes parts.

Les œuvres complètes de Büchner ont été publiées par Franzos en 1878.

***

81. — Kraft und Stoff.

Die Kraft ist kein ruhender Gott, kein von der stofflichen Grundlage getrenntes Wesen der Dinge. Sie ist des Stoffes unzertrennliche, ihm von Ewigkeit innewohnende Eigenschaft. Eine Kraft, die nicht an den Stoff gebunden wäre, die frei über dem Stoffe schwebte, ist eine ganz leere Vorstellung. Dem Stickstoff, Kohlenstoff, Wasserstoff und Sauerstoff, dem Schwefel und Phosphor wohnen ihre Eigenschaften von Ewigkeit bei (Moleschott)[1].

Geht man auf den Grund, so erkennt man bald, daß es weder Kräfte noch Mysterien giebt. Beides sind von verschiedenen Standpunkten aus aufgenommene Abstraktionen der Dinge, wie sie sind. Sie ergänzen einander und sie setzen einander voraus. Vereinzelt haben sie keinen Bestand.

---

[1] Moleschott, physiologue célèbre, né en 1822, à Herzogenbusch. Il enseignait que la force intellectuelle, aussi bien que la force matérielle de l'homme, ne sont que le produit des éléments constitutifs de son corps. Censuré par le gouvernement de ce qu'il professait ces opinions matérialistes dans la chaire de physiologie et d'anthropologie qu'il occupait à Heidelberg, il donna sa démission en 1854, et se consacra aux travaux du laboratoire physiologique qu'il avait fondé. En 1856, il fut appelé à l'Université de Zurich, en 1861, à celle de Turin. En 1876 le gouvernement italien le nomma sénateur. Ses nombreux travaux physiologiques, surtout ceux sur la respiration, sont très estimés.

Die Materie ist nicht wie ein Fuhrwerk, davor die Kräfte als Pferde, nun angespannt, dann abgeschirrt werden können. Ein Eisentheilchen ist und bleibt zuverlässig dasselbe Ding, gleichviel ob es im Meteorsteine den Weltkreis durchzieht, im Dampfwagenrade auf den Schienen dahinschmettert oder in der Blutzelle durch die Schläfe eines Dichters rinnt. Diese Eigenschaften sind von Ewigkeit, sie sind unveräußerlich, unübertragbar (Dubois=Reymond)[1].

„Aus nichts kann keine Kraft entstehen" (Liebig)[1].

Nichts in der Welt berechtigt uns, die Existenz von Kräften an und für sich[2] ohne Körper, von denen sie ausgehen und auf die sie wirken, vorauszusetzen (Cotta)[3].

Mit diesen Worten anerkannter Naturforscher leiten wir ein Kapitel ein, welches an eine der einfachsten und folgewichtigsten, aber vielleicht gerade darum auch am wenigsten bekannten und anerkannten Wahrheiten erinnern soll. Keine Kraft ohne Stoff — kein Stoff ohne Kraft! Eines für sich ist so wenig denkbar als das andere für sich; aus einander genommen zerfallen beide in leere Abstractionen.

---

[1] Dubois Reymond né en 1782 à Saint-Sulpice, dans le Val-de-Travers, étudia en 1804, à Berlin, la philosophie et la médecine, vécut tour à tour à Genève, à Lyon et à Neuenbourg, où il mourut en 1850. Son principal ouvrage fut : Staatswesen und Menschenbildung.

[1] Justus Liebig, célèbre chimiste, né en 1803, à Darmstadt, fit ses études à Darmstadt, Bonn, Erlangen et finalement à Paris, où il fut un des élèves les plus distingués de Gay-Lussac. Nommé en 1824 professeur de chimie à l'Université de Giessen et en 1852 à celle de Munich, il acquit bientôt une célébrité européenne par ses travaux et ses découvertes.

[2] An und für sich, ayant une existence propre et indépendante.

[3] Cotta Bernard, géognoste distingué, né en 1808, à la Petite-Zillbach, fit ses études à Fribourg et à Heidelberg. En 1842, il fut nommé professeur à l'Académie de métallurgie de Fribourg. Ses travaux sur la géognosie, la géologie et la phrénologie sont très estimés.

Man denke sich eine Materie ohne Kraft, die kleinsten Theilchen, aus denen ein Körper besteht, ohne jenes System gegenseitiger Anziehung und Abstoßung, welcher sie zusammenhält und dem Körper Form und Gestaltung verleiht, man denke die so genannten Molekularkräfte der Cohäsion und Affinität hinweggenommen, was würde und müßte die Folge sein? Die Materie müßte augenblicklich in ein formloses Nichts zerfallen.

---

82. — Kraft und Stoff.
(Suite et fin.)

In der sinnlichen Welt kennen wir kein Beispiel irgend eines Stofftheilchens, das nicht mit Kräften begabt wäre, und vermittelst dieser Kräfte spielt es die ihm zugewiesene Rolle bald in dieser, bald in jener Gestaltung, bald in Verbindungen mit gleichartigen, bald in Verbindung mit ungleichartigen Stofftheilchen. Aber auch ideell sind wir in keiner Weise im Stande, uns eine Vorstellung einer kraftlosen Materie zu machen. Denken wir uns einen Urstoff, wie wir wollen, immer müßte ein System gegenseitiger Anziehung und Abstoßung zwischen seinen kleinsten Theilchen stattfinden; ohne dasselbe müßten sie sich selbst aufheben und spurlos im Weltenraume verschwimmen. „Ein Ding ohne Eigenschaften ist ein Unding, weder vernunftgemäß denkbar, noch erfahrungsgemäß in der Natur vorhanden" (Droßbach)[1]. — Ebenso leer und haltlos ist der Begriff einer Kraft ohne Stoff. Indem es ein ausnahmsloses Gesetz ist, daß eine Kraft nur an einem Stoff in die Erscheinung treten kann, folgt daraus, daß Kraft nichts anders weiter sein kann und nicht anders definirt werden darf, denn

[1] Physicien distingué.

als eine Eigenschaft der Materie, als eine unzertrennliche, ihr von Ewigkeit innewohnende Eigenschaft. Deßwegen lassen sich auch, wie Mulder[2] richtig auseinandersetzt, Kräfte nicht mittheilen, sondern nur wecken. Magnetismus kann nicht, wie es wohl scheinen möchte, übertragen, sondern nur hervorgerufen, aufgeschlossen werden. Die magnetischen Kräfte haften an den Molekülen des Eisens und sie sind z. B. an einem Magnetstabe gerade da am stärksten, wo sie am wenigsten oder gar nicht bemerkbar werden, d. h. in der Mitte. Man denke sich eine Elektricität, einen Magnetismus ohne das Eisen oder ohne jene Körper, an denen wir die Erscheinungsweisen dieser Kräfte beobachtet haben, ohne jene Stofftheilchen, deren gegenseitiges moleküläres Verhalten eben die Ursache dieser Erscheinungen abgibt; es würde uns nichts bleiben, als ein formloser Begriff, eine leere Abstraction, der wir nur darum einen eigenen Namen gegeben haben, um uns besser über diesen Begriff verständigen zu können. Hätte es nie Stofftheilchen gegeben, die in einen elektrischen Zustand versetzt werden können, so würde es auch nie Electricität gegeben haben, und wir würden mit alleiniger Hülfe der Abstraction niemals im Stande gewesen sein, die geringste Kenntniß oder Ahnung von Electricität zu erlangen. Ja man muß sagen, sie würde ohne diese Theilchen nie existirt haben! Alle sogenannten Imponderabilien: Wärme, Licht, Electricität, Magnetismus, u. s. w. sind nichts mehr und nichts weniger als Veränderungen in den Aggregatszuständen der Materie, Veränderungen, welche durch eine Art von Ansteckung von einem Körper auf den andern übergehen.....

Welche allgemeine philosophische Consequenz läßt sich aus dieser ebenso einfachen als natürlichen Erkenntniß ziehen?

---

[2] Chimiste et physicien distingués.

Daß diejenigen, die von einer Schöpferkraft reden, welche die Welt aus sich selbst oder aus dem Nichts hervorgebracht haben soll, mit dem ersten und einfachsten Grundsatz philosophischer und auf Empirie gegründeten Naturbetrachtung unbekannt sind. Wie hätte eine Kraft existiren können, welche nicht an dem Stoffe selbst in die Erscheinung tritt, sondern denselben willkürlich und nach individuellen Rücksichten beherrscht?

XXII

LAZARUS

Moritz Lazarus, encore actuellement professeur de philosophie dans plusieurs grandes écoles de l'État à Berlin, compte parmi les disciples de Herbart qui ont surtout développé la psychologie. Certaines expressions dans les écrits de Lazarus pourraient être interprétées en faveur des doctrines matérialistes, qu'il repousse toutefois énergiquement chaque fois que l'occasion s'en présente. Ses ouvrages, qui ne manquent pas de profondeur, sont écrits dans un style clair et abordable même aux illettrés.

Ses principaux ouvrages sont : *Das Leben der Seele, in Monographien, über seine Erscheinungen und Gesetze* (1857); *Ueber den Ursprung der Sitten* (1860); *Ueber die Ideen in der Geschichte* (1863); *Zur Lehre von den Sinnestäuschungen* (1867); *Ein psychologischer Blick in unsere Zeit* (1872); *Ideale Fragen in Reden und Vorträgen* (1878). Lazarus et Steinthal publient depuis 1859 la revue : *Zeitschrift für Völkerpsychologie und Sprachwissenschaft*.

---

83. — Das Leben der Seele.

Die Wechselwirkung zwischen Seele und Leib.

Inneres und Aeußeres! wo ist die Grenze? Leib und Seele! was ist die Seele? Diese Frage ist heute zum Schiboleth[1] der wissenschaftlichen Kreise, ja sogar zum Kennzeichen

---

[1] Schiboleth, mot hébreu signifiant courant et épi, que les habitants de Galaad faisaient prononcer à leurs ennemis les Ephraïmites,

der Parteien der Gebildeten geworden; der Parteien im weitesten Umfange, welche dadurch allerdings höchst seltsame Fusionen und Coalitionen bilden. Daher erwartet man eine Erörterung dieser Frage, wo irgend die Gegenstände derselben nur genannt werden.

Unser geneigter Leser wolle dies nicht erwarten. Die Frage nach dem Wesen der Seele, ob sie materiell oder immateriell ist, ob sie ein selbständiges Wesen oder einen Theil oder eine Qualität des Organismus ausmacht, ist eine rein metaphysische, und die metaphysische Frage kann nicht in den Grenzen einer psychologischen Abhandlung zur Erörterung kommen...... Allerdings kann man von jedem Punkte der Philosophie auf geradem Wege in das Gebiet der Metaphysik gelangen; aber es ist ein Zeichen weniger von Tiefe, als von Oberflächlichkeit der Betrachtung, wenn man sie bei jeder Gelegenheit auf die letzten und tiefsten Fragen hinlenkt.

Das am meisten charakteristische Merkmal des gegenwärtigen Streites über den Materialismus (so weit er von wissenschaftlichen Vertretern geführt wird, und nicht der Fanatismus des Aberglaubens oder des Unglaubens das Wort nimmt) scheint mir ohnehin dies zu sein, daß nicht über die Gründe, sondern über das Recht der Metaphysik, nicht über die Wahrheit ihrer Resultate, sondern über die Berechtigung ihrer Existenz gestritten wird. Mag man immerhin als Consequenz rühmen, was in der That nur eine petitio principii, eine Bewegung im Kreise ist, daß nemlich behauptet wird, es sei eine Wissenschaft vom Uebersinnlichen unnöthig, da es gar nichts übersinnliches gibt; bequemer ist es freilich, das Recht einer Wissenschaft zu läugnen, als sich mit ihr zu beschäftigen.

qui zézayaient, pour les reconnaître et les égorger. Dans les langues modernes, ce mot signifie : signe de reconnaissance, marque distinctive.

Man sieht, wie weit diese Fragen von unserm Wege liegen; was wir suchen, sind nur die Bedingungen und Gesetze des gemeinsamen Wirkens von Geist und Körper. Nicht vor, sondern nach der Erkenntniß dieses gelangt man zu der Frage, wer oder was der Träger (das Substrat) dieser Wirkungen sein möge. Durch die Verschiedenheit der Antwort aber, die man erhielte, würde kaum der Werth, geschweige der Inhalt der Thatsachen, die wir erforschen und um die allein es sich hier handelt, irgend eine Veränderung erleiden.

---

84. — Das Leben der Seele.
(Suite et fin.)

Alle Verbindung der geistigen Thätigkeit mit der leiblichen ist zwiefacher Art; sie ist entweder receptiv oder productiv, entweder wird vermittelst der Sinnesorgane Etwas von außen aufgefaßt, oder es wird vermittelst der Bewegungsorgane nach außen gewirkt und gehandelt. Betrachten wir zunächst das geistige Thun, welches durch die Auffassung der Sinne zu Stande kommt; denn hier liegt der Anfang der Thätigkeit in den meisten Fällen in den Sinnesorganen. Vor allem ist zu bemerken, daß nichts in die Sinne fällt, daß keine Berührung der sensiblen Nerven stattfindet, ohne daß zugleich eine innere Perception desselben in der Seele vor sich geht. Die Thatsache, daß vieles vor unseren Augen und Ohren geschieht, also auch in den Sinn fällt, ohne daß es uns zum Bewußtsein kömmt, scheint dem zu widersprechen. Allein dem ist in der That nicht so[1]. Zwischen der bloßen Perception, der Empfängniß des Eindrucks und der Auf=

---

[1] En réalité, il n'en est rien.

fassung desselben im Bewußtsein findet noch ein Unterschied statt. Dies zeigt sich in den besonderen Fällen von jener allgemeinen Thatsache[1], in[2] denen wir an etwas Gesehenes oder Gehörtes uns hinterher erinnern, während es in der Zeit, da der Eindruck geschehen ist, weil wir anderweitig in Anspruch genommen waren, uns nicht zum Bewußtsein gekommen ist[3]. Zwar haben einige zur Erklärung dieser Fälle daran gedacht, daß der sinnliche Eindruck wohl gar nicht in die Seele aufgefaßt war, aber im sinnlichen Organe selbst fortgedauert hat. Allein bedenkt man, daß in vielen Fällen der Gegenstand des Eindrucks wieder verschwunden ist, z. B. die Töne verhallt sind, daß demnach ein fortdauerndes Vibriren der Nerven durch die empfangenen Toneindrücke, zumal wenn deren mehrere (wie in einem ganzen Satze[4]) waren, undenkbar ist, so müßte man geradezu in den Nerven ein vollkommen ausgebildetes Gedächtniß annehmen, was eben so sehr gegen die allgemeine Voraussetzung streitet, wie es durch keine Thatsachen unterstützt wird.

Noch deutlicher zeugt der besondere, aber nicht gar seltene Fall, daß[5] wir eine Uhr haben schlagen hören, ohne darauf zu achten, also auch ohne zu zählen, und wir sind hinterher dennoch im Stande, uns der Zahl der Schläge zu erinnern. In den Nerven selbst würde der Eindruck des folgenden Schlages wohl den des früheren verdrängen oder allenfalls sich mit ihm summiren, am wenigsten aber würden die Eindrücke als einzelne und geschiedene so in ihm fortdauern, daß

---

[1] De la perception inconsciente.
[2] Denen se rapporte à Fällen.
[3] Vergl. Virchow, Gesammelte Abhandlungen, Seite 9 und 14.
[4] Satze : phrase musicale.
[5] Daß ne dépend pas de zeigt, mais de Fall : le fait que (conjonction)...

sie später noch als solche¹ innerlich aufgefaßt und gezählt werden können. Die Ursache also, weßhalb in anderen Fällen sinnliche Affectionen uns gar nicht zum Bewußtsein kommen, liegt nicht darin, daß ein Eindruck in der Seele gar nicht stattgefunden, so daß der äußeren Thätigkeit gar keine innere entsprochen hat, sondern darin, daß dieser erste Eindruck, den die Seele wohl empfangen, nicht zur inneren Anschauung erhoben wurde. So wie schwächere Vorstellungen von stärkeren aus dem Bewußtsein verdrängt werden, nachdem sie demselben angehört haben, ebenso können besonders starke und interessirende Vorstellungen, mit denen die Seele beschäftigt ist, verhindern, daß neue Eindrücke sich ins Bewußtsein erheben. Einen Eindruck in der Seele machen aber alle und jede Reizungen des Organismus.

¹ Als solche: als einzelne und geschiedene Eindrücke.

XXIII

HARTMANN

Karl-Robert-Edouard de Hartmann est l'auteur d'un système philosophique qui cherche à concilier les opinions de Hegel avec celles de Schopenhauer et qu'il appelle lui-même le « réalisme transcendental ». Son système a pour base l'existence d'un esprit unique, mais inconscient, qui constitue toutes choses, même les individus ayant conscience d'eux-mêmes, comme la substance de Spinoza, le moi absolu de Fichte, et l'idée absolue de Hegel. Cet esprit a deux attributs : l'idée et la volonté. L'idée absolue de Hegel n'arrivera jamais, dit Hartmann, à la réalité, ni la volonté aveugle de Schopenhauer aux idées primordiales. Cette idée et cette volonté ne peuvent être que les fonctions et les attributs de l'esprit. La volonté pose le *que* (je veux *que*), l'existence réelle, et l'idée pose le *quoi*, l'essence idéale du monde et des choses. La volonté aveugle qui veut l'existence des choses, quelquefois même d'une façon illogique, fait prédominer nécessairement la douleur dans le monde. C'est pourquoi il vaudrait mieux que le monde n'existât pas, bien qu'il soit le meilleur des mondes possibles. Aussi le plus grand progrès auquel l'univers doive tendre, c'est d'amener la volonté à ne plus vouloir. Le moyen le plus efficace de parvenir à ce résultat est de rendre l'univers de plus en plus conscient ; car la conscience seule peut s'émanciper de la tyrannie de la volonté.

Les principaux ouvrages de Hartmann sont : *Philosophie des Unbewussten* (de l'inconscient) (1869) ; *Ueber die dialektische Methode* ; *Schelling's positive Philosophie als Einheit von Hegel und Schopenhauer* (1869) ; *Das Ding an sich und* seine Beschaffenheit (1871); Gesammte philosophische Abhandlungen zur Philosophie des Unbewussten (1872); Erläuterungen zur Metaphysik des Unbewussten (1874); Kritische Grundlegung des transcendentalen Realismus (1875); Zur Reform des höhern Schulwesens (1875); Das Unbewusste vom Standpunkte der Physiologie und Descendenztheorie (1872); Neukantianismus, Schopenhauerianismus und Hegelianismus (1877); Phänomenologie des sittlichen Bewusstseins (1879).

---

85. — Philosophie des Unbewußten.
Der Instinkt im menschlichen Geist.

So wenig es möglich ist, Leib und Seele in der Betrachtung[1] streng zu sondern, so wenig ist es möglich mit den Instincten, welche sich auf leibliche, und denen, welche sich auf seelische Bedürfnisse beziehen. So haben wir denn auch im vorigen Abschnitt schon verschiedene Instinkte des menschlichen Geistes erwähnt, als: die capriciösen Appetite Kranker oder Schwangerer und die Heilinstincte[2] der Kinder oder somnambüler Personen; einige andere schließen sich unmittelbar an die leiblichen Instincte an, z. B. die Furcht vor dem noch unbekannten Fallen bei jungen Thieren und Kindern, die z. B. ruhig sind, wenn sie die Treppe hinauf-, unruhig, wenn sie hinabgetragen werden; die größere Vorsicht und Bedächtigkeit in den Bewegungen schwangerer Pferde und Frauen, der Trieb der Mütter, das Neugeborne an die Brust zu legen, der des Kindes zu säugen, das eigenthümliche Talent der Kinder, wahre Freundlichkeit von erheuchelter zu unterscheiden, die instinctive Scheu vor ge-

---

[1] Spéculation.
[2] Instincts de salut, de conservation.

wissen unbekannten Personen, die namentlich bei reinen, unerfahrenen Mädchen vorkommt, die guten und bösen Ahnungen mit ihrer, namentlich beim weiblichen Geschlecht großen Motivationskraft¹ zum Begehen und Unterlassen von Handlungen u. s. w. Wir wollen in diesem Capitel diejenigen menschlichen Instincte betrachten, welche sich noch enger an die Leiblichkeit anschließen, und denen man deshalb auch noch vorzugsweise den Namen Instinct zu gönnen² pflegt, während der hohle Dünkel der Menschenwürde bei allen weiter von der Leiblichkeit abliegenden³, sonst aber ganz gleichartigen Aeußerungen des Unbewußten⁴ sich sträubt, dieses Wort zuzulassen, weil ihm etwas Thierisches anzuhaften scheint. Zunächst haben wir einige repulsive Instincte zu betrachten, d. h. solche, die nicht zu Handlungen sondern zu Unterlassungen nöthigen, oder doch bloß zu solchen Handlungen, durch welche der Gegenstand des inneren Widerstrebens entfernt oder gemieden wird. Der wichtigste ist die Todesfurcht: dies ist nur eine bestimmte Richtung des Selbsterhaltungsinstinktes, dessen anderweitige Formen als Naturheilkraft⁵, organisches Bilden, Wandertrieb, reflectorische Schutzbewegungen wir schon kennen. Nicht die Furcht vor dem jüngsten Gericht oder anderweitigen metaphysischen Hypothesen, nicht Hamlet's Zweifel⁶ vor dem, was da kommen wird, nicht Egmont's freundliche Gewohnheit des Daseins und Wirkens⁷ würden die Hand des Selbstmörders aufhalten, sondern der Instinkt thut es, mit seinem

---

¹ Motivationskraft: force de motiver tel ou tel acte, force déterminante.
² Signifie ici : réserver.
³ S'écartant.
⁴ Manifestations inconscientes.
⁵ Force de guérison naturelle.
⁶ Dans la pièce de ce nom de Shakespeare.
⁷ Dans la pièce de ce nom de Gœthe, mots textuels.

geheimnißvollen Schauer, mit seinem rasenden Herzklopfen, das alles Blut tobend durch die Adern jagt.

Ein zweiter repulsiver Instinct ist die Scham. Scham ist so wenig etwas vom Bewußtsein gemachtes, daß wir sie vielmehr schon bei den wilden Völkerschaften finden.... Ein ganz ähnlicher repulsiver Instinkt ist der Ekel; er bezieht sich auf Verhältnisse der Nahrung, wie die Scham auf die des Geschlechts, und dient dazu, die Gesundheit vor solchen Nahrungsstoffen zu bewahren, von welchen am leichtesten zu befürchten ist, daß sie mit Schmutz und Unreinigkeit, d. i. organischen Auswurfsstoffen (Excretionen) und halb in Zersetzung übergegangener organischer Materie vermischt sind. Seine[1] Sinne sind Geschmack und Geruch, und es ist wohl nicht richtig, wenn Lessing ihn auch bei anderen Sinnen für möglich hält[2]. Dabei ist natürlich nicht nöthig, daß man bei den Dingen, vor denen man sich ekelt, schon daran gedacht habe, sie zu essen. Man ekelt sich oft schon, damit man nicht auf den Gedanken komme, sie zu essen. Außerdem giebt es noch einen anderen, viel geringeren Ekel, welcher sich auf Reinlichkeit der Haut bezieht, damit nicht durch Verstopfung der Poren die Transpiration unterdrückt wird; bei diesem könnte allenfalls der Sinn des Gesichtes unmittelbar betheiligt sein. Der Mensch kann durch Gewohnheit diese Instincte wie alle anderen mehr oder weniger zurückdrängen, eben weil bei ihm das Bewußtsein schon eine Macht geworden ist, welche bei den meisten Dingen, außer ganz wichtigen, dem Unbewußten die Spitze zu bieten vermag[3], und die

---

[1] Seine se rapporte à Instinkt des Ekels.

[2] Que penser cependant du dégoût causé en nous par le toucher, lorsque notre main sent le froid que nous éprouvons au contact d'un cadavre ou d'un reptile?

[3] Est capable de combattre les mouvements inconscients, spontanés.

Gewohnheit des Handelns gehört ja auch der Sphäre des Bewußtseins an. Es kann aber auch das Unbewußte zurückgedrängt werden, indem man mit Bewußtsein und aus Gewohnheit das thut, was man ohne Bewußtsein und Gewohnheit instinctiv gethan haben würde. Daran ist das Widerstreben, das man gegen das Gegentheil verspürt, mehr ein Widerstreben gegen das Ungewohnte, als eine Repulsion des Gegentheils.

Ende.

TABLE DES MATIÈRES

LEIBNIZ

	Pages.
Notice	1
Schreiben an G. Wagner	6
Von der Glückseligkeit	12

WOLFF

Notice	15
Vernünftige Gedanken, etc. Was die Seele im Schlafe thut.	17
Anmerkung über die vernünftigen Gedanken, etc. Von der Seele der Thiere	19
Verbesserung des Systematis Causarum occasionalium	22

LESSING

Notice	25
Die Erziehung des Menschengeschlechts	28
Literaturbriefe	32
Ernst und Falk	35

MENDELSSOHN

Notice	41
Phädon	43

EBERHARD

Notice	49
Theorie der schönen Künste	50

GARVE

	Pages.
Notice	52
Uebersicht der vornehmsten Prinzipien der Sittenlehre	53

KANT

Notice	57
Kritik der reinen Vernunft. Idee der transscendentalen Philosophie	61
Die transscendentale Aesthetik	66
Allgemeine Bemerkungen zur transscendentalen Aesthetik	69
Von der Zeit	70
Von den Beweisgründen der spekulativen Vernunft	72

SCHILLER

Notice	80
Ueber Anmuth und Würde	82

JACOBI

Notice	87
Jacobi an Fichte	88
Brief an Hamann	93

HAMANN

Notice	94
Sokratische Denkwürdigkeiten	95

HERDER

Notice	102
Ideen zur Philosophie der Geschichte der Menschheit	104
Briefe zur Beförderung der Humanität	105

FICHTE

Notice	111

Ueber die Bestimmung des Menschen................ 113
Reden an die Deutsche Nation..................... 127

SCHELLING

Notice... 131
Philosophie der Offenbarung...................... 133
Philosophie der Mythologie....................... 137

HEGEL

Notice... 140
Encyklopädie der philosophischen Wissenschaften.. 143
Das Wesen.. 145
Philosophie des Rechts........................... 147

SCHLEIERMACHER

Notice... 151
Monologen. Jugend und Alter...................... 154

SCHOPENHAUER

Notice... 166
Ueber die Universitätsphilosophie................ 169
Den Intellekt überhaupt und in jeder Beziehung betreffende Gedanken........................... 173
Skizze einer Geschichte der Lehre vom Idealen und Realen. 175
Von der Erkennbarkeit eines Dinges an sich....... 178

HERBART

Notice... 180
Von den Schwierigkeiten der Aesthetik im Allgemeinen... 185
Von der Erziehungskunst.......................... 189
Spinoza's Attribut............................... 193

BENEKE

Notice... 195

	Pages.
Vorläufige Orientirung über die Natur und den Ursprung des Moralischen	197
Grundlinien des Naturrechts	200
Was recht und sittlich ist	204

TRENDELENBURG

Notice	204
Logische Untersuchung	205

KARL VOGT

Notice	208
Vorlesungen über den Menschen	209

BÜCHNER

Notice	211
Kraft und Stoff	212

LAZARUS

Notice	217
Das Leben der Seele	217

HARTMANN

Notice	222
Philosophie des Unbewußten. Der Instinkt im menschlichen Geist	223

FIN DE LA TABLE DES MATIÈRES.

TABLE ALPHABÉTIQUE

DES AUTEURS

	Pages.
Beneke	195
Büchner	211
Eberhard	49
Fichte	111
Garve	52
Hamann	94
Hartmann	222
Hegel	140
Herbart	180
Herder	102
Jacobi	87
Kant	57
Lazarus	217
Leibniz	1
Lessing	25
Mendelssohn	41
Schelling	131
Schiller	80
Schleiermacher	151
Schopenhauer	166
Trendelenbourg	204
Vogt (Karl)	208
Wolff	15

FIN DE LA TABLE ALPHABÉTIQUE DES AUTEURS.

PARIS. — IMPRIMERIE ÉMILE MARTINET, RUE MIGNON, 2.

Librairie GERMER BAILLIÈRE et Cⁱᵉ

COLLECTION HISTORIQUE DES GRANDS PHILOSOPHES

EXTRAIT DU CATALOGUE

PHILOSOPHIE ALLEMANDE

KANT. **Critique de la raison pure**, trad. par M. TISSOT. 2 v. in-8. 16 fr.
— Même ouvrage, traduction par M. Jules BARNI. 2 vol. in-8. 16 fr.
— **Éclaircissements sur la critique de la raison pure**, trad. par J. TISSOT. 1 volume in-8... 6 fr.
— **Examen de la critique de la raison pratique**, traduit par M. J. BARNI. 1 vol. in-8..... (Épuisé.)
— **Principes métaphysiques du droit**, suivis du *projet de paix perpétuelle*, traduction par M. TISSOT. 1 vol. in-8......... 8 fr.
— Même ouvrage, traduction par M. Jules BARNI. 1 vol. in-8... 8 fr.
— **Principes métaphysiques de la morale**, augmentés des *fondements de la métaphysique des mœurs*, traduct. par M. TISSOT. 1 v. in-8. 8 fr.
— Même ouvrage, traduction par M. Jules BARNI. 1 vol. in-8... 8 fr.
— **La logique**, traduction par M. TISSOT. 1 vol. in-8..... 4 fr.
— **Mélanges de logique**, traduction par M. TISSOT. 1 vol. in-8... 6 fr.
— **Prolégomènes à toute métaphysique future qui se présentera comme science**, traduction de M. TISSOT. 1 vol. in-8... 6 fr.
— **Anthropologie**, suivie de divers fragments relatifs aux rapports du physique et du moral de l'homme, et du commerce des esprits d'un monde à l'autre, traduction par M. TISSOT. 1 vol. in-8..... 6 fr.
KANT. **La critique de Kant et la métaphysique de Leibniz**. Histoire et théorie de leurs rapports, par D. NOLEN. 1 vol. in-8. 1875. 6 fr.

FICHTE. **Méthode pour arriver à la vie bienheureuse**, traduit par Francisque BOUILLIER. 1 vol. in-8.............. 8 fr.
— **Destination du savant et de l'homme de lettres**, traduit par M. NICOLAS. 1 vol. in-8. 3 fr.
— **Doctrines de la science. Principes fondamentaux de la science de la connaissance**, traduit par GRIMBLOT. 1 vol. in-8..... 9 fr.
SCHELLING. **Bruno ou du principe divin**, trad. par Cl. HUSSON. 1 vol. in-8.............. 3 fr. 50
— **Écrits philosophiques et morceaux propres à donner une idée de son système**, trad. par Ch. BÉNARD. 1 vol. in-8......... 9 fr.
HEGEL. **Logique**, traduction par A. VÉRA. 2ᵉ édition. 2 volumes in-8.............. 14 fr.
HEGEL. **Philosophie de la nature**, traduction par A. VÉRA. 3 volumes in-8.............. 25 fr.
Prix du tome II..... 8 fr. 50
Prix du tome III..... 8 fr. 50
— **Philosophie de l'esprit**, traduction par A. VÉRA. 2 volumes in-8.............. 18 fr.
— **Philosophie de la religion**, traduction par A. VÉRA. 2 vol. 20 fr.
— **Introduction à la philosophie de Hegel**, par A. VÉRA. 1 volume in-8.............. 6 fr. 50
HEGEL. **Essais de philosophie hegelienne**, par A. VÉRA. 1 vol. 2 fr. 50
— **L'Hegelianisme et la philosophie**, par M. VÉRA. 1 volume in-18.............. 3 fr. 50

HEGEL. Antécédents de l'Hegelianisme dans la philosophie française, par BEAUSSIRE. 1 vol. in-18.............. 2 fr. 50
— La dialectique dans Hegel et dans Platon, par Paul JANET. 1 vol. in-8............ 6 fr.
— La Poétique, traduction par Ch. BÉNARD, précédée d'une préface et suivie d'un examen critique. Extraits de Schiller, Gœthe, Jean Paul, etc., et sur divers sujets relatifs à la poésie. 2 vol. in-8... 12 fr.
Esthétique. 2 vol. in-8, traduit par M. BÉNARD.......... 16 fr.
LEIBNIZ. Œuvres philosophiques, avec introduction et notes par M. Paul JANET. 2 vol. in-8. 16 fr.
— La métaphysique de Leibniz et la critique de Kant, par D. NOLEN. 1 vol. in-8..... 6 fr.
— Leibniz et Pierre le Grand, par FOUCHER DE CAREIL. In-8. 2 fr.
— Lettres et opuscules de Leibniz, par FOUCHER DE CAREIL. 1 vol. in-8................ 3 fr. 50

LEIBNIZ. Leibniz, Descartes et Spinoza, par FOUCHER DE CAREIL. 1 vol. in-8............. 4 fr.
— Leibniz et les deux Sophie, par FOUCHER DE CAREIL. 1 vol. in-8................ 2 fr.
RICHTER (Jean-Paul). Poétique ou Introduction à l'esthétique, traduit de l'allemand par Alex. BUCHNER et Léon DUMONT. 2 vol. in-8. 15 fr.
HUMBOLDT (G. de). Essai sur les limites de l'action de l'État, traduit de l'allemand, et précédé d'une Étude sur la vie et les travaux de l'auteur, par M. CHRÉTIEN. 1 vol. in-18.......... 3 fr. 50
— La philosophie individualiste, étude sur G. de HUMBOLDT, par CHALLEMEL-LACOUR. 1 vol. 2 fr. 50
STAHL. Le Vitalisme et l'Animisme de Stahl, par Albert LEMOINE. 1 vol. in-18.... 2 fr. 50
LESSING. Le Christianisme moderne. Étude sur Lessing, par FONTANÈS. 1 vol. in-18.. 2 fr. 50

PHILOSOPHIE ALLEMANDE CONTEMPORAINE

L. BUCHNER. Science et nature, traduction de l'allemand, par Aug. DELONDRE. 2 vol. in-18.... 5 fr.
— Le Matérialisme contemporain, par M. P. JANET. 3e édit. 1 vol. in-18......... 2 fr. 50
HARTMANN (E. de). La Religion de l'avenir. 1 vol. in-18.. 2 fr. 50
— La philosophie de l'inconscient. 2 vol. in-8. 20 fr.
— Le Darwinisme, ce qu'il y a de vrai et de faux dans cette doctrine, traduit par M. G. GUÉROULT. 1 vol. in-18, 2e édit......... 2 fr. 50
HÆCKEL. Hæckel et la théorie de l'évolution en Allemagne, par Léon DUMONT. 1 vol. in-18. 2 fr. 50
— Les preuves du transformisme, trad. par M. SOURY. 1 vol. in-18............... 2 fr. 50
Essais de psychologie cellulaire, traduit par M. J. SOURY. 1 vol. in-12.......... 2 fr. 50

O. SCHMIDT. Les sciences naturelles et la philosophie de l'inconscient. 1 v. in-18. 2 fr. 50
LOTZE (H.). Principes généraux de psychologie physiologique, trad. par M. PENJON. 1 vol. in-18. 2 fr. 50
STRAUSS. L'ancienne et la nouvelle foi de Strauss, étude critique par VÉRA. 1 vol. in-8. 6 fr.
MOLESCHOTT. La Circulation de la vie, Lettres sur la physiologie, en réponse aux Lettres sur la chimie de Liebig, traduction de l'allemand par M. CAZELLES. 2 volumes in-18. Pap. vélin.............. 10 fr.
SCHOPENHAUER. Essai sur le libre arbitre. 1 vol. in-18.... 2 fr. 50
— Le fondement de la morale, traduit par M. BURDEAU. 1 vol. in-18............... 2 fr. 50

SCHOPENHAUER. **Essais et fragments**, traduit et précédé d'une vie de Schop., par M. BOURDEAU. 1 vol. in-18..... 2 fr. 50
— **Aphorisme sur la sagesse dans la vie**, traduit par M. CANTACUZÈNE. In-8..... 5 fr.

SCOPENHAUER. **Philosophie de Schopenhauer**, par Th. RIBOT. 1 vol. in-18..... 2 fr. 50
RIBOT (Th.). **La psychologie allemande contemporaine** (HERBART, BENEKE, LOTZE, FECHNER, WUNDT, etc.). 1 vol. in-8. 7 fr. 50

PHILOSOPHIE ANGLAISE CONTEMPORAINE

STUART MILL. **La philosophie de Hamilton.** 1 fort vol. in-8. 10 fr.
— **Mes Mémoires.** Histoire de ma vie et de mes idées. 1 v. in-8. 5 fr.
— **Système de logique déductive et inductive.** 2 v. in-8. 20 fr.
— **Essais sur la Religion.** 1 vol. in-8..... 5 fr.
— **Le positivisme anglais**, étude sur Stuart Mill, par H. TAINE. 1 volume in-18..... 2 fr. 50
HERBERT SPENCER. **Les premiers Principes.** 1 fort vol. in-8. 10 fr.
— **Principes de psychologie.** 2 vol. in-8..... 20 fr.
— **Principes de biologie.** 2 forts volumes in-8..... 20 fr.
— **Introduction à la Science sociale.** 1 v. in-8 cart. 5ᵉ éd. 6 fr.
— **Principes de sociologie.** 2 vol. in-8..... 17 fr. 50
— **Classification des Sciences.** 1 vol. in-18..... 2 fr. 50
— **De l'éducation intellectuelle, morale et physique.** 1 vol. in-8..... 5 fr.
— **Essais sur le progrès.** 1 vol. in-8..... 7 fr. 50
— **Essais de politique.** 1 vol. 7 fr. 50
— **Essais scientifiques.** 1 vol. 7 fr. 50
— **Les bases de la morale.** In-8. 6 f.
BAIN. **Des Sens et de l'Intelligence.** 1 vol. in-8. 10 fr.
— **La logique inductive et déductive.** 2 vol. in-8.. 20 fr.
— **L'esprit et le corps.** 1 vol. in-8, cartonné, 2ᵉ édition.. 6 fr.

BAIN. **La science de l'éducation.** In-8..... 6 fr.
DARWIN. **Ch. Darwin et ses précurseurs français**, par M. de QUATREFAGES. 1 vol. in-8.. 5 fr.
— **Descendance et Darwinisme**, par Oscar SCHMIDT. In-8, cart. 6 fr.
DARWIN. **Le Darwinisme, ce qu'il y a de vrai et de faux dans cette doctrine**, par E. DE HARTMANN. 1 vol. in-18..... 2 fr. 50
DARWIN. **Le Darwinisme**, par ÉM. FERRIÈRE. 1 vol. in-18.. 4 fr. 50
— **Les récifs de corail**, structure et distribution. 1 vol. in-8. 8 fr.
CARLYLE. **L'idéalisme anglais**, étude sur Carlyle, par H. TAINE. 1 vol. in-18..... 2 fr. 50
BAGEHOT. **Lois scientifiques du développement des nations** dans leurs rapports avec les principes de la sélection naturelle et de l'hérédité. 1 vol. in-8, 3ᵉ édit. 6 fr.
RUSKIN (JOHN). **L'esthétique anglaise**, étude sur J. Ruskin, par MILSAND. 1 vol. in-18... 2 fr. 50
MATTHEW ARNOLD. **La crise religieuse.** 1 vol. in-8.... 7 fr. 50
FLINT. **La philosophie de l'histoire en France et en Allemagne**, traduit de l'anglais par M. L. CARRAU. 2 vol. in-8. 15 fr.
RIBOT (Th.). **La psychologie anglaise contemporaine** (James Mill, Stuart Mill, Herbert Spencer, A. Bain, G. Lewes, S. Bailey, J.-D. Morell, J. Murphy), 1875. 1 vol. in-8, 2ᵉ édition..... 7 fr. 50

LIARD. **Les logiciens anglais contemporains** (Herschell, Whewell, Stuart Mill, G. Bentham, Hamilton, de Morgan, Beele, Stanley Jevons). 1 vol. in-18.......... 2 fr. 50
GUYAU. **La morale anglaise contemporaine.** Morale de l'utilité et de l'évolution. 1 vol. in-8. 7 fr. 50
HUXLEY. **Hume, sa vie, sa philosophie.** 1 vol. in-8...... 5 fr. d'une préface par M. G. COMPAYRÉ.
JAMES SULLY. **Le pessimisme,** traduit par M. A. BERTRAND. 1 vol. in-8. (*Sous presse.*)

PHILOSOPHIE ITALIENNE CONTEMPORAINE

SICILIANI. **Prolégomènes à la psychogénie moderne**, traduit de l'italien par M. A. HERZEN. 1 vol. in-18......... 2 fr. 50
ESPINAS. **La philosophie expérimentale en Italie**, origines, état actuel. 1 vol. in-18. 2 fr. 50
MARIANO. **La philosophie contemporaine en Italie**, essais de philos. hegelienne. In-18. 2 fr. 50
TAINE. **La philosophie de l'art en Italie.** 1 vol. in-18. 2 fr. 50
FERRI (Louis). **Essai sur l'histoire de la philosophie en Italie au XIXe siècle.** 2 vol. in-8. 12 fr.

PHILOSOPHIE MODERNE

DESCARTES. **Descartes, la princesse Élisabeth et la reine Christine**, par FOUCHER DE CAREIL. 1 vol. in-8.......... 3 fr. 50
SPINOZA. **Dieu, l'homme et la béatitude**, trad. et précédé d'une introduction par M. P. JANET. 1 vol. in-18............... 2 fr. 50
LOCKE. **Sa vie et ses œuvres**, par M. MARION. 1 vol. in-18. 2 fr. 50
MALEBRANCHE. **La philosophie de Malebranche**, par M. OLLÉ-LAPRUNE. 2 vol. in-8...... 16 fr.
VOLTAIRE. **Les sciences au XVIIIe siècle.** Voltaire physicien, par M. Em. SAIGEY. 1 vol. in-8.. 5 fr.
BOSSUET. **Essai sur la philosophie de Bossuet**, par Nourrisson. 1 vol. in-8............ 4 fr.
RITTER. **Histoire de la philosophie moderne**, traduite par P. Challemel-Lacour. 3 vol. in-8. 20 fr.
FRANCK (Ad.). **La philosophie mystique en France au XVIIIe siècle.** 1 vol. in-18.... 2 fr. 50
DAMIRON. **Mémoires pour servir à l'histoire de la philosophie au XVIIIe siècle.** 3 vol. in-8. 15 fr.
MAINE DE BIRAN. **Essai sur sa philosophie**, suivi de fragments inédits, par JULES GÉRARD. 1 fort vol. in-8. 1876............ 10 fr.
BERKELEY. **Sa vie et ses œuvres**, par PENJON. 1 v. in-8 (1878). 7 fr. 50

PHILOSOPHIE ÉCOSSAISE

DUGALD STEWART. **Éléments de la philosophie de l'esprit humain**, traduits de l'anglais par L. PEISSE. 3 vol. in-12.......... 9 fr.
W. HAMILTON. **Fragments de philosophie**, traduits de l'anglais par L. PEISSE. 1 vol. in-8.. 7 fr. 50
— **La philosophie de Hamilton**, par J. STUART MILL. 1 v. in-8. 10 fr.

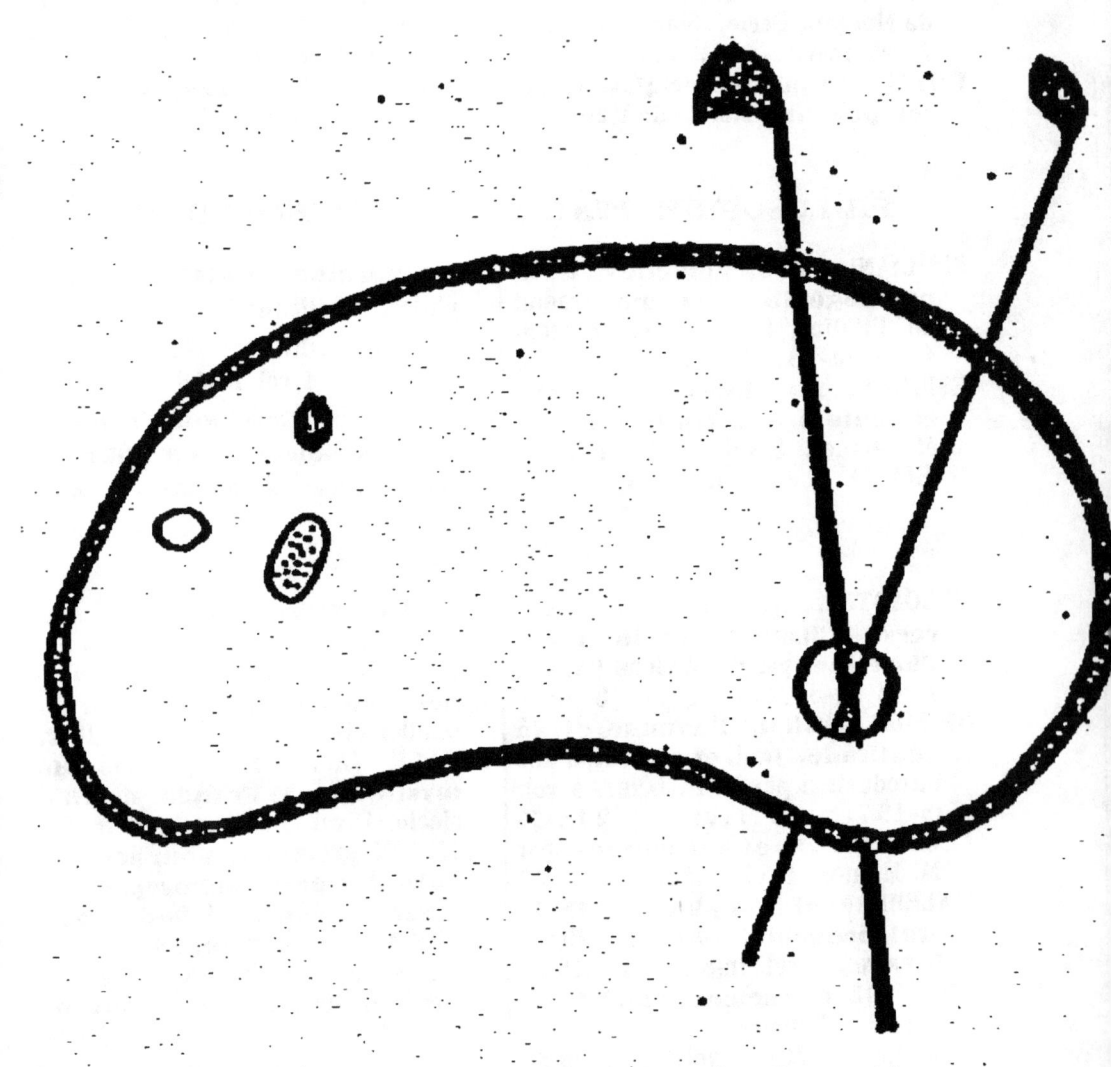

ORIGINAL EN COULEUR
NF Z 43-120-8

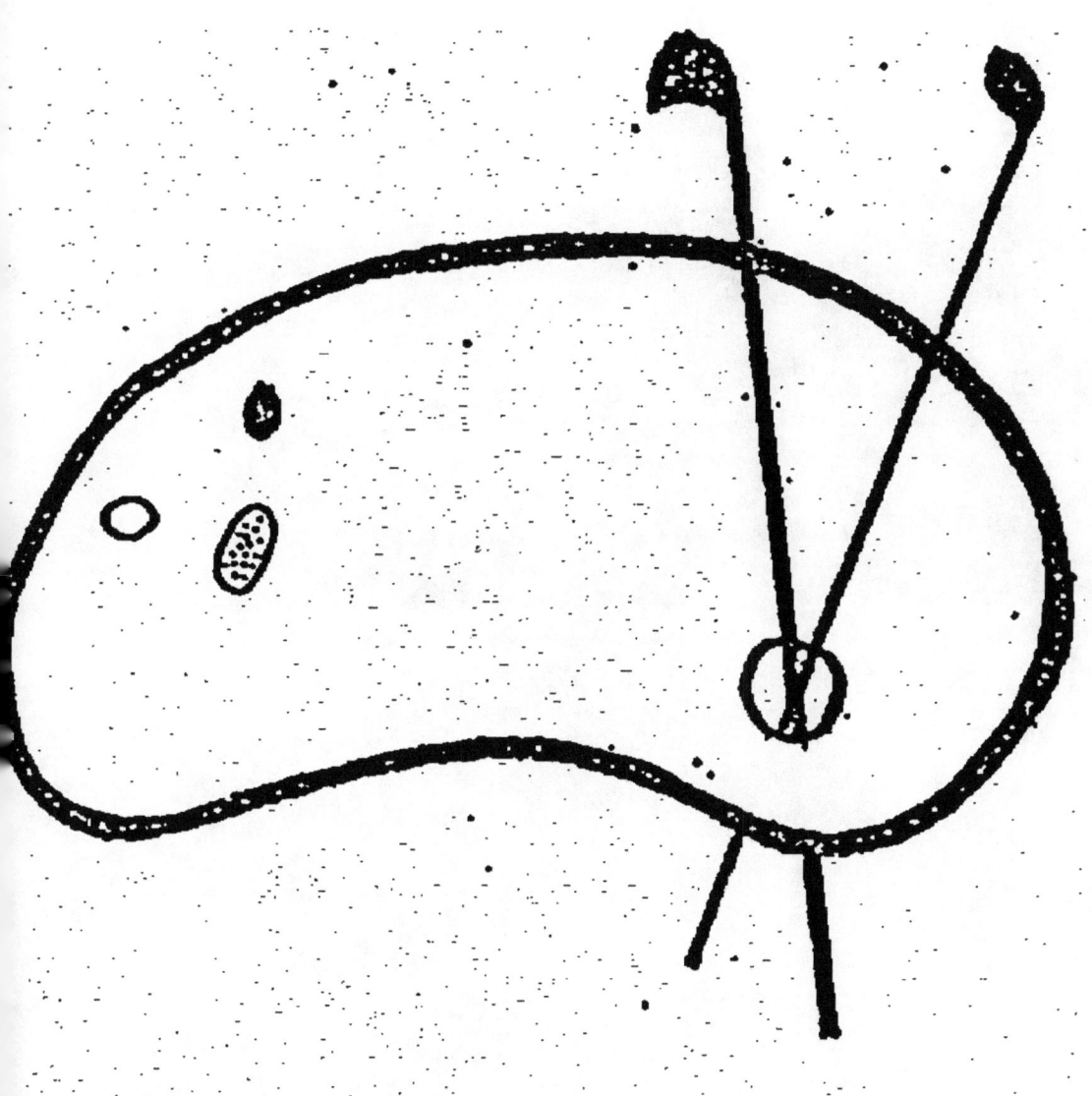

ORIGINAL EN COULEUR
NF Z 43-120-8